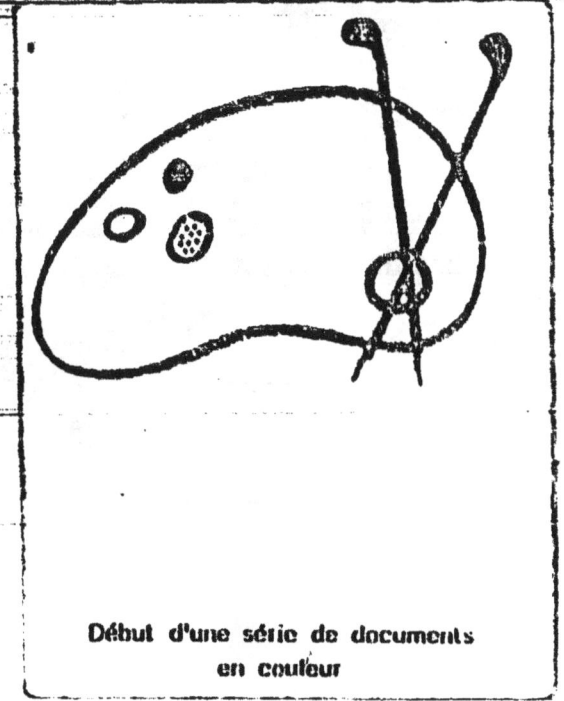

Début d'une série de documents en couleur

COUVERTURES SUPERIEURE ET INFERIEURE D'IMPRIMEUR.

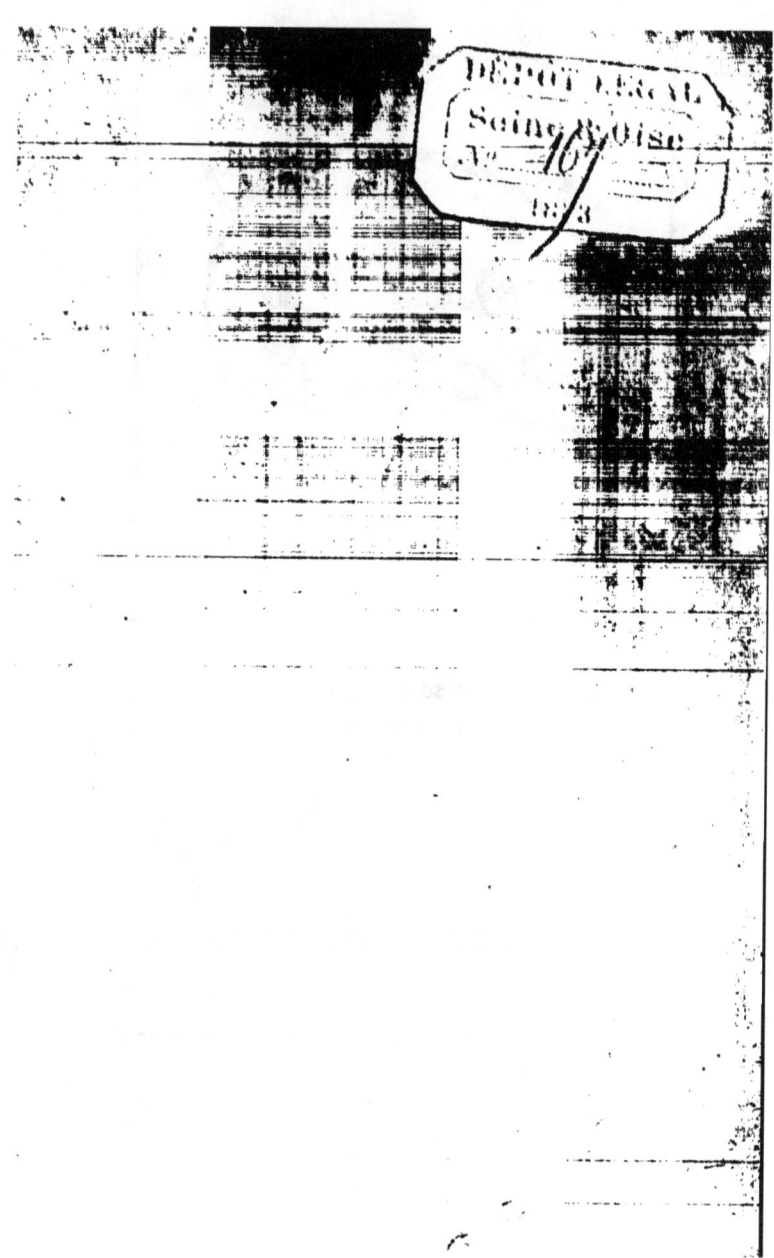

1818-82. — IMPRIMERIE D. BARDIN ET Cⁱᵉ, A SAINT GERMAIN.

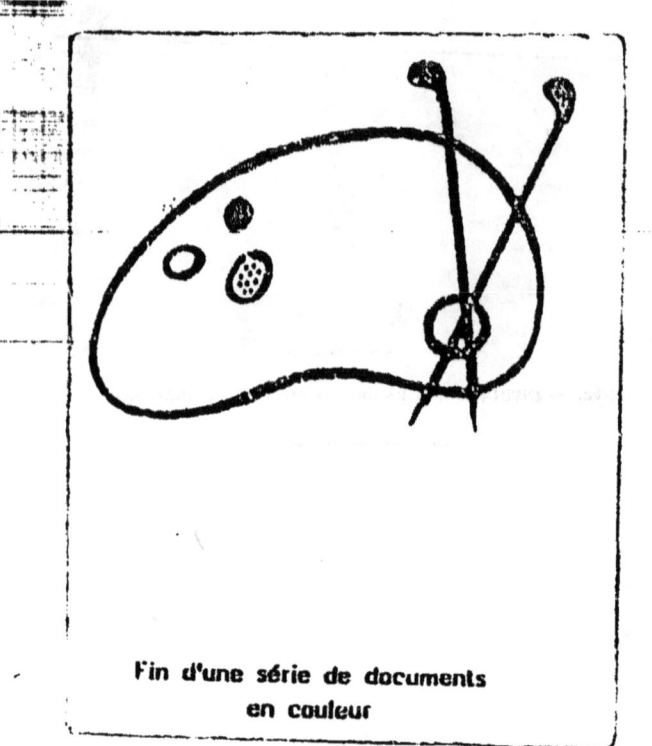

Fin d'une série de documents en couleur

TRISTAN LE ROUX

CALMANN LÉVY ÉDITEUR

ŒUVRES COMPLÈTES
D'ALEXANDRE DUMAS FILS
DE L'ACADÉMIE FRANÇAISE
Format grand in-18

AFFAIRE CLÉMENCEAU. — Mémoire de l'accusé.......	1 vol.
ANTONINE..	1 —
CONTES ET NOUVELLES................................	1 —
AVENTURES DE QUATRE FEMMES.......................	1 —
LA BOITE D'ARGENT..................................	1 —
LA DAME AUX CAMÉLIAS...............................	1 —
LA DAME AUX PERLES.................................	1 —
DIANE DE LYS..	1 —
LE DOCTEUR SERVANS.................................	1 —
ENTR'ACTES..	3 —
LE RÉGENT MUSTEL...................................	1 —
LE ROMAN D'UNE FEMME..............................	1 —
SOPHIE PRINTEMS....................................	1 —
THÉATRE COMPLET avec préfaces inédites............	6 —
THÉRÈSE...	1 —
TRISTAN LE ROUX....................................	1 —
TROIS HOMMES FORTS................................	1 —
LA VIE A VINGT ANS.................................	1 —

THEATRE

L'AMI DES FEMMES, comédie en cinq actes.
LE BIJOU DE LA REINE, comédie en un acte, en vers.
LA DAME AUX CAMÉLIAS, drame en cinq actes.
LE DEMI-MONDE, comédie en cinq actes.
DIANE DE LYS, comédie en cinq actes.
L'ÉTRANGÈRE, comédie en cinq actes.
LA FEMME DE CLAUDE, pièce en trois actes et une préface.
LE FILLEUL DE POMPIGNAC, comédie en quatre actes.
LE FILS NATUREL, comédie en cinq actes.
LES IDÉES DE MADAME AUBRAY, comédie en quatre actes.
MONSIEUR ALPHONSE, pièce en trois actes.
LE PÈRE PRODIGUE, comédie en cinq actes.
LA PRINCESSE DE BAGDAD, pièce en trois actes.
LA PRINCESSE GEORGES, pièce en trois actes.
LA QUESTION D'ARGENT, comédie en cinq actes.
UNE VISITE DE NOCES, comédie en un acte.

UNE LETTRE SUR LES CHOSES DU JOUR..................	1 vol.
NOUVELLE LETTRE DE JUNIUS A SON AMI A—D— Révélations sérieuses et positives sur les principaux personnages de la guerre actuelle (4e édition), augmentée d'un avant-propos de George Sand.............................	1 —
UNE NOUVELLE LETTRE SUR LES CHOSES DU JOUR........	1 —
L'HOMME-FEMME......................................	1 —
LA QUESTION DU DIVORCE............................	1 —
LES FEMMES QUI TUENT ET LES FEMMES QUI VOTENT.....	1 —

2050-82 — Imprimerie D. Bardin et Cie, à Saint-Germain.

TRISTAN LE ROUX

PAR

ALEXANDRE DUMAS FILS

DE L'ACADÉMIE FRANÇAISE

NOUVELLE ÉDITION

PARIS
CALMANN LÉVY, ÉDITEUR
ANCIENNE MAISON MICHEL LÉVY FRÈRES
3, RUE AUBER, 3

1882

Droits de reproduction et de traduction réservés

TRISTAN LE ROUX

I

LE CRI DU COMTE ARTHUS

Si vous avez visité les côtes de Bretagne, ou tout au moins si vous avez étudié la carte de ce merveilleux pays, vous avez dû, par la configuration même de son territoire, vous expliquer le caractère de ses habitants. Les peuples empruntent sans aucun doute du pays qu'ils habitent, leurs mœurs, leur esprit et jusqu'à leur physionomie extérieure. A ce point de vue, la Bretagne devait être ce qu'elle a été : le pays des luttes et de ce sublime entêtement qui fait la nationalité.

En effet, jetez les yeux sur le profil de la province bretonne depuis le cap Fréhel au nord jusqu'à la presqu'île de Rhuis au sud. Voyez-vous ces aspérités sans nombre, entendez vous ces rumeurs sans fin ? C'est la lutte de la terre et de l'Océan : de l'Océan, ce conquérant patient, parce qu'il est éternel ; de l'Océan, qui bat incessamment la proue du vaisseau continental, comme s'il craignait en s'arrêtant de se laisser envahir à son tour par cette terre hardie ; de l'Océan, qui semble vouloir repousser éternellement cette lumineuse Europe dont la civilisation croissante a éclairé chaque peuple. Depuis six mille ans, l'Océan fouette donc la Bretagne de ses orages, de ses vagues et de ses colères; depuis six mille ans, il la mord à toute heure, à toute minute, à toute seconde, et il ne la mord jamais sans en emporter un morceau. Là où vous voyez des échancrures, là où la mer forme des golfes, des baies, il y avait autrefois des forêts, des arbres, des hommes; et si, vous aventurant aujourd'hui sur le sommet des pics côtiers, vous vous penchez sur l'abîme et le sondez du regard, vous verrez à travers les flots, ainsi que dans un rêve, des troncs d'arbres que le reflux a roulés jusque-là et qu'il a ensevelis sous le sable. Qui triomphera dans ce duel séculaire? Sera-ce la vague insatiable et furieuse? sera-ce le sol immobile et résolu? Nul ne le sait. En attendant, la vieille terre bretonne pâlit à cette lutte, mais elle la soutient. Ses côtes sont nues, arides, dévastées; la langue de la mer leur enlève en les léchant, leurs chairs verdoyantes, comme la langue du tigre enlève la peau de sa victime; mais qu'importe! elle rend en ballades à l'Océan les rumeurs dont il l'emplit; les rivages qu'il couvre d'écume, elle les peuple de rêves, de souvenirs, de chroniques, de touchantes superstitions, de mystérieuses légendes. Elle a fini par comprendre les bourrasques, par expliquer les tempêtes, comme on comprend et comme on explique une langue étrangère. Elle a traduit le vent, elle l'a forcé de se faire poëte, et maintenant, familiarisée avec lui, elle trouve des modulations dans ses cris, des chants dans ses fureurs, des caresses dans ses étreintes.

Comprenez-vous que ce spectacle quotidien, poétique, gigantesque, ait donné à ceux qui y assistent ce caractère de fermeté, de courage et de dévouement qui distingue les enfants de la Bretagne? Un peuple à qui Dieu a donné un pareil exemple peut-il être autre chose qu'un grand peuple?

Puis voyez quelle origine il lui a faite. Sept cents ans avant Jésus-Christ, une guerre éclate entre les Scythes et les Cimmériens, les Cimmériens dont l'histoire se perd comme une fable dans la nuageuse antiquité. Les Cimmériens dont parle Hérodote habitaient ces grandes plaines qui s'étendent entre la mer Caspienne et le Pont-Euxin, vaste plateau par lequel, douze cents ans plus tard, Attila descendra dans la Haute-Asie.

Les Cimmériens sont vaincus. Au Bosphore, le torrent barbare se sépare : une portion s'écoule par l'Asie-Mineure, où elle trouve Troie détruite depuis trois cents ans, tandis que l'autre portion franchit le Dnieper et passe de l'Orient à l'Occident.

Ces Cimmériens, cinq cents ans après, s'appelleront les Cimbres. Or, renouez un à un les chaînons brisés de la généalogie des peuples, les Cimbres, comme nous l'avons dit, ne seront autres que les Cimmériens, les Celtes ne seront autres que les Cimbres, les Bretons ne seront autres que les Celtes.

Ce seront donc les aïeux de ces Bretons qui arrêteront César, ces Cimbres qu'arrêta Marius. Cent ans avant le Christ, ces géants au regard sauvage vont se heurter contre la fortune romaine, qui les arrêtera, eux que n'ont arrêtés ni les Pyrénées, ni les Alpes ! Ce sont les aïeux des Bretons, ces hommes qui descendent liés l'un à l'autre, qui couchent sur leurs grands boucliers, qui comblent avec des forêts les rivières qui les séparent des Romains, qui demandent à Marius des nouvelles de leurs frères les Teutons, qui couvrent une lieue et demie de terrain, qui, enchaînés l'un à l'autre, essaient comme un serpent d'étouffer leur ennemi dans leurs anneaux de fer. C'étaient leurs aïeules, ces femmes qui tuaient elles-mêmes les fuyards dont les uns étaient leurs maris, les autres leurs pères ; qui étouffaient leurs enfants dans un embrassement mortel pour qu'ils ne fussent pas esclaves, et qui les jetaient sous les roues de leurs chars, sous les pieds de leurs chevaux, et qui, leurs maris morts, leurs enfants broyés, se pendaient avec des nœuds coulants aux cornes de leurs bœufs.

Mais les Romains n'en avaient pas fini avec les Cimbres. Après avoir combattu les maîtres, il leur fallut combattre les chiens ; ce fut un autre combat d'un jour, moins mortel pour eux sans doute, mais aussi acharné que le premier. Les chiens se firent tous tuer à côté de leurs maîtres. Un peuple qui descendrait de pareils chiens serait déjà un grand peuple.

Rien ne manque donc à la Bretagne pour faire à son sol et à ses habitants une poésie complète. De la réalité où elle est descendue aujourd'hui, elle passe au mystérieux, presque à l'impossible. D'où lui viennent, par exemple, ces pierres colossales qu'on appelle faussement des pierres druidiques? Qu'est-ce que ces peulvens, ces menhirs, ces dolmens, qui semblent des cailloux gigantesques détachés de Pélion et d'Ossa pendant la lutte des Titans contre le ciel? Quelle religion inconnue a semé dans les bruyères de Cornouailles et dans les genêts du Morbihan ces monolythes énormes qui semblent préexister à l'histoire de tous les temps, et dont ne parle l'histoire d'aucune époque, qui sont comme les spectres palpables et muets d'un peuple disparu.

Aussi, quels hommes ont grandi à l'ombre de ces pierres, depuis Conan Mériadeck, sous le bouclier duquel se réfugiaient les hermines de Bretagne, jusqu'à ce Geoffroi de Châteaubriant, qui semait le sien de fleurs-de-lys *sans nombre!* quels hommes que ce Beaumanoir qui léguait pour cri de guerre à ses enfants : « Bois ton sang, Beaumanoir! » que ce Duguesclin que les femmes de la Bretagne rachetaient cent mille écus d'or avec le lin de leurs quenouilles; que ce Clisson que Craon ne pouvait tuer avec quinze blessures; que ce Richemont qui sauvait la France de compte à demi avec Jeanne d'Arc; que ce Bras-de-Fer qu'Henri IV appelait un grand homme de guerre et un plus grand homme de bien; que les Rohans, qui, ne pouvant être rois, ne daignent point être princes et sont Rohans; que ces Duguay-Trouin, ces Ducouëdic! et, dans leurs révoltes mêmes, quels hommes que ces Talhouët, ces Mont-Louis, ces Poncalec, ces Charette, ces Cadoudal!

Il n'y a pas jusqu'à ce sire de Laval, ce Gilles de Retz, qui ne soit grand dans le crime comme les autres dans la vertu. Eh bien! c'est au milieu de cette Bretagne poétique, c'est dans la patrie de ces hommes que nous venons de nommer, c'est non loin de cette plaine d'Auray, encore ensanglantée par la bataille qui avait coûté la vie à Charles de Blois, un œil à Clisson et la liberté à Duguesclin ; c'est enfin sur cette presqu'île de Quiberon où, à défaut de sang l'honneur anglais devait, trois cent soixante-sept ans plus tard, couler par tous les pores, que nous allons conduire notre lecteur.

Vers le commencement de l'année 1429, un cavalier, qu'une barque venait de déposer, lui et son cheval, au point de la presqu'île de Quiberon où se trouve aujourd'hui le fort de Penthièvre, suivait tant bien que mal le chemin qui conduisait à Karnac.

Nous disons, tant bien que mal, car ce chemin, assez difficile à suivre même dans les beaux jours du printemps et de l'été, avait, à l'époque de l'année où s'ouvre cette histoire, entièrement disparu sous la neige qui était tombée depuis deux jours et qui tombait encore à deux heures de l'après-midi. Bien plus, sans la mer, qui venait battre, noire et mugissante, les deux rives qu'elle ronge, il eût quelque peu dévié de cette route, au centre de laquelle il était maintenu par la vue du double abîme que du haut de son cheval il dominait.

Au reste, rien ne promettait un changement de temps ; au contraire, le ciel, de la même couleur que le sol, semblait à l'horizon, et cet horizon, c'étaient les côtes de la Bretagne, semblait à l'horizon se réunir sans obstacle à lui, et devoir étouffer ceux qui seraient assez imprudents pour se hasarder jusqu'à ce point de jonction.

Tout cela ressemblait plutôt à un rêve qu'à un pays.

Il est vrai qu'au fur et à mesure que le voyageur approchait des côtes, le pays devenait possible. Le rêve se changeait en réalité, mais en une réalité bien autrement triste qu'un rêve : la plaine déserte, d'une blancheur fatigante pour les yeux, était tâchée çà et là de touffes sombres, qui n'étaient autres que des buissons de genêts dévastés par l'hiver, et sur lesquels le vent, qui les secouait sans cesse, ne permettait pas à la neige de séjourner. De temps en temps, quelques arbres furtifs heurtaient leurs branches desséchées et hâtaient, par le bruit qu'elles faisaient, le vol de quelques bandes de corbeaux, lesquels rayaient de leur aile noire ce tapis et ce plafond blancs, tandis que l'œil perdait vite le goëland au vol silencieux, qui répond par un cri plaintif à cette réclamation éternelle des femmes et des filles des maisons bretonnes :

Goëlands! Goëlands!
Rendez-nous nos maris, rendez-nous nos enfants!

Cependant, à travers cette neige fine comme une pluie d'automne, notre voyageur avançait toujours, enveloppé dans un vaste manteau, la tête couverte d'un chaperon de laine bleue, baissée en avant comme pour fendre la bise, et parlant de temps en temps à sa monture, sans doute pour utiliser sa voix et ne pas donner à sa langue le temps de geler dans sa bouche. De dix minutes en dix minutes il relevait le nez, regardait si quelque chose apparaissait à l'horizon; mais pas de ville, pas de maison, pas de chaumière : toujours, toujours la même limite blanche se renouvelant avec une désespérante uniformité.

A chaque inspection nouvelle, le voyageur reprenait courage et le cheval recevait deux coups d'éperon.

Enfin, vers trois heures de l'après-midi, et comme il relevait la tête pour la vingtième fois peut-être, il lui sembla voir se découper entre cette double nappe grise la silhouette d'un village. Le cheval lui-même vit sans doute, ou plutôt sentit ce que crut voir le maître, car il passa du trot ordinaire au trot allongé, et bientôt notre voyageur put distinguer les fenêtres des maisons se détachant en noir, et la fumée des cheminées montant en colonnes bleuâtres au milieu des blancs flocons de neige.

Après une course de deux lieues à partir de l'endroit où la barque l'avait déposé, notre cavalier arrivait enfin au bourg de Karnac.

Si ce cavalier avait de l'amour-propre, certes cet amour-propre dut être froissé en voyant le peu d'effet que son passage dans les rues produisit parmi les habitants du village; il est vrai qu'enveloppé comme il l'était dans un manteau qui vers la partie supérieure montait jusqu'à ses yeux, et qui vers la partie inférieure descendait jusqu'à ses éperons, l'inconnu, qui pouvait tout aussi bien être un vilain qu'un noble, un marchand qu'un capitaine, ne devait inspirer qu'une bien médiocre curiosité.

Ce fut au milieu de cette insouciance générale qu'il arriva jusqu'à la place publique.

Là, il s'arrêta.

D'abord, il leva et secoua la tête pour faire tomber des plis de son chaperon la neige qui s'y était amassée; et à ce premier mouvement, les deux ou trois commères qui avaient entre-bâillé leurs portes ou tiré leurs rideaux, pour voir le cavalier qui venait de faire halte au centre de la localité, purent connaître un beau jeune homme de vingt-deux à vingt-trois ans, à la lèvre et au menton ombragés d'un léger duvet, avec de beaux yeux bleus, des joues fraîches et arrondies, et cette chevelure blonde à laquelle la Bretagne reconnaît un fils, le Breton un compatriote.

Mais bientôt l'examen put être poussé plus loin, car le cavalier, qui avait commencé par dégager sa tête des plis de son manteau, dépouilla le manteau lui-même, et apparut aux yeux des quelques habitants de Karnac qui avaient l'honneur de s'occuper de lui, dans toute la splendeur de son costume.

Ce costume était un tabard de héraut d'armes, bleu comme le chaperon, seulement le chaperon était en laine et le tabard en velours; au milieu de la poitrine brillait l'écusson de Bretagne : d'argent semé d'hermines de sable.

Le reste de son costume se composait d'une culotte de drap sang de bœuf, de grandes bottes de cuir noir montant jusqu'au milieu des cuisses, d'une large épée dont le ceinturon lui serrait les flancs, et d'un cor d'argent suspendu en sautoir.

Le jeune homme, après avoir déposé son manteau sur le devant de la selle, prit son cor, le porta à sa bouche et en tira ce que l'on appelait le son d'appel.

Ce son, poussé par le souffle d'une poitrine vigoureuse, dut retentir par tout le village, car toutes les portes à la portée de la vue du héraut s'ouvrirent à la fois, et chacun s'empressant de sortir de sa maison, accourut faire cercle autour du sonneur.

Notre amour de la vérité nous force d'avouer que ce furent les femmes et les filles qui arrivèrent les premières ; les hommes venaient ensuite.

Mais comme les distances n'étaient pas les mêmes pour les habitants du bourg, et que les plus éloignés pouvaient ne pas avoir entendu l'appel, le héraut rapprocha le cor une seconde fois de sa bouche, et une seconde fois sonna avec une vigueur que lui eût enviée Roland à Roncevaux.

Au second appel, on vit accourir de tous côtés hommes et enfants ; un cercle respectable commença à se former autour du cavalier.

Ensuite le cor, comme par acquit de conscience, fit entendre un troisième appel, et comme tout le village paraissait être assemblé autour de lui, notre héros tira de sa poitrine un parchemin et lut, d'une voix pleine, sonore et intelligible, le cri suivant :

« Gens et manants de la châtellenie et du bourg de Karnac, oyez ce que monseigneur vous mande et fait savoir par moi, Bretagne, son héraut d'armes écuyer. Oyez !

» Arthus III.e du nom, de la noble lignée royale et ducale de Bretagne, comte de Richemont, seigneur de Partenay, connétable de France.

» Faisons savoir à nos vassaux et gens de nos terres et de nos seigneuries, lesquels nous doivent servir de leurs corps, qu'ils aient à se rendre en équipage de guerre sous notre bannière seigneuriale, dans le délai de quarante jours, pour nous suivre à la guerre entreprise au profit du roi Charles VII.e, notre sire, contre l'ennemi de la fleur-de-lys. »

Après ce cri, ce fut à qui s'approcherait du héraut et le questionnerait. Son cheval se trouva littéralement envahi. Il n'y avait pas jusqu'aux enfants qui, charmés par le magnifique costume de velours, ne tirassent l'épée du cavalier et ne tentassent même de jouer de son cor.

Messire Bretagne était un brave jeune homme habitué à ces marques de curiosité qu'il faisait semblant de prendre pour des marques d'intérêt, afin que sa dignité y trouvât son compte; de sorte que ces façons familières, non-seulement ne lui déplaisaient en rien, mais l'amusaient presque. Le cheval seul paraissait ne pas les trouver convenables et piaffait d'impatience, ce qui forçait son maître, pour éviter tout malentendu entre la bête et les curieux, à le flatter continuellement de la main, tout en répondant aux mille questions qui lui étaient adressées, et que du reste il était tout naturel qu'on lui adressât.

Les femmes et les filles, enhardies par la jeunesse et la douce physionomie du héraut, s'étaient avancées, et comme parmi elles il y en avait de charmantes, nous nous expliquerons peut-être plus facilement la patience de l'envoyé du duc pour les jeunes gars qui lui grimpaient aux jambes et faisaient sonner ses éperons.

Comme pour lui donner un peu de répit, la neige, qui tombait depuis deux jours, cessa de tomber, et en regardant bien attentivement on eût peut-être aperçu un rayon de soleil inquiet qui, filtrant à travers les nuages, se brisait sur les toits pointus de la ville.

— Ainsi, Messire, disait un gros gaillard en caressant le cou fumant du cheval, vous dites que le comte de Richemont, le frère de notre bien-aimé duc Jean V, convoque ses braves chevaliers de Bretagne pour aller au secours du roi Charles VII.

— Qui en a grand besoin, à ce qu'il paraît, répliqua une belle-fille, laquelle s'appuyait au bras du paysan qui venait de parler.

— Hélas! oui, ma belle enfant, fit le héraut. Mais si Dieu nous prête son aide, nous finirons peut-être bien, surtout avec le secours de nos bons Bretons, par chasser devant nous tout ce troupeau d'Anglais affamés, véritables sauterelles que Satan nous envoie.

— Ainsi, le roi de France?

— Est à Chinon, mes enfants, où il attend les troupes nécessaires pour forcer l'ennemi à lever le siége de sa bonne ville d'Orléans, qui tient toujours pour lui.

— Et madame la reine?

— Elle prie Dieu pour le peuple d'abord, et pour son époux ensuite.

— Dunois, Xaintrailles, La Hire, où sont-ils?

— Le premier à Orléans, les autres près du roi.

— Allons! allons! tout ira bien, dit un homme qui devait être le plus érudit du cercle, surtout....

Mais au moment de continuer sa phrase, cet homme hésita.

— Surtout? reprit Bretagne en se penchant vers son interlocuteur.

— Surtout, continua celui-ci plus bas et confidentiellement, si le bon génie du roi veut qu'il se débarrasse de ce La Trémouille, qui fait tant de mal à la royauté et qu'il garde on ne sait pourquoi.

— Silence, ami, fit le héraut; ceci est l'affaire de mon maître et seigneur, le comte Arthus de Richemont. C'est lui qui a donné La Trémouille au roi, c'est lui qui le lui reprendra s'il y a lieu, comme il lui a repris le sire de Giac qu'il lui avait donné.

Et comme il n'était pas au bout de la route, le héraut se dispose à repartir, puis il aimait peut-être autant ne pas parler devant toute cette populace des intérêts secrets du royaume.

— Encore quelques instants, Messire, lui cria-t-on de différentes parts, vous ne nous avez pas tout dit.

— Demandez, mes amis, demandez; que voulez-vous savoir encore?

— Comment se porte le duc Jean?

— A merveille.

— Il est toujours à Rennes?

Bretagne fit signe que oui.

— Et le comte Arthus?

— Reste à Partenay, qui est le lieu où doivent se rendre les braves gentilshommes qui répondront à son appel. Et sur ce, bonnes gens, que Dieu vous garde; moi, je vous quitte.

En disant cela, Bretagne, qui venait d'entendre sonner

quatre heures, toucha légèrement les flancs de son cheval du bout de ses éperons. L'animal, qui n'attendait que cette permission de se débarrasser de ses voisins importuns, secoua la tête, piétina, fit entendre un hennissement, et les gamins effrayés s'enfuirent. Chacun s'éloigna pour faire place au héraut. Celui-ci, qui venait de remettre son manteau, après un dernier salut fait aux hommes et un dernier sourire adressé aux filles, s'éloigna aussi rapidement que cela était possible sans faire d'accidents au milieu de cette foule ébahie, qui l'accompagna de quelques souhaits encore, et qui, se divisant après son départ en plusieurs groupes, continua de causer sur la place des nouvelles que Bretagne venait d'apporter.

II

LA PLAINE

Bretagne traversa la ville, ce qui fut vite fait, et prenant la route qui succédait aux dernières maisons, il se tint compagnie à lui-même en se chantant le premier couplet de la ballade suivante, que tout le monde chantait à cette époque :

> De Saint-Malo jusqu'à Guérande,
> Fille petite, fille grande,
> En chantant filez votre lin,
>   Afin
> Que dans les marchés on en vende
> De quoi fournir un tonneau plein
>   D'or fin
> Au fils d'Édouard, pour qu'il nous rende
>   Enfin
> Notre cher sire Duguesclin.

— Allons, Burgo, allons, mon ami, fit Bretagne en s'adressant à son cheval et en passant des vers à la prose; nous avons perdu du temps ; la nuit vient, dépêchons-nous. Nous avons encore loin d'ici au château, et voici un vent froid qui pourrait bien nous ramener de la neige.

Burgo doubla son allure, et son maître, que la halte qu'il venait de faire avait refroidi, éprouvant le besoin de se réchauffer, entama le second couplet en l'accompagnant d'un mouvement de jambes destiné à rétablir la circulation du sang, presque interrompue dans la partie inférieure :

> Car ce sire est un vaillant homme,
> Dont le pape chassé de Rome
> A béni du haut d'Avignon
>   Le nom,
> Quand celui que Bertrand on nomme
> Poussait son étendard breton
>   Au front
> Du Sarrazin, pour montrer comme
>   On fond
> Sur les méchants quand on est bon.

Arrivé à la fin du second couplet, Bretagne, au lieu de commencer le troisième, se contenta d'en fredonner l'air, soit qu'il eût oublié les paroles de cette longue complainte, soit qu'il eût reconnu que cette distraction qu'il avait voulu se donner ne le distrayait pas suffisamment.

Il faut dire aussi qu'il était arrivé à un endroit où la route bifurquait, circonstance qu'il n'avait pas prévue et qui l'embarrassait fort, car il se demandait laquelle de ces deux voies il lui fallait prendre pour se rendre où il voulait aller. Ajoutez à cela que le jour diminuait de plus en plus. Bretagne arrêta son cheval en regrettant de ne pas avoir demandé son chemin à Karnac, et il allait peut-être revenir au village le demander plutôt que de courir la chance de prendre le mauvais, quand il lui sembla que quelque chose trouait l'horizon. Il fixa ce point, et ayant cru remarquer que ce point se mouvait dans sa direction, il marcha vers lui avec l'espérance que si cet être était un être humain, il le tirerait de la perplexité où il était.

Le point grossissait en se détaillant, et le cavalier resta convaincu, à n'en pouvoir douter, que c'était un homme, et même un homme à cheval qui venait de son côté. Burgo gagna à cette conviction deux coups d'éperons destinés à le faire avancer aussi vite que possible sur ce terrain dont la neige avait fait un terrain mouvant.

C'était un homme, en effet, qui parcourait dans le sens opposé la même route que notre héraut, et quelques instants après celui-ci arrêtait sa monture devant le nouveau-venu, lequel faisait faire halte aussi au bidet breton sur lequel il était monté.

— Dites donc, l'ami, fit Bretagne au paysan qui le saluait, laquelle de ces deux routes mène au château de Karnac ?

— Au château de Karnac, messire ? vous en êtes loin encore, mais la route où nous sommes vous y conduira.

— Merci.

Bretagne s'apprêta à partir.

— Vous allez au château de Karnac ? reprit le paysan en lui faisant signe qu'il avait quelque chose à lui dire.

— Oui.

— Il faut que vous y soyez aujourd'hui ?

— Aujourd'hui même. Pourquoi me demandez-vous cela ?

— Parce que, si j'étais à votre place, messire, je remettrais ma route à demain.

— Et la cause ?

— Serait que dans une heure il fera nuit noire et que vous serez à peine en vue de la plaine de Karnac, qu'il vous faut traverser pour aller au château. Or, c'est une plaine qu'il vaut mieux traverser le jour que la nuit, et qu'il vaut mieux ne pas traverser du tout quand on peut.

— Vraiment ! et que se passe-t-il donc dans la plaine de Karnac ?

— Il se passe que ces grandes pierres qui la peuplent sont vouées au diable, j'en ai peur, et que de minuit au jour elles se mettent à danser avec les mauvais esprits qui s'y promènent. Vous riez, messire ? vous avez tort.

— Je ne crois pas aux mauvais esprits.

Le paysan regarda d'un air étonné celui qui lui parlait de la sorte.

— Tant mieux pour vous, reprit-il ; mais si vous ne croyez pas aux esprits, vous croyez peut-être aux loups.

— Certes, attendu que j'ai rencontré de ceux-ci tandis que je n'ai pas encore vu de ceux-là.

— Eh bien ! messire, attendez-vous à en rencontrer encore.

— Dans la plaine de Karnac ?

— Justement.

— Diable ! voilà qui est plus sérieux ; et d'où viennent-ils ?

— Du bois d'Auray, sans doute. Je vous le répète, messire, vous feriez mieux de revenir sur vos pas. A Karnac, nous trouverons une bonne chaumière qui est la mienne, une bonne soupe qui m'attend, un bon feu de hêtre près duquel nous causerons jusqu'à neuf heures, et un bon lit où vous dormirez jusqu'à demain. A l'aurore, si vous êtes pressé, vous vous mettrez en route.

— Merci, mon ami, mais je me suis promis d'arriver ce soir au château de Karnac, et j'y arriverai.

— Dieu vous conduise, messire ; mais dites-moi votre nom, et si, en revenant d'Auray, je trouve votre cadavre quelque peu dévoré sur mon chemin, je vous promets de vous reconnaître, de faire graver votre nom sur votre tombe, et de faire savoir votre mort à votre mère, si Dieu vous l'a conservée.

— Je me nomme Bretagne, répondit notre ami en souriant, je suis le héraut du comte Arthus de Richemont ; mais je vous dis cela pour que vous vous adressiez à moi, si jamais vous avez besoin de demander quelque chose à mon maître, et non dans la crainte que les loups me dévorent et que je reste sans sépulture. Je ne vous en remercie pas moins de l'intention ; mais, Dieu merci, j'ai chassé d'autre gibier que celui-là, et je ne reculerai pas devant les loups de Karnac.

— A votre aise, messire ; vous me permettrez cependant de vous donner un dernier conseil ?

— Merci du conseil, l'ami ; que Dieu vous conduise.

— Même souhait de ma part, messire.

Bretagne et le paysan se séparèrent, l'un se courbant sur son cheval impatient et reprenant une allure rapide, l'autre se laissant balloter comme un sac de farine par le trot sec de son bidet.

Comme nous l'avons dit, le jour baissait sensiblement, et la terre ne semblait plus éclairée que par le reflet de la neige. Le froid devenait plus vif, la solitude plus triste encore. Bretagne essaya de reprendre sa chanson, mais rien de ce qui l'entourait ne le portait à chanter, et ce fut muet et silencieux qu'il continua son chemin, se contentant de faire de temps à autre des appels de langue à Burgo.

Le paysan s'était effacé dans l'horizon que Bretagne venait de quitter, rien de vivant ne troublait plus le calme solennel de cette étendue pâle et sombre comme un immense linceul jeté sur des morts après une bataille.

Cependant un vaste bruissement se mêlait au vent, c'était l'haleine puissante de la mer dont le flot venait, en se lamentant, mourir à quelques lieues de là sur les rochers de la côte.

Bretagne marcha une grande heure, ainsi que le paysan le lui avait annoncé, après quoi il crut distinguer à l'un de ces rayons nocturnes qui viennent on ne sait d'où, car ils ne tombent ni de la lune ni des étoiles cachées; il crut distinguer, disons-nous, les ombres gigantesques des pierres de Karnac.

Notre héraut était brave, nous le savons, mais il était Breton, c'est-à-dire superstitieux, et lorsqu'il se trouva en présence de cette armée de monolithes, debout comme des soldats à leur poste, il se rappela le conseil du paysan, arrêta Burgo et se signa.

Puis il essaya de sonder les profondeurs de la plaine celtique; mais autant eût valu essayer de sonder les entrailles de la terre. A pareille heure et à pareil temps, la forêt aux troncs de granit ne révélait rien de ses poétiques mystères.

Il entra, en mettant son cheval au pas et en s'orientant de son mieux, dans ce cimetière de deux lieues, couvert en ce moment de trois pouces de neige intacte. Il regardait avec un sentiment de superstitieuse admiration ces pierres colossales coiffées d'herbes et de mousse qui arrêtaient le vent dans sa marche et qui, le forçant de courir de l'une à l'autre, lui donnaient une mélodie sauvage, car à chaque obstacle qu'il rencontrait, il rugissait plus fort. Il cherchait à travers ces bourrasques, à se rendre compte du moindre cri qui eût pu s'y mêler et le prévenir de l'approche de l'ennemi. Mais rien ne s'y mêlait que la voix de la mer, cette vaste poitrine par laquelle on dirait que le monde respire. Burgo ne cachait pas ses impressions, lui; comme s'il eût entendu la prédiction du paysan et comme s'il eût pressenti qu'elle allait se réaliser, il tendait les oreilles et s'arrêtait. Bretagne l'appelait de son nom, le flattait de la main, et la bête, enhardie par cette double caresse, reprenait sa marche.

Cependant le héraut avait gagné du terrain et avait laissé déjà derrière lui une bonne partie de la plaine, à laquelle il commençait à s'habituer parfaitement. Le ciel s'était un peu dégagé. La lune montrait, à travers des nuages couleur de cendre et d'ardoise, un coin de son front blanc, et Bretagne profitait de ces apparitions qui éclairaient l'épaisseur de la plaine pour s'assurer que les craintes du paysan étaient de la pure imagination. Rien, en effet, n'avait mine de loup; et trouvant fort ridicule de marcher au pas pour éviter des animaux qui n'existaient point, Bretagne, qui était sûr d'être bien accueilli au château de Karnac, et qui avait hâte d'y arriver, regarda une dernière fois autour de lui, et ne voyant rien que les ombres des grandes pierres que la lune décalquait sur la neige, il enfonça ses éperons dans le ventre de Burgo, qui partit à fond de train à travers ce dédale d'ossements formidables.

Cette course rapide, qui ressemblait à la course fantastique d'un chevalier de ballade, dura dix minutes; mais tout à coup Burgo s'arrêta court, comme s'il fût devenu pierre aussi, aspira l'air de ses naseaux, tourna la tête à droite, et, tout frissonnant, recula au lieu d'avancer.

Cela devenait sérieux.

Burgo tournait toujours la tête à droite, comme si son regard eût été rivé à cette direction. Alors Bretagne, tirant son mouchoir de sa poche, fit ce que font les picadores quand ils ne veulent pas que le cheval voie le taureau qu'ils vont combattre : il se coucha sur le cou de Burgo et lui banda les yeux ; l'animal, rassuré, fit quelques pas.

Pendant ce temps, le cavalier s'assurait que son épée était toujours là, et passant les rênes dans sa main gauche, de façon à pouvoir, le moment venu, se servir facilement de sa main droite, il fouilla du regard les ruelles que les pierres faisaient autour de lui.

C'est alors qu'il sembla qu'un objet se remuait dans l'ombre. Il fixa son regard sur cet objet.

Presque en même temps un de ces hurlements qui semblent faits exprès pour la nuit, s'éleva dans la plaine, et Burgo tressaillit ; le hurlement venait de la gauche ; Bretagne, tournant la tête de ce côté, y vit ce qu'il venait déjà de voir à droite ; seulement au lieu de deux yeux il en distingua quatre, et d'autres hurlements partis de différents points de la plaine répondirent au premier et commencèrent à se rapprocher.

Burgo était épouvanté ; il n'avait pas sur tout le corps un poil sec ; il frissonnait et répondait à ces cris nocturnes par des hennissements de peur. Bretagne ne gagnait donc rien à ce que son cheval ne vit plus, puisque l'ouïe et l'odorat remplaçaient les yeux. A quelques bonds nerveux que fit Burgo, il comprit qu'il allait avoir sa terreur à combattre ; et dénouant le mouchoir qui lui couvrait la vue, il rassembla son cheval, serra les genoux, et lui mit les éperons près du ventre pour le tenir au pas, ce qui n'allait pas être facile.

En effet, le cheval ne voyait qu'une chose, le danger, et ne comprenait qu'un moyen de l'éviter, la fuite. Rongeant le frein qui le retenait, sa bouche blanchissait d'écume ; et bondissant sur lui-même pour échapper à la main vigoureuse qui le maintenait, il essayait de se débarrasser de son cavalier et de se faire libre. Mais Bretagne était de ces cavaliers dont on ne se débarrasse pas ainsi ; et, ferme comme un écuyer de bronze, il se maintenait au pas sans perdre de vue les loups qui, pareils à des spectres, glissaient sans bruit, l'œil fixé sur leur proie.

C'eût été un spectacle curieux que celui de ce cheval qui voulait fuir, et de ce cavalier qui ne le voulait pas, au milieu de cette plaine blanche, au sein de cette obscurité que trouaient seulement les yeux en feu des fauves animaux.

Et la lutte était pour l'homme plus difficile qu'on ne le croit peut-être; la frayeur doublait les forces du cheval, et le froid diminuait celles du cavalier. Les efforts que faisait Burgo étaient inouïs; il avait la bouche en sang, et toutes les évolutions qu'il faisait ne servaient qu'à la meurtrir davantage.

Bretagne était muet comme une statue. Seulement, ses yeux l'avertissaient de tout comme des sentinelles exercées.

Cependant Burgo était vigoureux, et deux ou trois fois, les secousses qu'il avait données avaient fait céder le bras de fer du héraut. Ce succès l'avait enhardi, et il avait gagné à la main. Comme s'ils eussent été liés à lui par des fils invisibles, chaque fois que le cheval avait gagné de vitesse, les loups s'étaient rapprochés plus vite, se remettant au pas lorsque Burgo avait été forcé de s'y remettre lui même. Bretagne commençait à chercher s'il n'apercevait pas les tourelles du château de Karnac, car il sentait que si la lutte avec son cheval devait se continuer longtemps encore, il finirait par être vaincu. Il avait les bras brisés; l'animal avait pris un point d'appui sur le mors, et baissant la tête aussi bas que possible, il tirait les rênes de toutes ses forces.

Le héraut se disait que dès qu'il apercevrait une lumière ou un mur, il profiterait de l'impatience de son cheval et le lancerait à toute bride dans cette direction, convaincu que si rapides qu'ils fussent, les loups ne pourraient le rejoindre, quand après l'avoir contenu si longtemps, il lui rendrait complétement la main.

Les hurlements continuaient, en se rapprochant petit à petit; on eût dit que les sinistres bêtes s'entendaient de loin pour une commune attaque. Ainsi le pensait Bretagne du moins, car ayant cru voir environ à une distance de cinq cents pas une lumière briller par-dessus les pierres de la plaine, il se courba sur sa monture, lui lâcha les rênes, et lui appliquant deux vigoureux coups d'éperons, il cria : Allons, Burgo! et partit comme une flèche.

Alors, des quatre coins de la plaine sortirent les loups qui semblaient n'attendre que ce signal, et commença une course d'autant plus effrayante qu'à chaque instant Bretagne courait la chance que Burgo s'abattît et lui brisât la tête contre une pierre, ou qu'en frôlant une de ces tombes de granit il lui fracassât la jambe ou le bras.

Bretagne avait mal calculé. Les loups gagnaient du terrain, et dans un regard rapide qu'il jeta autour de lui, il s'aperçut qu'ils n'étaient pas à plus de vingt pas, et que dans deux minutes ce seraient eux qui auraient de l'avance sur lui.

A tout hasard, Bretagne prit son cor et en tira trois sons désespérés que l'écho répéta de distance en distance, comme s'il eût été étonné qu'on le réveillât pendant la nuit et que l'on troublât la solitude séculaire de la plaine.

En même temps notre héraut tira sa large épée et se prépara au combat, tout en recommandant son âme à Dieu.

Il était temps. A peine avait-il tiré son épée du fourreau, qu'un loup sauta à la gorge du cheval, tandis qu'un autre lui sautait en croupe.

Burgo fit un bond de dix pieds, comme on croirait un tigre seul capable de le faire; il envoya une ruade si vigoureuse qu'il brisa la tête de l'animal qui l'attaquait par derrière. Mais la pauvre bête glissa dans un second élan et s'abattit.

Bretagne avait prévu cela, il avait quitté les étriers, et il tomba sur ses pieds prêt à la défense.

En un instant il fit son plan de bataille.

Maintenant entre ses jambes Burgo, qui faisait des efforts inutiles pour se relever, il s'en servit comme d'un rempart. C'était à une armée véritable qu'il avait affaire, armée qui l'attaquait de tous les côtés, par devant, par derrière, à droite et à gauche. Chaque fois qu'un loup se présentait en face, Bretagne, qui tenait les rênes de son cheval tendues à lui briser la mâchoire, forçait le malheureux Burgo à relever la tête, et c'était lui qui recevait l'assaut. Pendant ce temps l'épée du héraut frappait sans se lasser, et ne frappait jamais en vain. Le combat était silencieux. Par moment cependant Burgo poussait un gémissement de douleur qui faisait peine à son maître; mais c'était l'instant de se défendre et non de s'apitoyer. Le manteau du cavalier, son tabard étaient en pièces, son cheval en sang; et ce combat nocturne et mystérieux, qui n'avait d'autres témoins que les pierres muettes, ce combat dont Bretagne ne pressentait pas la fin, était magnifiquement terrible.

Le héraut voyait de près les yeux avides et les dents acérées des loups; mais ceux-ci, à qui le cheval semblait une proie plus facile, s'attaquaient plus volontiers à lui qu'à son maître. Ce dernier y gagnait du répit; cependant il avait fort à faire, car il fallait son habitude de manier l'épée pour tenir si longtemps. A mesure qu'il blessait un loup, un autre surgissait, il en avait peut-être autour de lui une vingtaine sur lesquels trois ou quatre seulement étaient hors de combat.

Le pauvre Burgo se défendait toujours.

Bretagne se sentit attaqué à gauche, et la morsure fut si douloureuse qu'il poussa un cri. Il lâcha alors les rênes qu'il tenait, et saisissant une petite dague, il la plongea de la main gauche et jusqu'à la garde dans le cou de l'animal, qui lâcha prise et couvrit de sang le tabard de velours bleu.

Ce fut alors que Bretagne fut beau : sa dague d'une main et son épée de l'autre, les rênes de son cheval passées autour de son corps, et le corps penché en arrière pour maintenir à Burgo la tête haute et se conserver ce bouclier vivant, les cuisses, les bras et le visage ensanglantés, il frappait comme il eût pu faire dans une mêlée.

Tout à coup il se sentit étrangler et tirer en arrière. Le loup qui l'attaquait ainsi lui enfonçait les dents dans la gorge et lui labourait les épaules à coup de griffes; l'attraction fut si forte, que les rênes qu'il avait passées autour de ses reins se brisèrent et que Burgo, se sentant libre et se relevant d'un seul bond, courut dans la plaine entraînant derrière lui une meute rugissante de loups.

Au bout de quelques pas, le cheval affaibli fut couvert par ceux qui le poursuivaient, comme un rocher par la marée montante, et, malgré un dernier effort, il roula sur le dos, battant inutilement l'air de ses pieds.

Quant à Bretagne, à qui les rênes en se brisant avaient fait perdre son point d'appui, et que son cheval en se relevant avait envoyé rouler à dix pas de là, il comprit que tout était fini pour lui, et qu'une fois à terre il n'y aurait plus de défense possible. Au moment où il se disait cela, sa tête heurtait le sol, et le loup voyant son ennemi renversé le lâchait, et revenant l'attaquer de face, se jetait sur lui.

Au même instant Bretagne entendit une voix qui lui criait: Ne bougez pas! Quelque chose siffla à ses oreilles, et comme par enchantement le loup lâchait prise et roulait à son côté en poussant un rugissement d'agonie.

Il sembla à notre héraut qu'on lui ôtait le monde de dessus la poitrine, et il se releva sur ses genoux, cherchant d'où lui venait ce secours inespéré. Alors il vit sur un petit cheval blanc dont la couleur se confondait tellement avec la neige que celui le montait semblait ne reposer sur rien, un homme qui de ce combat paraissait plutôt faire un jeu qu'une lutte sérieuse, et qui tenait à la main un petit arc en fer avec lequel il venait de tirer la flèche qui avait sauvé l'écuyer du comte. Ce cavalier inattendu maniait son petit cheval avec une telle habileté, que celui-ci, bondissant comme un chat-tigre, sautait par-dessus les loups qui l'attaquaient avec une légèreté inconcevable, pendant que son maître, qui avait l'air de ne le guider qu'avec l'éperon, tenait les rênes dans les dents, assurait une flèche sur son arc, tendait l'arc, lançait le trait et tuait l'animal qu'il avait visé, tout cela en moins de temps qu'il n'en faut pour l'écrire.

Bretagne se frottait les yeux croyant qu'il rêvait.

Pendant qu'il regardait cet habile tueur des loups, qui était venu par la droite, il entendit un grand bruit à gauche, et il vit courir vers le lieu du combat une ombre étrange et qu'il ne s'expliqua point tout d'abord. Mais l'ombre s'approcha rapidement, et il put distinguer ce qu'elle ét...

C'était un homme d'une stature herculéenne, qui accourait escorté de deux énormes chiens, trapus, à la face aplatie, et qu'il retenait chacun d'une main, ce qui exigeait une force énorme ; car les bêtes tendaient le cou à emporter les bras de leur gardien.

Trois loups se détachèrent du groupe au milieu duquel sautait le cheval blanc, et coururent à ce nouvel ennemi.

Alors celui-ci s'arrêta, les attendit, et quand ils furent à trois pas, avec une précision merveilleuse de mouvement, il lâcha les deux molosses qui se ruèrent chacun sur un loup, tandis qu'il se précipitait, lui, sur le troisième, le prenait dans ses bras et roulait dans la neige avec lui.

Bretagne, qui, d'acteur, était devenu spectateur du combat, jugea que le moment était venu d'aller secourir celui qui le secourait, et, saisissant son épée, il courut vers cet homme qui avait une si étrange façon de combattre le loup.

Mais c'était inutile. Comme il faisait le premier pas, il le vit se relever, et prenant l'animal mort par la peau du cou comme un chasseur prend un lièvre, le jeter à quatre pas de lui.

Quant aux deux chiens, ils revenaient auprès de leur maître en se passant la langue sur la gueule comme des chiens satisfaits. Leurs deux adversaires étaient étranglés. Ils regardèrent s'il y avait encore quelque chose à faire ; mais ne voyant plus rien, ils se couchèrent aux pieds de leur maître qu'ils léchèrent, sans doute pour le remercier du plaisir qu'ils avaient eu et qu'ils lui devaient. Pendant ce temps, l'homme au cheval blanc avait rejoint son compagnon, et voyant le loup que celui-ci venait d'étouffer, il s'était écrié ; Bravo ! Tristan.

Cette scène inouïe commença à s'éclairer tout à coup.

Bretagne jeta les yeux du côté d'où venait la lumière, et il vit se dessiner au loin, sous la porte ogivale et sombre du château de Karnac, les ombres des serviteurs élevant des torches au-dessus de leurs têtes et cherchant évidemment le lieu du combat pour s'y rendre.

Ces hommes accoururent aussitôt, faisant fuir devant eux les loups qui venaient d'achever ce malheureux Burgo qu'a-

étaient encore les derniers tressaillements de l'agonie. La lueur rougeâtre de leurs torches mêlait sur la neige des ombres mouvantes aux ombres immobiles des monuments celtiques.

III

LE CHATEAU DE KARNAC

Quelques instants après la scène que nous venons de raconter, les serviteurs du château de Karnac qu'on avait vus apparaître si à propos au seuil du vieux manoir, se trouvaient sur le lieu même du combat, et l'on pouvait, à la lueur des torches qu'ils portaient, examiner le champ de bataille, ce qui n'était pas tout à fait sans intérêt, surtout pour les spectateurs sauvages et primitifs qu'on voyait se mouvoir sur ce théâtre digne d'eux.

En effet, sur une terre piétinée par les chevaux, les loups, et les hommes, et où la terre, la neige et le sang étaient devenus, en se mêlant, une boue glissante, gisaient huit ou dix loups éventrés, dont deux ou trois hurlaient encore, relevant la tête et essayant de fuir la lumière qui blessait leurs yeux habitués à la nuit.

Au milieu du champ de bataille, Bretagne était debout, l'épée à la main, mal sûr d'être délivré de ses fauves antagonistes. Son chaperon et son manteau étaient tombés, de sorte que l'on pouvait voir le sang ruisseler de ses joues, et les déchirures profondes qu'avait supportées son tabard.

A sa droite, le jeune homme à l'arc de fer, sur son cheval redevenu immobile, considérait ce spectacle en souriant et comme un homme habitué à de pareilles luttes, tandis qu'à sa gauche le jeune homme aux cheveux roux, appuyé contre une de ces pierres que nous avons décrites, caressait la tête énorme d'un de ses chiens, et que l'autre, envieux de ces caresses, essayait d'attirer à son tour l'attention de son maître en se frottant contre ses genoux.

Bretagne vit tout de suite qu'entre ces deux hommes le cavalier à l'arc de fer était le plus considérable.

Il marcha vers lui.

— Votre seigneurie voudra-t-elle bien m'apprendre son nom, dit-il, afin que je n'oublie jamais celui auquel je dois la vie?

— Je me nomme le comte Olivier de Karnac, répondit avec un gracieux mouvement de tête celui auquel le héraut s'adressait, et au lieu de recevoir des actions de grâces, c'est moi qui vous remercie de l'occasion que vous m'avez offerte de venir en aide à un homme qui, autant que j'en puis juger, appartient à la maison de mon noble seigneur, le comte de Richemont.

Ces paroles avaient été dites d'une voix si douce et si peu en harmonie avec le courage que venait de déployer l'habile cavalier, que Bretagne le regarda à deux fois pour s'assurer que celui qui parlait était bien un homme et non une femme, et si cet homme était bien le même qui, semblable à Persée montant la Chimère, tuait les monstres au vol de son cheval; mais en voyant de quelle douceur était empreint le visage du comte, il s'expliqua la douceur de sa voix.

— Alors, monseigneur, si vous êtes le comte de Karnac, c'était à votre château que je me rendais, porteur que je suis d'une lettre que monseigneur Arthus m'a chargé de vous remettre. Je me nomme Bretagne; j'ai l'honneur de lui appartenir comme héraut d'armes, et, sans votre seigneurie, j'étais forcé de manquer à mon devoir, car j'étais mort.

— Ne parlons pas de cela, messire; c'est à moi que j'ai rendu service et non à vous, puisque vous m'apportez une lettre du connétable...

Bretagne fit un mouvement pour chercher la missive; mais de son côté, le jeune comte l'arrêta d'un geste.

— Lettre, continua-t-il, que vous me remettrez tout à l'heure, quand nous serons de retour au château, où le souper nous attend. Souper, ajouta-t-il en souriant, qui ne sera pas dédaigné par vous, je l'espère, après la besogne que vous avez faite et l'exercice que vous avez pris.

Et, en disant ces mots, le jeune homme montrait les cadavres des loups qui jonchaient la terre.

Bretagne salua le jeune homme, et s'approchant de son autre sauveur :

— A votre tour, messire, permettez que je vous remercie de votre bon secours, et que je vous fasse compliment sur votre merveilleuse force. Sur mon âme, il me sembla voir monseigneur Hercule étouffant le lion de Némée, quand je vous ai vu étouffer le loup entre vos bras.

— Merci, maître Bretagne, mais je prends la chose comme vous la dites, pour un compliment. Il y a aussi loin de moi au seigneur Hercule, qu'il y a loin de ce loup au lion néméen; ce sont mes chiens et non pas moi qu'il faut remercier. Un chrétien qui ne fait pas plus qu'une bête ne mérite pas qu'on le complimente.

— N'importe, messire, continua Bretagne, je n'en désire pas moins connaître votre nom et vous exprimer ma reconnaissance d'un cœur aussi sincère que je vous ai témoigné mon admiration.

— On me nomme Tristan le Roux, dit le jeune homme; je ne suis ni noble, ni comte, ni baron : vous pouvez donc oublier mon nom tout à votre aise, je ne vous en voudrai pas de cet oubli.

Et en disant son nom, en accusant son humilité, le jeune homme jetait, involontairement peut-être, un regard amer sur Olivier.

Pendant qu'il parlait comme il avait fait à l'égard de son compagnon, Bretagne examinait le singulier personnage qui recevait d'une si étrange façon les remerciements qu'on lui adressait. Au reste, sa figure portait l'empreinte de son caractère si son caractère était ce que les quelques paroles qu'il venait de dire pouvaient faire soupçonner qu'il fût.

— Allons, Tristan, allons, mon exterminateur de loups, si tu n'es ni comte, ni baron, tu es roi ; roi de la plaine, roi des bruyères, roi des rocs, roi comme l'aigle, comme le lion. Est-ce que le lion est comte, est-ce que l'aigle est baron? Allons, allons, viens, et faisons honneur à notre hôte. Éclairez le chemin, vous autres, continua-t-il en se tournant vers les serviteurs qui attendaient les ordres de leur maître.

Les serviteurs levèrent leurs torches et marchèrent devant lui, en se dirigeant vers le château.

Bretagne ramassa son manteau et son chaperon, et prenant une torche des mains d'un des valets, il s'avança vers Burgo. Le pauvre animal, sanglant, déchiré, meurtri, leva la tête comme pour dire un dernier adieu à son maître, poussa un hennissement douloureux comme une plainte, et expira.

Les deux jeunes gens, comprenant cette sympathie du cavalier pour le cheval, attendaient le héraut : Olivier, repassant dans sa ceinture les flèches que les domestiques avaient ramassées, et Tristan jetant à dix pas de lui ses chiens qu'il prenait par la peau du cou et qu'il envoyait dans l'espace. Les bêtes paraissaient prendre grand plaisir à ce jeu, auquel Tristan les avait habituées et revenaient sur leur maître pour le caresser.

— Mon pauvre Burgo, murmura Bretagne avec émotion, je ne me doutais pas ce matin que nous nous séparerions ce soir !

Et, voyant qu'il était mort, il essuya deux larmes et vint rejoindre Olivier et Tristan. Tous trois se mirent en marche vers le château.

— Savez-vous, messire, dit Olivier en examinant à la lueur de la torche que Bretagne rendait au domestique à qui il l'avait prise, les sillons sanglants tracés sur toute sa personne par les griffes et les dents des loups ; savez-vous, messire, que vous êtes un vaillant et que vous avez soutenu là un rude assaut. Les loups ne sont pas certes faciles à tuer avec une épée, surtout quand on a autour de soi une troupe comme celle qui vous assiégeait.

— Aussi, monseigneur, n'y ai-je pas mis d'amour-propre, comme vous avez pu le voir ou plutôt l'entendre. J'ai commencé par souffler trois fois dans mon cor, convaincu que j'aurais besoin d'aide avant qu'il fût longtemps, espérant que l'on reconnaîtrait un cri de détresse et que l'on viendrait à mon secours.

— C'est en effet au son de votre cor, messire, que je suis accouru, fit Olivier; je revenais d'Auray et j'allais rentrer au château. Et toi, Tristan, c'est aussi le même bruit qui t'a fait accourir?

— Oui, répondit Tristan; n'eussé-je pas entendu le cor, je fusse venu. Depuis cinq minutes Thor et Brinda hurlaient en tirant leur chaîne à la briser, de sorte que je me doutais qu'il se passait quelque chose aux environs.

— Oui, oui, ce sont de bons animaux, de braves et fidèles gardiens que Thor et Brinda, dit Olivier en étendant la main vers les deux chiens, qui grognèrent comme pour indiquer qu'ils ne permettaient qu'à leur maître une pareille familiarité.

Cependant on était arrivé à la première porte du château, en gravissant une petite hauteur sur laquelle il avait été bâti et d'où il dominait toute la plaine.

En voyant cette ombre immense s'élever devant lui, Bretagne renversa la tête en arrière pour mesurer la hauteur du bâtiment dans lequel il allait recevoir l'hospitalité.

C'était un vieux manoir du huitième siècle, ayant conservé à l'extérieur tout le caractère d'une forteresse romane, sombre, imposante, mystérieuse.

La petite troupe traversa le pont-levis, qui se redressa derrière elle, et la grande porte, qui se ferma dès qu'elle eut passé; puis, ayant franchi cette première enceinte, elle arriva à la porte même du château, qui, au contraire de l'autre courbée en plein cintre, s'élançait en ogive, accusant une époque postérieure de cinq ou six cents ans à la première.

On traversa un second pont-levis, Bretagne s'avançant le premier, comme hôte et comme envoyé du comte de Richemont, Olivier marchant après lui, Tristan venant à côté du cheval d'Olivier, tandis que les serviteurs, rangés en haie, éclairaient cette rentrée nocturne.

Ces deux portes franchies, les trois jeunes gens se trouvèrent dans une vaste cour entourée de bâtiments que perçaient de nombreuses ouvertures, comme si la vie des habitants du château était tout intérieure et n'eût rien voulu laisser voir au dehors de ce qui se passait au dedans.

Olivier sauta à bas de son cheval et jeta la bride à un valet. Tristan fit un signe à Thor et à Brinda, et Thor et Brinda retournèrent au chenil. Puis, indiquant à Bretagne la route qu'il avait à suivre, Olivier se dirigea vers une porte occupant le milieu de la façade d'un des quatre côtés de la cour, et à laquelle on arrivait par six larges escaliers de pierre.

Sur le seuil de la porte, une femme attendait, éclairée par le groupe de valets portant les torches. C'était madame de Karnac.

Derrière elle, dans la pénombre, se tenait un homme qu'à son costume il était aisé de reconnaître pour le chapelain du château.

— Ma mère, dit Olivier en s'adressant à cette femme, voici messire Bretagne, héraut d'armes de notre gracieux comte Arthus de Richemont, l'ami de mon père. Il nous est envoyé par le comte lui-même. Je demande pour lui, à la table et au foyer, la place des envoyés et des hôtes.

— Soyez le bienvenu, messire, dit la comtesse avec un sourire de bon accueil; ce château sera le vôtre pendant tout le temps qu'il vous plaira y rester.

— Très-haute et très-puissante dame, dit Bretagne en s'inclinant, pardonnez-moi de me présenter dans l'état où me voici ; mais sans l'aide du comte, votre fils, et de messire Tristan, je ne me présentais pas du tout, ce qui eût été un grand déplaisir pour mon maître et un grand déshonneur pour moi. Veuillez donc me permettre de déposer à vos pieds ma reconnaissance pour l'hospitalité que je reçois et pour le secours que j'ai reçu.

— C'est dit, messire, fit Olivier, c'est dit. Maintenant veuillez me suivre, afin de faire disparaître le sang de vos blessures et de réparer le désordre de votre costume.

Olivier, suivi de Bretagne, prit un escalier qui conduisait à son appartement, tandis que la comtesse, le chapelain et Tristan rentraient dans la salle à manger.

— Eh bien ! Tristan, fit la comtesse, à laquelle l'air soucieux du jeune homme n'échappait point, cet écuyer courait donc un danger réel ?

— Il courait le danger d'être dévoré, oui, madame.

— Et, comme toujours, vous vous êtes bravement exposé pour lui.

— Oh ! j'ai tellement l'habitude de cette chasse, vous le savez, madame, que ce qui est danger pour les autres est passe-temps pour moi.

— Vous êtes si brave, Tristan ! dit la comtesse avec une bienveillance qui touchait à l'admiration, presque à l'orgueil. Mais quel chagrin vous tient donc ce soir ? Vous êtes triste... Que souhaitez-vous ?

— Rien, madame. En vérité, je suis aujourd'hui comme j'étais hier, comme je serai demain. N'ai-je pas nom Tristan ?

La comtesse et le chapelain échangèrent un regard de tristesse. Quant au jeune homme, comme pour mettre fin à une conversation qui, toute bienveillante qu'elle fût pour lui, semblait le fatiguer, il alla s'appuyer contre une des fenêtres, et regardant l'aride paysage qui entourait le château et qu'éclairait un faible rayon de lune, il disparut derrière l'épaisseur de la muraille.

Il se fit alors dans cette salle un silence qui n'eût pas été plus grand si la salle n'eût pas été habitée.

Au milieu de ce silence, la porte s'ouvrit.

C'était Olivier qui ramenait Bretagne vêtu de ses propres habits. Malheureusement l'envoyé du comte n'avait pu faire disparaître de ses mains et de son visage, aussi facilement que son costume, les traces qu'y avaient laissées les griffes et les dents des loups.

Derrière Olivier et Bretagne apparurent les serviteurs de la maison qui allaient prendre part au repas.

Une cloche sonna : c'était le signal du souper.

Chacun gagna sa place et cependant chacun resta debout à la place où il allait s'asseoir.

Alors le chapelain récita à haute voix le *Benedicite*.

Puis la comtesse appela doucement Tristan, qui obéit len-

2.

tement à cet appel, et chacun s'assit à sa place habituelle ou désignée.

La comtesse tenait le bout de la table qui avait la forme d'un T; à sa droite elle avait Olivier, à sa gauche une place vide.

A la droite d'Olivier était Tristan.

De l'autre côté de la place vide était le chapelain.

A la gauche du chapelain était Bretagne.

Le bas bout de la table, c'est-à-dire la traverse du T, était occupé par les serviteurs de la maison.

Nous saurons tout à l'heure à qui appartenait la place vide.

Puisqu'à l'exception d'un seul, tous les personnages du château sont réunis dans la salle à manger, nous allons, avec la permission du lecteur, donner sur cette salle et sur les personnages qui la peuplent quelques renseignements que nous croyons indispensables.

Commençons d'abord par la salle.

IV

LES TAPISSERIES DE KARNAC

La salle à manger dans laquelle venait de se réunir la famille, moins une personne, comme l'indiquait la place restée vide entre la comtesse et le chapelain, était une vaste salle plus longue que large, et dont les murailles sombres étaient couvertes de panoplies et de faisceaux d'armes. A chaque extrémité de cette salle, une énorme cheminée, sous laquelle un géant eût pu se tenir debout, s'ouvrait béante et pleine de flammes.

Ce double foyer, qui eût suffi pour éclairer la chambre en même temps qu'il la chauffait, reflétait sa lumière ardente sur l'acier poli des armes et des boucliers.

Le plafond, dans toute sa largeur, était sillonné de poutres de chêne sculptées, et dans l'intervalle de ces poutres, le plafond peint en bleu, avait autrefois pour représenter le ciel sans doute, reçu l'ornement d'une quantité d'étoiles d'or.

Chacune des cheminées était surmontée de l'écu de Karnac, comme on disait dans la province, et cet écu, par le double souvenir auquel il se rattachait, ne laissait pas de mériter une certaine célébrité.

Il était *de gueules, au tombeau muraillé d'argent*, et portait au chef, *de Bretagne aux cinq flèches en pal, alternées d'hermine*.

Ce blason, comme nous l'avons dit, avait une double origine : l'une qui datait de l'année 752, c'est-à-dire de près de sept siècles; l'autre, de 1415, c'est-à-dire de treize ans à peine.

Disons quelle était l'origine du blason primitif.

Lorsqu'en 752, Charles-Martel, accourant au secours d'Eudes, duc d'Aquitaine, qui venait d'être défait par les Sarrazins, livra bataille à ceux-ci dans les plaines de Poitiers, il avait près de lui un sire de Karnac qui, quoique n'étant pas son sujet, était venu, pour la plus grande gloire de Dieu et la défense de notre sainte religion, le joindre avec cinq cents hommes, représentant ce qu'au siècle où nous nous trouvons représentaient cent lances, car chaque lance équivalait à cinq hommes.

Ce sire de Karnac avait une grande réputation en Bretagne, où il n'était connu que sous le nom du Lion de Karnac.

Le jour du combat venu, le sire de Karnac ne faillit point à sa réputation. Partout où la mêlée fut le plus acharnée et le plus épaisse, on entendit son cri de guerre. Enfin, au moment où l'armée infidèle commençait à fuir, et où de son côté elle n'était plus retenue sur le champ de bataille que par l'invincible courage d'un de ses chefs, le sire de Kernac, dans l'espérance de vaincre ce dernier obstacle, comme déjà il en avait vaincu tant d'autres, le sire de Karnac s'élança pour attaquer l'infidèle, et alors commença une lutte terrible entre le Sarrazin armé de sa hache d'armes et le sire de Karnac de sa large épée franque.

La lutte dura un quart d'heure, pendant lequel le Sarrasin reçut quatorze blessures sans qu'une seule fois le sang du chevalier chrétien teignît ses armes. Soit faiblesse, soit calcul, le Sarrazin finit par rompre. A mesure qu'il rompait les rangs de ses soldats s'ouvraient, et le sire de Karnac acharné à sa proie, s'enfonçait dans les rangs infidèles; enfin un dernier coup de la terrible framée brisa le casque du Sarrazin, et l'ennemi du Seigneur tomba en poussant un blasphème.

Mais sa victoire même avait perdu le sire de Karnac; les rangs sarrazins se refermèrent sur lui. Il fut enveloppé, pris, désarmé, et comme les musulmans voulaient rendre un dernier hommage au guerrier qui était tombé sous ses coups, ayant trouvé une excavation de rocher en forme de tombe, ils y descendirent le cadavre du chef et condamnèrent le chrétien à mourir près de lui, enterré dans le même tombeau.

Le chrétien ne fit aucune demande indigne d'un chevalier. Il répondit qu'il acceptait une mort qui le conduisait au ciel; seulement il dit que l'habitude de ses ancêtres étant qu'ils fussent enterrés avec leurs armes, il demandait qu'on lui rendît sa bonne framée. Cette demande parut juste aux Sarrazins, qui la lui accordèrent. On coucha le chef infidèle dans son tombeau. Le martyr chrétien s'assit près de lui. On apporta à force de bras, sur l'ouverture, une immense roche plate sur laquelle chaque homme plaça une autre pierre. Cela fit du tombeau une pyramide, qui servit à indiquer non-seulement la tombe du Sarrazin mort et du chrétien vivant, mais l'endroit de la plaine où le combat avait été le plus rude.

Or, la tradition de ce combat terrible s'était perpétuée dans la famille, et lorsqu'en 1095 le moment des croisades arriva, lorsque chaque croisé, pour se faire reconnaître des siens dans la mêlée, eut adopté un signe distinctif que l'on appela armoiries, le sire de Karnac partit avec Pierre l'Ermite pour la conquête de la Terre-Sainte, et prit pour siennes: *de gueules, au tombeau muraillé d'argent.*

Enfin l'écusson portait au chef, nous l'avons dit : *de Bretagne à cinq flèches de sable posées en pal et alternées d'hermine.*

Voici d'où venait cette adjonction aux armoiries héréditaires.

En 1415, à la bataille d'Azincourt, le père du jeune comte avec lequel nous avons fait connaissance dans le chapitre précédent, était venu au secours du roi Charles VI, suivant le comte de Richemont.

Ce fut une rude bataille, cette bataille d'Azincourt qui laissa dix mille morts sur la place où elle eut lieu, morts parmi lesquels se trouvaient les ducs de Nevers et de Brabant, frères du duc de Bourgogne, qui joua un rôle si douteux pendant cette journée, que le Dauphin ne voulut jamais suivre ses conseils dans la crainte d'être trahi ; le prince de Bourbon-Préaux et le duc d'Alençon, lequel abattit à ses pieds le roi d'Angleterre et fendit d'un coup de hache la couronne de son casque. Malheureusement il fut tué avant de porter le second coup, qui eût peut-être sauvé la France, et la victoire des Anglais se releva avec leur roi. Le plus pur du sang français coula dans cette journée, où seize cents chevaliers furent faits prisonniers, en compagnie de Charles duc d'Orléans, de Jean duc de Bourbon, du comte de Vendôme, du comte d'Eu et du comte de Richemont, celui-là même dont Bretagne était le héraut.

Or, c'était le comte de Karnac qui portait la bannière de Bretagne à cette bataille d'Azincourt, et comme toute la nuit qui avait précédé la bataille il avait veillé pour une reconnaissance autour du camp ennemi, il dormait encore lorsque le matin le combat commença et lorsqu'il fut réveillé par les cris :

— La bannière! la bannière!

C'étaient les chevaliers du comte Arthus et le comte Arthus lui-même qui marchaient au combat et passaient impatients devant la tente du comte.

Alors le comte s'éveilla, et comme il n'avait pas le temps de s'armer, il fendit le haut de la bannière et passant la tête à à travers la fente, il s'élança au combat sans autre armure que cet étendard flottant où brillait l'écusson d'argent du vieux duché; et le soir seulement on le retrouva couché parmi les morts, à la place où Richemont avait été fait prisonnier; cinq grandes flèches anglaises lui avaient cloué la bannière de Bretagne au cœur; de là *les cinq flèches posées en pal et alternées d'hermine.*

Il n'était donc pas étonnant que le comte Arthus, qui l'avait vu tomber si bravement, se souvînt, au moment où il faisait un appel à ses chevaliers et à ses hommes d'armes, que le comte de Karnac avait un fils, lequel bien certainement n'avait pas dû dégénérer du courage de ses aïeux.

Après ces panoplies, après ces grandes cheminées qui chauffaient et qui éclairaient la chambre, outre ces écussons qui les surmontaient et dont nous venons de conter l'histoire, deux choses attiraient essentiellement les regards:

L'une était une peinture, l'autre une tapisserie.

La peinture représentait la cène de Notre Seigneur Jésus-Christ; elle était du commencement du siècle, et avait remplacé sur la muraille une tapisserie qui faisait autrefois le pendant de celle qui était restée.

Comme cette tapisserie tient aussi étroitement à notre histoire que les panoplies, les cheminées et les écussons que nous avons décrits, qu'on nous permette de nous arrêter sur elle, comme nous nous sommes arrêté déjà sur le reste de l'ameublement.

Vers le commencement du XIe siècle, l'enchanteur Merlin, qui s'était rendu en Bretagne pour faire visite à la fée Morgane, qui y tenait son domicile, avait demandé l'hospitalité du château de Karnac, et là il avait été reçu selon toutes les lois de l'hospitalité bretonne, c'est-à-dire comme eût été reçu le roi de France. Seulement en partant, la dame de Karnac, qui avait eu pendant son sommeil révélation de l'hôte illustre qu'elle avait reçu dans son château, la dame de Karnac lui avait demandé une de ces prédictions qui depuis sept ou huit cents ans ont mis, en se réalisant, Merlin à la tête de tous les prophètes, sorciers et enchanteurs venus, et probablement à venir.

Merlin se piqua de générosité, et prenant une plume, de l'encre et un parchemin, il laissa de sa propre main, en belle écriture romaine, en lettres allongées, les deux prophéties suivantes :

PREMIÈRE PROPHÉTIE.

Retz et Karnach ayant mêlé leur sang,
Rompra le scel qui sept siècles regarde;
Lors on verra noir Maugrabin issant (sortant)
Du vieil sépulcre où chevalier le garde.

DEUXIÈME PROPHÉTIE.

Le gentil lys, au beau jardin de France,
Gémit foulé par le lion rampant :
Mais jeune vierge aide à sa délivrance,
Et pied de femme écrase le serpent.

C'était un si grand honneur qu'une visite de Merlin, c'était un don si précieux que ces deux prophéties, que la châtelaine de Karnac résolut d'en éterniser la mémoire par deux tapisseries entièrement exécutées de sa main.

Elle s'était donc, dès le jour même, mise à la première, et comme elle avait rapport évidemment à ce sire de Karnac qui avait été enterré vivant avec le Sarrazin mort, elle avait résolu de représenter le champ de bataille de Poitiers tout semé de cadavres de Maures et de chrétiens, et au milieu du champ de bataille, ce tombeau qui était un des souvenirs les plus héroïques de sa famille.

La châtelaine, comme Pénélope, avait mis dix ans à faire cette tapisserie, quoiqu'elle ne défît point la nuit ce qu'elle avait fait le jour.

Au bout de dix ans, la tapisserie avait été achevée et clouée contre la muraille de la grande salle ; des anges volant dans le ciel soutenaient une pancarte, sur laquelle étaient écrits les quatre vers de Merlin.

C'était d'après cette tapisserie qu'à la fin du xɪᵉ siècle le sire de Karnac, qui était parti pour les croisades, avait établi son blason.

Aussitôt cette tapisserie terminée, la châtelaine se mit à l'autre; mais comme la deuxième prédiction était bien autrement vague que la première, comme la châtelaine ne pouvait deviner à quoi elle se rattachait, elle avait suivi la prédiction à la lettre.

Elle avait donc représenté le jardin de la France avec un beau lys au milieu : beau lys ployé et prêt à rompre sous le poids du corps d'un lion rampant; un serpent, qui semblait l'allié du lion, défendait le jardin contre une foule d'hommes armés qui n'osaient lutter contre lui. Mais une jeune vierge s'approchait, et, comme Marie mère de Dieu, de son talon nu elle écrasait la tête du serpent.

Des anges volant dans le ciel portaient, comme dans l'autre, un cartouche sur lequel on lisait la seconde prophétie de Merlin.

La châtelaine fut dix autres années à faire cette seconde tapisserie, ne la quittant que pour ses repas et ses prières, demandant pour toute grâce au Seigneur le temps de l'achever.

Le Seigneur l'entendit, et, après avoir noué le dernier point, se sentant prise d'un grand sommeil, elle laissa tomber sa tête sur sa tapisserie et s'endormit.

Le lendemain, quand on entra dans la chambre, on voulut la réveiller; mais tous les efforts furent inutiles, la sainte dame était morte, ayant eu la gloire, comme elle l'avait demandé à Dieu, d'accomplir une œuvre qu'aucune autre aiguille de femme n'avait jamais faite.

Cette tapisserie fut clouée en face de l'autre, et pendant deux cent cinquante ans elles firent toutes deux le principal ornement de la grande salle du château de Karnac.

Mais quelque temps après la mort de son mari, la châtelaine actuelle, la mère d'Olivier, s'étant endormie à son tour dans cette grande salle et ne s'étant réveillée qu'au milieu de la nuit, prétendit avoir vu à la lueur mouvante de la flamme des deux cheminées, les cadavres du champ de bataille se mouvoir. Elle disait avoir entendu un grand bruit d'armes, et pour n'être plus exposée à une pareille vision, elle avait fait déclouer la tapisserie, et avait ordonné qu'on la portât dans la bibliothèque, domaine exclusif, à cette époque du moins, du chapelain, qui tous les soirs s'y retirait pour écrire, de cette adorable écriture du xve siècle, une page de la chronique du sire de Karnac, page presque toujours enrichie d'une majuscule en forme de garde d'épée ou de quelque vignette, merveille de miniature, représentant des combats en rase campagne ou quelque siège de ville fantastique, avec des maisons d'argent, des toits d'or et des reines couronnées à leur balcon.

La place de la tapisserie était donc restée vide; alors on avait fait venir de Nantes un peintre qui, moyennant douze écus d'or, la nourriture et le logement, avait peint sur la muraille, à la demande de la châtelaine, la cène de no're Seigneur Jésus-Christ et de ses disciples.

Sans doute, si le sire de Karnac eût vécu, il n'eût point permis qu'on enlevât de la salle d'honneur de ses aïeux cette tapisserie séculaire, qui était le plus beau fleuron de la couronne comtale des sires de Karnac. Mais, nous l'avons dit, il était resté noblement couché sur le champ de bataille d'Azincourt; il n'avait laissé qu'un fils de huit ans à cette époque, et nul ne s'était opposé à cette volonté de la dame de Karnac, de faire disparaître la tapisserie au tombeau.

Et maintenant que nous avons décrit l'extérieur et l'intérieur du château de Karnac, quelques mots sur la *famille* qui l'habitait.

Il est bien entendu que le mot famille est pris ici dans son acception antique, et signifie la maison entière, depuis la châtelaine jusqu'au dernier valet.

V

LES HABITANTS DU CHATEAU DE KARNAC

Il y avait donc, au moment où s'ouvre cette histoire, treize ans que la comtesse était veuve. Depuis treize ans elle n'avait pas quitté le deuil, et son visage comme ses vêtements semblait l'avoir à tout jamais adopté.

C'était une femme de quarante ans environ, belle encore, grande, pâle. Elle avait les mains fines, transparentes comme la cire, blanches comme l'ivoire, si blanches qu'on eût dit que le sang avait cessé d'y circuler. Quelques cheveux gris, qu'elle n'essayait pas de cacher, argentaient sa chevelure noire jadis et d'une opulente profusion. Elle passait sa vie dans ce château entre le chapelain et Olivier, entre la prière et l'amour maternel. Il eût été impossible de trouver un cœur plus noble, une âme plus chaste, une bonté plus grande; elle avait fait sa porte hospitalière à ce point qu'on disait dans le pays : bon comme Karnac.

Olivier était un jeune homme de vingt-trois à vingt-quatre ans, brave comme son père, doux comme sa mère, palpable reflet de l'un et de l'autre. Quoiqu'il fût jeune encore lorsque le comte avait été tué, Olivier avait été élevé comme si son père eût vécu, c'est-à-dire qu'il avait reçu l'éducation que devait recevoir un gentilhomme destiné à faire ses preuves un jour et à soutenir l'éclat d'une grande maison. Il n'était pas d'une constitution très-vigoureuse, mais il avait voulu suppléer par l'adresse à la force qui lui manquait. Nous l'avons vu dans la façon de combattre le loup, donner une preuve du résultat auquel il était arrivé. Olivier maniait un cheval, quel qu'il fût, comme si le cheval eût été inhérent à lui-même, comme s'il eût compté un centaure parmi ses aïeux. Il avait la grâce, la douceur, l'élégance d'une femme, et les exercices qu'il faisait depuis son jeune âge lui avaient donné, sous cette frêle apparence, outre une adresse sans pareille, une énergie infatigable et un courage invincible. Il était noble de race et de cœur, loyal comme il était brave, et c'était de plus un des meilleurs chrétiens, non-seulement de la Bretagne, mais de la chrétienté tout entière. Il montait toujours des chevaux blancs, superstition maternelle à laquelle il avait facilement consenti, car il aimait tout ce qui venait de sa mère. Et maintenant, si vous voulez compléter ce portrait moral par le portrait physique, voici ce qu'Olivier était : un jeune homme de taille moyenne, bien fait, élégant dans sa mise comme dans ses formes. De longs cheveux châtains auxquels se mêlait sur le front une mèche d'un blond doré comme un épi, encadraient son visage sympathique. Une moustache fine, de la même teinte que cette mèche, surmontait une bouche dont une femme eût été jalouse. Ses yeux étaient bleus, grands, ouverts par la confiance et non par le soupçon. Enfin, une haute mine pleine de franchise, de grandeur, de générosité, formait l'expression générale de ce charmant visage, que poétisait une propension naturelle à la mélancolie et à la contemplation.

On n'avait jamais entendu dire qu'Olivier eût battu même un chien. Il passait ses journées à la chasse ou à s'exercer, dans une plaine attenante au château, à viser de petits arbres ou à briser des fougères avec ses flèches, tandis que son cheval franchissait des fossés et des haies ; ou bien encore il jetait en l'air un mouchoir roulé, de la grosseur d'un œuf, et le piquait au galop avec la pointe de son épée. Quelquefois, le soir, il montait de nouveau à cheval et disparaissait jusqu'à minuit; mais le plus souvent, après le souper, il restait avec sa mère ou se retirait dans la bibliothèque avec le chapelain, pour s'y instruire sur l'histoire de Dieu et relire les hauts faits de ses ancêtres.

Il était toujours richement vêtu, comme nous l'avons dit, et le soir où nous le voyons pour la première fois, il portait un pourpoint de velours vert brodé d'hermine, un ceinturon brodé, auquel pendait une épée dont la poignée et la garde étaient ciselées dans l'or; une culotte gris clair, ayant sur la jambe gauche les armes de Karnac; un casquet de velours noir, sur lequel se dessinait la couronne comtale; à droite de son pourpoint, une petite dague, courte et acérée, et entre le pourpoint et le ceinturon, une douzaine de ces flèches de frêne garnies de fer, à l'une desquelles Bretagne était si reconnaissant.

A la suite d'Olivier venait ce jeune homme qui, d'après son propre dire, n'était ni noble, ni comte, ni baron, qui était tout simplement Tristan le Roux.

Comme ce jeune homme doit jouer un rôle important dans cette histoire à laquelle il donne son nom, qu'on nous permette de nous arrêter à son portrait plus longtemps que nous ne l'avons fait pour aucun des personnages précédents, si importants qu'ils fussent eux-mêmes.

Assis près d'Olivier l'élégant gentilhomme, Tristan faisait un vivant contraste avec lui. Nous avons déjà dit deux mots de l'aspect et du costume du jeune Hercule; complétons ce portrait physique et moral à peine ébauché par notre récit.

Tristan, depuis qu'il avait pu faire choix d'un costume, avait toujours été vêtu de la même façon. Son habillement se composait d'un pourpoint de drap violet foncé sans aucun ornement, serré à la taille par une ceinture de cuir à laquelle pendait d'habitude une petite hache soutenue par une chaîne de fer, de larges brayes de la même couleur, comme en portaient ces vieux Celtes qu'on venait vendre sur les marchés de Rome, d'un pantalon de laine, violet comme les brayes et le pourpoint, qui se perdait dans ces espèces de bottes montant à mi-cuisse et qu'on appelait des houzeaux.

Quant à sa tête, il était bien rare, quelque temps qu'il fît, qu'elle fût protégée par autre chose que par cette forêt de cheveux, crinière fauve qui avait fait donner à notre héros le nom expressif, sinon aristocratique, de Tristan le Roux. Ces cheveux étaient coupés à la hauteur des épaules, comme ceux de l'archange Michel, ce qui faisait que, par la chevelure comme par tout le reste, le jeune homme tenait moitié du noble, moitié du varlet, et semblait former un chaînon intermédiaire entre la famille et la domesticité. Quant au reste de son portrait, c'étaient des yeux petits mais brillants, des sourcils roux comme les cheveux, deux plis fortement accentués sur le front, une pâleur de marbre, des moustaches rousses et épaisses, des dents petites et blanches, des joues un peu creuses, un profil dur, mais régulier; un ensemble farouche, un côté méditatif et soucieux : telle était la physionomie de Tristan.

Ajoutez à cela des formes athlétiques, des bras durs comme du fer, souples comme l'acier, des épaules larges, le dos légèrement voûté, les mains fines, les pieds élégants. Donnez-lui vingt et un ans, mais les vingt et un d'un homme qui a vécu d'une vie presque sauvage, au fond des bois, bravant le froid, la neige, le soleil et la pluie; autrement dit, donnez-lui, malgré son âge véritable, l'aspect d'un homme de trente ans, et vous aurez au grand complet le personnage dont nous allons nous occuper.

Quant à la place qu'il occupait dans le château, il ne serait pas facile de lui donner un nom. Il était bien l'écuyer du jeune comte, mais il n'était astreint à aucune des charges que cette position imposait. Il n'en faisait qu'à sa tête. Olivier le traitait comme un parent, comme un ami. La comtesse avait pour son caractère bizarre, pour ses allures étranges, une indulgence sans limites. Il était entré dans le château quelque temps après la mort du père d'Olivier. Quels étaient son père et sa mère? nul n'eût pu le dire. Tout ce que l'on savait, c'est qu'il avait été élevé jusqu'à l'âge de sept ans, époque à laquelle il avait été accueilli au château de Karnac, par une vieille femme nommée la Méfraie, espèce de mendiante dont la hutte se dressait au milieu d'une plaine d'ajoncs, plutôt semblable à la tanière d'une hyène qu'à l'habitation d'une créature humaine. L'enfant n'avait jusqu'à cet âge vécu que dans les bois et les plaines, prenant le gibier dans les filets, volant les fruits, et menant la vie d'un maraudeur et d'un braconnier. Quand, pour faire une bonne action sans doute, la comtesse l'avait pris au château, il ne savait ni lire ni écrire, mais en revanche nul ne montait mieux que lui un cheval à poil, nul ne jetait mieux une pierre avec une fronde, nul n'allait mieux dénicher un nid d'orfraies dans les crénelures d'une ruine. Aussi regarda-t-il d'un air étonné ce château où il entrait, et les individus dont il allait devenir le compagnon.

Olivier, qui, quoiqu'il eût trois ans de plus que Tristan, était loin d'avoir la même force et la même agilité, se prit d'affection pour le camarade que sa mère lui donnait et avec lequel il s'exerça à toutes les luttes. Tristan avait été confié au chapelain pour que celui-ci lui apprît tout ce qu'il devait savoir. Mais quand il avait su lire et écrire, non-seulement il n'avait plus voulu rien apprendre, mais il avait même refusé de lire tous les livres qui citaient de grands noms parmi lesquels il ne retrouvait pas le sien, ce qui avait jeté en lui un germe de haine pour ce qui était noble et beau. Il avait des habitudes fantasques; tandis qu'Olivier s'amusait à élever des faucons et des gerfauts, et à les dresser pour la chasse, lui il élevait des chouettes et des oiseaux de nuit, dont le cri lui plaisait. Il avait grandi ainsi, ne pouvant souder son individualité aux habitudes de ceux avec lesquels il vivait. Vêtu comme Olivier, traité comme lui, sans qu'il dît une parole, sans qu'il fît un geste, il révélait une nature contraire à la sienne. Il s'était absenté pendant des mois entiers, allant on ne savait où, et quand on commençait à le croire mort, il reparaissait, ses vêtements en haillons, les mains et le visage déchirés : il avait été tuer des loups!

La reconnaissance, les sentiments jeunes et francs, paraissaient lui être restés inconnus : et cependant, deux ou trois fois, la comtesse, qui témoignait une sympathie réelle pour lui, l'avait surpris pleurant, en fixant l'horizon et en caressant son chien. Elle lui avait alors demandé doucement la cause de sa tristesse; mais il avait essuyé ses yeux à la hâte et lui avait répondu qu'il n'avait rien. On eût dit qu'il ne voulait pas qu'une créature intelligente, et qui eût pu le répéter, vît ce qui se passait en lui, et s'il avait un chagrin, c'était à ses oiseaux et à ses chiens qu'il en faisait la confidence.

Il éprouvait le besoin de verser sur quelque chose le trop-plein de son cœur, mais il se croyait assez fort pour ne pas avoir besoin d'être consolé, et il faisait son possible pour qu'on ne s'occupât jamais de lui. Ce n'était ni un ingrat ni un égoïste, c'était une de ces natures craintives qui, ayant cherché autour d'elles ceux qu'ordinairement la nature place autour des enfants pour être leurs premiers confidents et leurs premiers guides, le père et la mère, et ne les ayant pas trouvés, avait résolu de renfermer tout en lui et de ne pas demander à des étrangers ce que lui avaient refusé ses parents. Il souffrait de cette volonté qu'il s'était imposée à lui-même. Il était donc encore bon, puisqu'il souffrait de quelque chose; il n'était donc pas égoïste, puisqu'il ne gardait pour lui que sa souffrance. De plus, il avait eu avec Olivier, dont l'âge se rapprochait du sien, des moments d'expansion comme les enfants en ont souvent entre eux; mais après ces expansions, Tristan était resté des semaines sans reparler au jeune comte. Il se défiait de ses bons sentiments comme un autre se défierait de ses vices; il croyait toujours que si on le surprenait capable du bien, on en abuserait.

C'était l'abandon dans lequel il avait passé ses premières années, celles qui ont le plus d'influence sur l'esprit, qui lui avait donné ce caractère particulier. Des mystères s'étaient mêlés à sa vie, comme un mystère avait présidé à sa naissance, car la Néfraie n'avait jamais dit à personne où elle avait trouvé cet enfant.

Un matin, il avait environ quinze ans à cette époque, après avoir passé la nuit dehors, il rentra au château escorté des deux chiens noirs qui éventraient si galamment le loup. A partir de ce moment ces deux chiens ne l'avaient plus quitté. On eût dit qu'il avait partagé son âme en trois, et qu'il en avait donné un tiers à chacun d'eux. Les deux animaux étaient comme rivés à lui. Ils lui obéissaient sur un mot, sur un geste, sur un regard.

On lui avait demandé où il les avait eus; il avait répondu qu'il les avait trouvés, sans dire où ni comment.

Cependant un paysan avait assuré avoir vu Tristan entrer

seul la nuit dans la grotte de la fée Morgane, où personne n'osait entrer, siffler trois fois et ressortir avec les deux chiens, lui obéissant déjà comme s'ils lui eussent appartenu depuis dix ans.

Un autre matin, il pouvait avoir dix-neuf ans alors, il était revenu au château sur un magnifique cheval noir qu'il montait et menait partout où bon lui semblait, sans rênes, sans selle et sans éperons. On racontait que ce cheval avait fait trente lieues dans une journée, qu'en s'arrêtant il ne soufflait pas plus que s'il avait marché au pas, et qu'il n'avait pas un poil mouillé sur tout le corps. On assurait que la nuit les yeux de l'animal éclairaient le chemin par où il passait, et que ses pieds ne faisaient aucun bruit, même quand ils frappaient les dalles.

Chiens et cheval avaient vécu ensemble à partir du moment où ce dernier avait passé le seuil du château.

On avait naturellement demandé à Tristan d'où lui venait ce cheval; il avait répondu qu'on le lui avait donné, sans ajouter aucun détail.

Mais un bûcheron qui avait traversé le bois d'Auray la même nuit où Tristan avait ramené ce beau cheval noir au château de Karnac, avait raconté qu'il était sûr d'avoir vu, en traversant une route, passer seul et libre un cheval pareil à celui de Tristan; mais comme ce cheval arrivait au carrefour, un homme qui semblait sortir de terre, s'était élancé à la crinière du cheval, et de la crinière sur son dos. Alors avait commencé entre l'homme et l'animal une lutte qu'on eût crue impossible, l'animal hennissant, bondissant, se roulant; le cavalier, sans bride, sans étriers, mais cramponné à lui comme un de ces démons que l'on voit passer la nuit sur des coursiers dont les pieds ne touchent pas la terre. La lutte avait duré une heure; enfin le cheval avait été vaincu, et avec l'aide seule de ses mains, de ses pieds et de ses genoux, le sauvage Alexandre avait dompté cet étrange Bucéphale.

Or, il est inutile de dire que la possession de ces deux chiens, qui ne connaissaient que Tristan et qui accouraient aux noms celtiques de Thor et de Brinda, que la propriété de ce cheval, rapide comme l'éclair, que nul ne pouvait monter et que Tristan, comme pour l'entourer encore d'une souveraine terreur, avait appelé Baal, faisait au jeune homme dans toute la province, la réputation d'un être à moitié fantastique.

Seulement, comme Tristan n'avait jamais fait de mal à personne, comme souvent il avait secouru des voyageurs en péril ou des malheureux dans la misère, on accueillait plutôt le mystérieux écuyer comme un bon que comme un mauvais génie.

Le seul reproche qu'on lui fit, c'était d'avoir des relations suivies avec la Néfraie, qui passait dans tout le canton pour une sorcière maudite de Dieu ; mais encore le reproche tombait-il tout seul lorsque l'on songeait que cette sorcière était la femme qui avait élevé Tristan, et que par conséquent faire au jeune homme un crime de la reconnaissance, c'était lui faire un crime d'une vertu.

VI

LE FILS ET LA MÈRE

Le repas terminé, Olivier se leva et, s'adressant à Bretagne, il lui dit :

— Messire, avant de vous demander le message dont vous êtes porteur, je voulais que vous fussiez reposé et réconforté, le messager ne vient qu'après l'hôte. Veuillez donc maintenant me remettre ce dont le comte de Richemont vous a chargé pour moi.

Bretagne tira de sa poitrine un parchemin plié en quatre, où pendait le sceau d'Arthus, et le remit à Olivier, qui l'ouvrit.

La comtesse regardait son fils avec sorte d'inquiétude ; on eût dit qu'elle devinait ce que contenait cette lettre du comte.

Olivier lut le message, et un éclair de joie brilla dans ses yeux. L'inquiétude de la comtesse en redoubla.

— Que répondrai-je à mon maître? demanda Bretagne quand Olivier eut fini de lire.

— Vous lui raconterez seulement ce que vous allez voir, messire, fit Olivier, et ce sera la meilleure réponse que vous lui puissiez faire.

En parlant ainsi, Olivier quittait sa place, se dirigeait vers sa mère et, mettant un genou en terre devant elle, il lui dit d'une voix grave et douce à la fois :

— Ma mère, l'enfant se doit à sa mère, mais le jeune homme se doit à son pays. Voici que j'ai vingt-quatre ans, et comme l'enfant a pieusement rempli son devoir, le jeune homme a hâte de remplir noblement le sien. Le frère de notre suzerain bien-aimé a bien voulu se souvenir que les Karnac de Poitiers et d'Azincourt avaient laissé un descendant en âge de faire ce qu'ils ont fait, et il me mande comme ses aïeux ont mandé les miens. Je serais le premier de la famille qui manquerait à sa bannière bretonne, et c'est ce que vous ne voudriez pas, ma mère, quelque amour que vous ayez pour moi. Je viens donc humblement vous demander la permission de vous quitter et de répondre affirmativement à l'invitation que le comte Arthus de Richemont me fait l'honneur de m'adresser en souvenir de mon père, qui est mort en le défendant et pour l'avoir défendu.

— Il y a bien longtemps, répondit la comtesse avec émotion, que j'avais prévu, que j'avais craint même, car il est permis aux mères de s'alarmer, ce qui arrive aujourd'hui. Que la volonté de Dieu soit faite, mon fils, et que le comte soit obéi. Dans trois jours vous partirez avec une compagnie digne du nom que vous portez et qu'il vous faut soutenir. Pendant que vous combattrez pour le roi, moi je prierai pour vous.

— Merci, ma mère, fit Olivier en se relevant. Vous avez entendu, messire, continua-t-il en se tournant vers Bretagne, vous savez maintenant ce que vous avez à dire au comte.

— Oui, monseigneur, et si votre seigneurie me le permet,

répondit le héraut, je me retirerai dès à présent dans l'appartement qu'elle a daigné me faire préparer, et je prendrai congé d'elle, car je dois me remettre en route au point du jour si je veux être de retour auprès de mon maître à l'époque fixée.

— A votre aise, messire; je vais vous accompagner moi-même à votre appartement. Veuillez congédier tout le monde, ma mère.

— Jusqu'au chapelain, fit Olivier tout bas à la comtesse; il faut que je vous parle.

Ayant dit cela, Olivier s'approcha de Tristan, devenu tout à coup plus rêveur qu'il ne l'était avant le repas.

— Tu m'accompagneras, Tristan, lui dit-il.

— Ne suis-je pas votre valet, messire? répondit le jeune homme en s'inclinant.

— Quand donc perdras-tu cette habitude de répondre à tout ce que je te dis par un reproche ou par une injustice? fit Olivier avec le ton de l'affection blessée. Qui t'a jamais traité en valet, Tristan? C'est mal de me parler ainsi. Ma mère, dites-lui donc que tout le monde l'aime dans le château, peut-être vous croira-t-il plus que moi.

Olivier se dirigea vers la porte.

— A demain, messieurs, dit la comtesse en faisant signe à tous les convives qu'ils pouvaient se retirer, et en disant à Tristan qui s'apprêtait à sortir comme tout le monde :

— Vous, Tristan, restez avec moi, j'ai quelque chose à vous dire.

Les serviteurs et le chapelain saluèrent la comtesse, et suivirent Olivier et Bretagne, qui était sorti le dernier.

Quand la mère d'Olivier et Tristan furent seuls, celle-ci considéra quelques instants l'écuyer de son fils, et l'on eût dit qu'un sentiment pénible présidait à cet examen.

— Je suis à vos ordres, madame, dit Tristan pour lui rappeler qu'elle l'avait retenu.

La comtesse passa la main sur son front comme pour en chasser une pensée douloureuse, et elle répondit au jeune homme :

— Asseyez-vous, Tristan, et causons.

Le jeune homme prit un siége et s'assit.

— Olivier avait raison tout à l'heure, reprit-elle, quand il se plaignait de la manière dont vous vous traitez. Il n'y a que vous ici qui vous traitiez mal, Tristan.

— Qu'ai-je répondu qui ne soit l'exacte vérité, madame? ne suis-je pas au comte de Karnac? celui qui doit tout à un homme, depuis le vêtement qu'il porte jusqu'au pain qu'il mange, n'appartient-il pas à cet homme?...

— Vous confondez l'affection avec la charité, Tristan; la reconnaissance avec la servitude. Il y a des gens qui doivent leur corps à ceux qui les obligent; mais il y en a d'autres qui ne doivent que leur cœur à ceux qui les aiment. La maison vous fut-elle jamais inhospitalière? Dites, avez-vous à reprocher soit à lui, soit à moi, un seul mot depuis que pour la première fois vous avez franchi le seuil de ce château? Si cela est, dites-le franchement, et je serai la première à vous en demander pardon.

— Non, rien, répondit Tristan, comme si cet aveu lui eût coûté, comme s'il eût regretté de ne pas avoir de raison d'être comme il était; non, rien, madame; aussi ne faut-il accuser que moi et ne s'en prendre qu'à moi de mon ingratitude. Que voulez-vous, madame, j'ai un côté du cœur qui n'a jamais aimé. Je n'ai ni père ni mère, moi: j'ai un nom de baptême et un surnom qui est presque une ironie. Il est facile à ceux qui aiment et qui sont aimés d'être bons, et il ne faut pas s'étonner que je sois mauvais.

— Qui vous dit, interrompit la comtesse...

— Que je sois mauvais? Oh! je le sais, madame, et l'on peut me le dire; je vous avoue cela, parce que quelque chose me porte à la franchise vis-à-vis de vous : vous eussiez peut-être mieux fait de ne jamais m'accueillir et vous feriez peut-être mieux de me chasser aujourd'hui.

— Que dites-vous, Tristan?

— Je dis, reprit le jeune homme en se levant, que je suis une créature maudite, et que je serai une créature fatale. Ainsi donc, au lieu d'essayer d'éveiller le bien en moi, vous devriez me renvoyer d'où je viens, et me laisser faire le mal à d'autres qu'à vous.

— Tristan, dit la comtesse, en regardant fixement le jeune homme qui se déroba à son regard plutôt par habitude que par intention, vous avez dit tout à l'heure que je vous portais à la franchise.

— Oui.

— Eh bien! voulez-vous êtes franc avec moi?

— Interrogez, madame.

— Vous avez un chagrin depuis quelques temps?

— Cela est vrai, madame, répliqua Tristan après quelques secondes d'hésitation.

— Eh bien! contez-moi d'où vient ce chagrin, je vous consolerai peut-être.

— Si j'éprouvais une joie, madame, je voudrais la dire au monde entier. Mais les chagrins que j'ai je les garde pour moi seul. Nul que moi et Dieu qui sait tout, dit-on, ne saura, non pas le nouveau chagrin, mais le nouveau doute dans lequel je suis tombé.

La comtesse savait que toute insistance sur ce sujet serait inutile. Après quelques instants de réflexions, elle reprit :

— C'est bien, n'en parlons plus. Vous partez avec Olivier, n'est-ce pas?

— Oui, madame.

— C'est mon fils, c'est mon unique enfant. Je l'aime plus que ma vie; je vous le recommande. Tristan, veillez sur lui et veillez sur vous.

Tristan s'inclina, mais il ne répondit rien, sans doute parce qu'au moment où il allait repondre la porte s'ouvrit pour donner passage au jeune comte.

Celui-ci s'approcha de Tristan en lui tendant la main et lui dit affectueusement :

— Eh bien! mon lion, rugis-tu toujours?

Tristan toucha avec respect la main que lui offrait Olivier.

— Non, monseigneur, et je me retire pour vous laisser avec madame la comtesse.

— Tu sais donc que j'ai quelque chose à dire à ma mère?

— Ne vous êtes-vous pas penché vers madame la comtesse, tout à l'heure, pour lui dire de congédier tous ceux qui se trouvaient ici?

— Tu as entendu cela?

— Oui, fit Tristan avec un regard étrange.

— Tu as l'oreille fine. Eh bien! c'est vrai, j'ai quelque chose à dire à ma mère. Et toi, pendant ce temps, tu me rendras un service.

— Parlez, monseigneur, je suis à vos ordres.

— Tu voudras bien choisir toi-même le cheval que je veux offrir à Bretagne en échange du sien qui a été tué ce soir, et donner l'ordre qu'on tienne ce cheval prêt, tout sellé et tout bridé, pour six heures du matin, heure à laquelle le héraut doit quitter le château.

— C'est dit, messire, fit Tristan en s'inclinant de nouveau, et il sortit.

Alors Olivier vint, comme un enfant, s'asseoir aux pieds de mère, et posant sa tête sur ses genoux :

— Ma mère, j'ai une confession à vous faire et une prière à vous adresser.

— Prière et confession que je devine, enfant.

— Que vous devinez, ma mère? fit Olivier d'un air étonné.

— Oui; les mères ne doivent-elles pas se préoccuper de tout ce qui peut rendre heureux l'enfant de leur cœur, et Dieu ne leur a-t-il pas donné un secret instinct à l'aide duquel elles voient ce qui échappe aux autres?

— Ainsi, vous savez...

— Je sais que tu aimes.

Olivier rougit, car l'amour a sa pudeur, même chez les âmes les plus fortes.

— Et vous savez le nom de celle que j'aime?

— Oui, c'est ma nièce, c'est ta cousine, c'est Alix.

— Voilà pour la confession, ma mère, continua le jeune homme en souriant, reste la prière.

— Oh! ce n'est pas plus difficile, répliqua la comtesse en passant sa main blanche dans la chevelure longue et soyeuse de son fils, comme s'il eût été encore un enfant, car les fils n'ont pas d'âge pour leur mère. Tu viens me prier d'aller dire à Alix ce que tu n'as pas osé lui dire toi-même depuis six mois qu'elle habite le château.

— En effet, j'aurais violé la sainteté du foyer, ma mère, si j'avais dit à cette jeune fille une chose qu'elle eût été forcée d'entendre, puisqu'elle habite sous le même toit que nous : tandis que de votre part...

— Oh! tu es un noble cœur, dit la comtesse en attirant à elle la tête d'Olivier et en l'embrassant sur le front; et tous ceux que tu aimeras t'aimeront.

— En êtes-vous sûre?

— Oui, répondit la comtesse confidentiellement.

— Alors, vous lui direz, ma bonne mère, reprit le jeune homme avec vivacité, que dans trois jours je partirai, et que je veux emporter un talisman qui me fasse fort et invulnérable, et que ce talisman...

— C'est l'amour de ta mère d'abord, interrompit la comtesse, pour ne pas laisser à son fils le temps de l'oublier, comme il allait le faire, emporté qu'il était par sa passion pour sa cousine.

— Oui, reprit Olivier en rougissant et en comprenant l'intention maternelle.

— Et ensuite la promesse de la main d'Alix. Est-ce cela?

— Oui, ma mère, oui.

Et Olivier baisait la main de la comtesse.

— Eh bien! mon enfant, je vais me rendre auprès d'Alix, qui pendant deux jours, tout à sa dévotion, ne quitte pas sa chambre, même pour partager nos repas, et je vais remplir fidèlement la mission que tu me confies.

En parlant ainsi, la comtesse se levait en adressant à son fils un regard d'encouragement.

— Je vous attendrai ici, ma mère, fit Olivier.

La comtesse fit un dernier signe à son fils et quitta la salle. A sa gauche se trouvait un escalier de pierre éclairé par une lampe de fer suspendue à la voûte. Elle monta vingt marches environ ; et, suivant un long corridor qui aboutissait à l'une des tours du château, corridor si faiblement éclairé que l'extrémité vers laquelle elle marchait demeurait dans l'ombre, la comtesse frappa à la porte de l'appartement d'Alix.

Une vieille femme vint ouvrir cette porte.

— Puis-je parler à Alix, ma bonne Margaïte? dit la comtesse à cette femme.

— Oui, madame, répondit la suivante, ma maîtresse est dans son oratoire, où je vais la prévenir de votre visite.

La comtesse s'assit, et celle qu'elle avait nommé Margaïte passa dans une autre chambre.

Pendant ce temps, Olivier, assis dans le fauteuil que venait de quitter sa mère, la tête appuyée sur sa main droite, paraissait réfléchir profondément tout en caressant de la main gauche les têtes de deux grands lévriers blancs qui étaient ses chiens à lui, comme les molosses noirs étaient les chiens de Tristan.

Quant à celui-ci, ayant vu la comtesse quitter la salle à manger et se diriger vers l'appartement d'Alix, il avait suivi le même chemin que la comtesse. Seulement, arrivé à l'appartement d'Alix, il n'avait pas frappé, lui, mais il s'était caché dans l'ombre, et, collant son oreille contre la porte, il avait attendu.

Le chapelain écrivait dans la bibliothèque. Bretagne dormait les poings fermés.

VII

ALIX

La chambre où la comtesse venait d'entrer et s'était assise en attendant Alix, était éclairée seulement par le feu de la cheminée et par la f'amme d'une petite lampe de bronze posée sur une table recouverte d'une riche étoffe d'or et de soie. Cependant la lueur que jetaient la lampe et le foyer était assez grande pour détailler aux yeux les différents objets qui composaient cette chambre. Ainsi, l'on distinguait aisément les sujets des tableaux de piété qui, en forme de dyptiques, ornaient les murs tendus d'une tapisserie où était figurée toute l'histoire d'Achille, suivant le récit d'Homère. La fenêtre, ornée de vitraux peints, représentait Jésus et ses apôtres, et à chaque côté de la cheminée un grand fauteuil sculpté portait des écussons.

La comtesse était assise sur une chaise sans dossier, ressemblant assez à un pliant, et elle avait posé son bras sur le rebord d'un bahut faisant face à la cheminée. Ce meuble était une admirable chose.

Comme presque tout ce qui se faisait à cette époque, il était allégorique ; c'était tout simplement quatre colonnes supportant une caisse fermée par une serrure d'argent. Seulement, chacune des colonnes, fouillée avec une habileté merveilleuse, représentait une des luttes ou une des épreuves de la vie. Ici, c'était un martyr percé de flèches, comme saint Sébastien ; là, c'était la vierge courbée sous sa douleur de mère. Quant aux panneaux de la caisse, ils étaient réservés aux félicités du paradis, où l'on voyait heureux et triomphants ceux que la partie basse du meuble avait montrés souffrants et humiliés. Sur la table où se trouvait la lampe étaient déposés des manuscrits religieux, dont l'un, entr'ouvert, laissait voir un dessin plein d'un charme naïf et comme l'historien est si heureux d'en retrouver aujourd'hui. Devant la fenêtre, on avait placé un prie-Dieu, et sur le bahut brillaient des aiguières et des coupes d'argent, de grands plats d'or ciselés et des orfèvreries de toutes sortes. Des coussins d'Orient, rapportés en France par les marchands vénitiens, ornaient le pavé de cette chambre fait de mosaïque, et des portières en soie de Tyr cachaient les portes : celle par laquelle la comtesse était entrée, celle par laquelle Margaïte avait disparu.

La mère d'Olivier examinait toutes les choses que nous venons de décrire sans curiosité et comme des choses connues depuis longtemps, mais aussi comme une femme qui veut donner une distraction à ses yeux pendant qu'elle livre son esprit à une pensée.

En effet, la comtesse paraissait soucieuse. Au reste, ce souci pouvait s'expliquer par la nouvelle que Bretagne venait d'apporter et par la crainte où devaient être toutes les mères en ces temps de luttes continuelles.

Cependant, en étudiant bien la comtesse, on eût vu que ce qu'elle éprouvait ressemblait plutôt à un chagrin de longue date qu'à un chagrin récent; car son visage semblait fait depuis longtemps à cette sorte de rêverie. Nous savons ce qu'elle venait faire chez Alix, mais il est évident qu'elle ne songeait point à ce qu'elle venait y faire. Et si nous ne craignions pas de pousser trop loin l'étude physionomique, nous dirions que ce n'était pas Olivier qui occupait sa pensée en ce moment, car au souvenir de son fils bien-aimé, la mère, même au milieu de ses craintes, eût souri de temps en temps, tandis qu'au contraire sa bouche était hermétiquement fermée au sourire, et son esprit certainement livré à une réflexion douloureuse.

Elle en fut tirée par l'apparition d'Alix.

Vous avez vu peut-être des vierges blondes de Beato Angelico, vierges dont la peau transparente semble avoir été faite avec des roses et des lys mêlés, dont les yeux clairs laissent voir l'âme dans leurs rayons, dont les cheveux dorés s'enroulent comme une couronne autour de la tête, dont les mains fines, blanches, allongées, ont l'air, en se réunissant sans cesse, de ne servir qu'à la prière. Ces vierges étaient vêtues d'une grande robe rose ou bleue, qui les emprisonnait de manière à cacher aux regards curieux les formes de leurs corps, et pour que rien de terrestre et d'humain ne se mêlât à cette belle et suave candeur qui ne devait montrer que ce dont l'âme a besoin pour se manifester aux yeux mortels. Eh bien! ces vierges de Beato Angelico, le peintre idéaliste, n'étaient pas plus belles que la jeune fille que l'on nommait Alix, et qui venait d'entrer dans la chambre où l'attendait la comtesse.

Voilée depuis les pieds jusqu'à la tête dans une robe de laine blanche que serrait faiblement à la taille une cordelière de soie, ses beaux cheveux blonds relevés et emprisonnés dans un réseau vert aux mailles duquel ils se mêlaient, elle avait l'air d'une apparition, et l'œil ébloui croyait voir rayonner sur son front l'auréole des vierges martyres.

Alix était plutôt grande que petite. Elle ne marchait pas, pour ainsi dire, on eût pu supposer qu'elle avançait sans que ses pieds touchassent la terre, tant sa marche était souple et silencieuse. Elle avait de grands yeux, bleus comme le saphir, que surmontaient des sourcils fins qu'on eût dit tracés avec un pinceau. Ces yeux limpides, brillants comme la rosée, jetaient comme un rayon sur ce qu'ils regardaient. Alix était tellement belle qu'entrant dans une chambre obscure où elle eût été, sans qu'elle fît un mouvement, sans qu'elle dît une parole, on eût deviné la présence d'une perfection humaine. La beauté chez la femme a des émanations qui la révèlent à tous les sens. L'air se parfumait d'Alix et arrivait plus pur à ceux qui la voyaient. Aussi, quoique la comtesse fût habituée à cette beauté, elle ne la revoyait jamais sans un invincible sentiment d'admiration, et il était rare qu'elle ne dît pas naïvement à Alix : Mon Dieu, que tu es belle !

La jeune fille s'avança vers la comtesse et lui baisa la main.

— Mon enfant, lui dit alors la mère d'Olivier, je veux te parler de choses sérieuses.

En disant cela, la dame de Karnac se levait, se rapprochait de la cheminée et attirait sa nièce à elle.

— Parlez, ma tante, fit Alix en s'appuyant auprès de la comtesse et d'une voix douce comme un chant.

— Tu ignores ce qui s'est passé aujourd'hui, Alix ?

— En effet, je suis restée tout le jour à mes prières.

— Un homme est arrivé au château, envoyé par le comte de Richemont.

— Et que voulait cet homme ? demanda Alix avec un secret pressentiment.

— Il venait dire à Olivier, de la part du comte, que la Bretagne prend fait et cause pour le roi Charles VII contre l'Angleterre, et que tout Breton, surtout quand il est fils de noble et de chevalier, doit rejoindre sa bannière.

Alix pâlit légèrement, ce qui n'échappa point à la comtesse.

— Ainsi, mon cousin ? fit-elle.

— Va partir dans trois jours, et c'est pour cela, ma belle Alix, que je suis venue te déranger de tes dévotions.

— Que voulez-vous dire ?

— Écoute, mon enfant, tu sais si je t'aime, tu sais si une mère aurait pour sa fille plus grand amour que celui que j'ai pour toi ; sois donc franche avec moi, car ce que je veux, c'est ton bonheur et celui d'Olivier.

— Parlez, madame, parlez.

— Tu es orpheline, Alix ; en mourant, ton père t'a confiée à moi, et depuis six mois que tu habites ce château, j'ai fait tout ce que j'ai pu, non pas pour te faire oublier tes parents morts, ce qui eût été un sacrilége, mais pour te rendre un peu de l'espérance que cette mort t'avait fait perdre.

— Oui, madame, interrompit Alix ; vous avez été bonne et prévenante comme une mère, et il n'y a pas de jour que je ne prie Dieu pour vous.

— Eh bien ! Alix, une chose pourrait me rendre heureuse.

— Dites vite, madame, et si elle est en mon pouvoir, je la ferai ; sinon je prierai Dieu jusqu'à ce qu'il vous l'accorde.

— Chère enfant ! cette chose est en ton pouvoir. Tu sais que mon bonheur sera dans le sien ; mais ce que tu ne sais pas encore, enfant, c'est qu'il vient un moment où l'amour d'une mère ne suffit plus au bonheur de son fils et qu'Olivier est arrivé à ce moment. Olivier aime une jeune fille. La connais-tu, Alix ?

— Oui, madame, répondit celle-ci avec un sourire confident.

— Crois-tu qu'elle l'aimera un jour ?

— Je le crois.

— Crois-tu qu'il soit digne de cet amour ?

— J'en suis certaine.

— Crois-tu que j'aimerai et que je bénirai comme fille celle à qui je devrai le bonheur de mon fils ?

— Je le crois, ma mère, fit Alix en se jetant aux genoux de la comtesse, et en lui baisant les mains.

— Ainsi, mon enfant, tu aimes Olivier ?

Alix fit signe que oui. — L'émotion l'empêchait de parler.

— Ainsi, quand il reviendra du siége d'Orléans, si toutefois Dieu permet qu'il en revienne, ajouta la comtesse en levant les yeux au ciel, tu seras sa femme, et il peut emporter cette espérance ?

— Cette certitude, ma mère, à moins que Dieu ne me rappelle à lui.

— Merci, enfant, du bonheur que je te devrai.

— C'est mon propre bonheur que j'assure, répondit Alix en souriant ; car je sais bien que je ne pourrais être heureuse sans l'amour d'Olivier.

— Cependant, avant que je te le dise, tu ignorais qu'il t'aimait ?

— Je le savais, ma mère.

— Il te l'avait avoué ?

— Non, mais je l'avais vu.

— Et comment avais-tu vu cela, enfant ?

— Est-ce donc chose si difficile, ma mère, répondit Alix en posant sa tête sur le sein de la comtesse, comme Olivier l'avait fait un instant auparavant, et le Seigneur n'a-t-il pas mis dans le cœur de la femme une voix mystérieuse qui l'avertit de tout ? Non, Olivier ne m'a jamais dit qu'il m'aimait ; mais malgré lui il me l'a montré. Un jour, voilà quatre mois de cela, j'étais encore toute à la douleur que m'a causée la mort de mon père bien-aimé, je me promenais seule dans le bois attenant au château et je pleurais. Olivier s'approcha doucement de moi, et, sans me dire une parole, il prit ma main. Je le regardai. Je vis ses yeux se mouiller de larmes comme les miens. Il ne partageait pas ma douleur, il la ressentait entièrement, sans m'en demander la cause. Je souffrais, c'était assez pour qu'il souffrît. N'était-ce pas, ce qu'il faisait là, plus éloquent que tous les aveux, et ne devais-je pas deviner tout ce qu'il y avait dans ces larmes que je lui voyais répandre ? Il me sembla que mon cœur quittait ma poitrine pour aller au-devant de lui, et à compter de ce jour j'ai été moins isolée, et un nom nouveau est venu prendre place dans mes prières. J'ai compris que l'âme d'Olivier était liée à la mienne par une sympathie invincible, et ma vie est devenue un reflet de sa vie. Lui gai, j'étais joyeuse ; lui soucieux, j'étais triste. Et cependant, je vous le répète, ma mère, jamais il ne m'a dit un seul mot de son amour. Seulement quand nous sommes l'un auprès de l'autre, nous ne nous parlons pas, semblables à des gens qui auraient trop de choses à se dire. C'est que nos cœurs n'ont plus besoin de nous pour se faire leurs aveux, et que ce que nous dirions ne servirait qu'à troubler ce qu'ils se disent. Oui, Olivier m'aime, poursuivit Alix qui paraissait heureuse de pouvoir enfin faire confidence de son amour, et moi je l'aime parce qu'il est jeune, beau, brave, noble et généreux.

La comtesse prit dans sa main la blonde tête d'Alix, et l'embrassa avec reconnaissance pour les paroles qu'elle venait de dire.

— Oh ! vous êtes deux âmes chastes, dit-elle avec émotion, et le Seigneur bénira votre amour.

Mais Alix retira la tête brusquement, et se penchant dans la direction de la porte par laquelle la comtesse était entrée, elle parut écouter.

— N'avez-vous pas entendu du bruit à cette porte, dit-elle à la dame de Karnac ?

— Non, enfant.

— On dirait que quelqu'un est là et vient de faire un mouvement.

— Tu te trompes, c'est le vent qui souffle dans les corridors.

— Peut-être, fit Alix. Cependant il n'y aurait rien d'étonnant que l'on nous écoutât.

— Que veux-tu dire ?

— Personne ne vous a vue monter, ma mère ?

— Personne. Pourquoi cette question, et pourquoi cet air effrayé ?

— C'est que je ne vous ai pas tout dit.

— Qu'y a-t-il donc ?

— Vous ne direz pas à Olivier ce que je vais vous confier, vous me le promettez, ma mère ?

— Je te le jure.

— Eh bien ! ma mère, Olivier n'est pas le seul qui m'aime ici.

— Que dis-tu ?

— Je dis que j'ai eu le malheur de plaire à un autre.

— Et cet autre ?

— C'est l'écuyer d'Olivier, c'est Tristan.

La comtesse devint pâle comme un marbre

— Il t'a dit qu'il t'aimait, lui ? demanda-t-elle ?

— Oui.

— Il y a longtemps ?

— Il y a un mois environ.

— J'étais seule dans cette chambre. Margaïte était descendue pendant quelques instants ; ce jeune homme est entré ici. J'ai d'abord été étonnée de le voir, mais je l'ai été bien plus encore quand je l'ai entendu. Après être resté quelques minutes à me contempler, sans que je comprisse ce que signifiait cette visite, il s'est approché de moi, et il m'a dit, en joignant les mains, avec une voix lamentable et pleine d'émotion : — Alix, je vous aime ! — Alors j'ai été saisie de peur, je me suis levée ; mais avant que je pusse faire un pas, il m'avait pris le bras, et j'avais poussé un cri. Il retira sa main comme s'il avait touché un fer rouge, et, tombant à genoux, il s'arracha les cheveux et se mit à pleurer. Mais ces larmes-là n'étaient pas comme celles d'Olivier. — Je suis bien malheureux, murmura-t-il, elle ne m'aimera jamais. — Puis il se releva tout à coup, et ses larmes se séchèrent comme si le sang de ses joues les eût brûlées. Son visage, au lieu d'une expression de douleur, prit une expression de menace, et il me dit : — Vous ne savez pas ce que c'est que d'être aimée par moi ; Alix, aimez-moi, ou, sur mon âme, je tuerai celui que vous aimerez. J'étais épouvantée, je voulais appeler ; mais je sentais ma voix s'arrêter dans ma gorge : il me sembla que cet homme tuait Olivier ; je poussai un cri et je m'évanouis. Quand je repris connaissance, Margaïte était auprès de moi et me demandait ce qui avait causé cet évanouissement, ce qui me prouva que Tristan avait fui avant qu'elle revînt. Je me gardai bien de le lui dire, et j'évitai toutes les occasions de me trouver avec cet homme.

La comtesse avait écouté ce récit avec une véritable terreur.

— Et depuis? demanda-t-elle d'une voix faible.

— Depuis, reprit Alix, à certains regards que Tristan a lancés sur moi, j'ai compris que tout n'était pas fini, et que je lui avais inspiré un amour si étrange, que la haine lui avait succédé sans effort. Depuis ce temps, je tremble pour Olivier, ma mère; car si Tristan savait que je l'aime, il le tuerait.

— Allons, je lui avouerai tout, murmura la comtesse en se levant et en marchant à grands pas dans la chambre; il n'y a que ce moyen. Voilà donc ce qu'il ne voulait faire connaître à personne !

— Que dites-vous, madame? demanda Alix, effrayée de la pâleur de sa tante.

— Rien, rien, mon enfant; Tristan quittera ce château et t'oubliera.

— Oh! ne croyez pas cela, ma mère, reprit Alix tout à l'effroi que lui causait encore le souvenir qu'elle venait d'évoquer; il y a certaines natures qui oublient le bien qui est en leur pouvoir; mais qui n'oublient pas le mal qu'elles peuvent faire.

— C'est ma faute, répétait la comtesse en se parlant à elle-même et dans une grande agitation; c'est moi qui l'aurai voulu. L'un tuera l'autre. Je suis donc décidément maudite, mon Dieu ! Et moi qui lui recommandais Olivier ! Il ne faut plus qu'il l'accompagne. Alix, mon enfant, pourquoi ne m'as-tu pas raconté cela plus tôt ?

— Parce que je voulais que tout le monde ignorât cette scène, craignant que du jour où elle arriverait, soit à vos oreilles, soit à celles d'Olivier, il en résultât un plus grand malheur. J'ai prié un peu plus, voilà tout.

— Tu es un ange. Demain, sans que personne le sache au château, le chapelain vous fiancera, Olivier et toi; et, à son retour, tu seras sa femme. Je le veux, il le faut.

Au moment où elle achevait cette phrase, un bruit que celui qui le faisait n'essayait pas de cacher, se fit entendre à la porte. La comtesse, qui s'apprêtait à sortir, recula épouvantée et en regardant Alix.

— Cette fois, fit celle-ci en se précipitant vers la porte, je ne me suis pas trompée.

Mais elle n'aperçut rien dans le corridor qu'une ombre, ou plutôt le reflet d'une ombre qui s'effaçait du mur. Un homme était là, en effet, une seconde auparavant, et c'était lui qui avait fait, en se sauvant, le bruit que l'on venait d'entendre.

Cet homme, est-il besoin de le dire, c'était Tristan.

Tristan, arrivé dans la cour, abaissa le pont-levis, appela ses chiens, courut dans l'écurie, y prit son cheval, et sautant dessus, sans le seller ni le brider, il sortit du château au triple galop et disparut dans la campagne.

VIII

LA MÉPRAIE

A la grande agitation de la comtesse, avait succédé un abattement profond. Elle s'était laissée tomber sur un siége, et elle songeait.

— Ma mère, fit Alix en se rapprochant, souvenez-vous que vous m'avez promis de ne rien dire à mon cousin de la confidence que je viens de vous faire. D'ailleurs, c'est peut-être à tort que nous nous alarmons. Ce Tristan est un caractère sauvage et farouche, et j'ai peut-être été plus épouvantée de son aveu que cela ne le méritait. Il m'a même semblé plutôt triste que menaçant ; malgré tout, il y a en lui un côté attractif, et deux ou trois fois j'ai été sur le point de lui tendre la main et de lui dire que non-seulement je lui pardonnais, mais encore que j'oubliais ce qui s'était passé.

Alix, avec sa bonté d'ange, essayait de réparer le mal

qu'elle avait fait; elle excusait déjà celui qu'elle accusait quelques minutes auparavant. La comtesse, devinant le sentiment auquel la jeune fille obéissait, la regardait avec émotion et avait l'air de lui savoir gré de ce qu'elle faisait. Toute terreur avait disparu de ses traits, et une sorte d'attendrissement se peignait sur son visage. On eût dit qu'elle ne ressentait plus pour le coupable qu'un sentiment de pitié, et que loin de le maudire, elle le plaignait.

Elle prit la main d'Alix, et elle lui dit :

— Que tu es bonne ! toujours indulgente, toujours prête à pardonner ; cela est bien, embrasse-moi, mon enfant.

Alix tendit son front à la comtesse et sentit deux larmes qui tombaient des yeux de celle qui l'embrassait.

— Vous pleurez, ma mère, qu'avez-vous ? s'écria la jeune fille.

— Tu sais que je m'alarme vite sur ce qui vous concerne, Olivier et toi.

— Aussi me suis-je hâtée de vous rassurer en vous disant, ma mère, l'impression que m'a causée la contrainte de Tristan. Depuis la scène qui s'est passée entre nous, un instant ma défiance de lui et mon amour pour Olivier ont augmenté mes craintes. Tout à l'heure encore, toute au souvenir de cette scène, j'accusais ce jeune homme de nourrir une secrète haine et de préparer peut-être une vengeance ; mais rassurez-vous, je m'effrayais à tort, il n'y a rien à craindre.

— Tu as raison, Alix, reprit la dame de Karnac ; rassurons-nous, et surtout pardonnons-lui.

— Ah ! de grand cœur !

— Il a dû souffrir beaucoup s'il t'aimait ; il doit souffrir encore ; il y a des natures maudites, vois-tu, mon enfant, auxquelles il ne faut pas s'en prendre du mal qu'elles font. Ce mal est souvent indépendant d'elles et résulte de l'habitude du malheur. Ce jeune homme, ce Tristan, est une de ces natures-là ; il n'a jamais connu ni son père ni sa mère, il a été élevé comme un vagabond. Quelque chose manque aux besoins de son cœur, et il essaie sans cesse d'y suppléer. Dès qu'il t'a vue, il a dû t'aimer, toi si belle, si parfaite, si bonne.

Il a pu faire un instant ce rêve insensé que tu l'aimerais, et, cœur sauvage, esprit abrupte, il est venu te le dire, avec les seuls mots, les seules preuves qu'il ait pu trouver en lui. Songe à ce qu'il a dû souffrir, s'il t'aime, en voyant qu'au lieu de t'inspirer de l'amour, il ne t'inspirait que de la terreur et le dégoût peut-être. Le pauvre enfant, plaignons-le, ne l'accusons pas. Je suis pleine d'indulgence pour lui, moi, parce que dans son enfance isolée je devine toutes sortes de tortures et de déceptions. Tu as bien pleuré, n'est-ce pas, lorsque tu as perdu ton père et ta mère? Mais pendant seize ans tu les avais connus, leur amour avait servi de guide à ton âme et l'avait mise dans son chemin. Tu les avais aimés. Tu avais fait d'eux les confidents de tes jeunes pensées et de tes précoces tristesses. En mourant, ils t'ont laissé un souvenir pur qui les remplace, et qui te dirige encore. Mais songe combien tu serais différente de ce que tu es, s'il t'avait fallu renfermer tout en toi, joie, tristesses, impressions de toutes sortes? Ton cœur en serait gonflé, et devant la première personne qui t'inspirerait le sentiment qui te serait resté inconnu, tu ne pourrais faire autre chose que de le laisser déborder.

— Vous avez raison, ma mère, répondit Alix, émue par ce qu'elle venait d'entendre, et je voudrais que Tristan fût là. Je lui pardonnerais en le plaignant. Je n'avais pas songé à tout ce que vous venez de me dire. Pauvre Tristan! je prierai Dieu pour lui, pour qu'il trouve une âme qui comprenne la sienne et qui panse toutes les blessures de son cœur; il y a peut-être une mine d'or sous cette terre inculte.

— Il ne trouvera jamais en une autre ce qu'il eût trouvé en toi, reprit la comtesse; mais il n'y faut plus songer, tu ne l'aimes pas.

On eût dit que cette pensée peinait la comtesse, et elle avait si peu pris soin de la cacher en prononçant cette dernière phrase, qu'Alix la regarda avec étonnement et ne put s'empêcher de lui dire avec sa chaste naïveté:

— On dirait, ma mère, que vous regrettez que je n'aime pas ce jeune homme!

— Es-tu folle, dit la comtesse en rougissant; je regrette de voir malheureux des gens que je voudrais voir heureux, voilà tout. Au contraire, mon enfant, je suis heureuse que tu ne l'aimes pas ; car si tu l'aimais, que deviendrait mon Olivier, mon fils adoré, qui m'attend avec impatience, et que je vais rejoindre pour lui apprendre vite la bonne nouvelle dont tu m'as chargée pour lui.

La comtesse se leva, embrassa de nouveau sa nièce, qui, lorsque la dame de Karnac eut quitté sa chambre, regarda la porte par laquelle elle venait de sortir, et murmura :

— C'est étrange !

Puis un sourire courut sur ses lèvres, car Alix ne savait pas douter longtemps, et rentrant dans sa chambre à coucher, elle se mit au lit et dit à sa suivante :

— Margaïte, lisez-moi le passage de la bible où Dieu dit quels seront les devoirs de la femme envers son mari.

Pendant ce temps la comtesse était venue rejoindre son fils, qui l'attendait dans la position où nous l'avons laissé, car il n'avait pas plus changé d'attitude que de pensée.

— Eh bien ! répondit en souriant la mère, qui était entrée soucieuse dans la salle ; eh bien ! mon enfant, Alix t'aime. Demain le chapelain vous fiancera, et son deuil terminé et la guerre faite, vous serez unis.

— Ah ! ma mère, soyez bénie dix fois, s'écria le jeune homme en se jetant aux genoux de la comtesse et en posant ses lèvres sur ses mains.

— Ainsi te voilà heureux, mon enfant?

— Grâce à vous, ma mère.

— Alors je te laisse seul, le bonheur a besoin de solitude.

— Vous me quittez déjà?

— Oui, je me retire dans mon appartement.

— Je ne sais si je ne me trompe, ma mère, mais vous paraissez triste.

— Ne serait-il pas naturel que cela fût. Si j'ai la joie de te voir aimé de qui tu aimes, n'ai-je pas le chagrin de te voir partir? Puis l'amour des mères n'est-il pas égoïste et jaloux? Qui te dit, continua la comtesse avec un sourire qui démentait d'avance ce qu'elle allait dire, qui te dit que je ne suis pas jalouse d'Alix ?

— Vous ne pouvez vous empêcher de sourire en disant cela, ma mère ; vous savez bien que rien ne peut altérer en moi l'amour immense que j'ai pour vous.

— A demain, Olivier.

— A demain, ma mère.

— Sainte et digne femme ! dit le jeune homme en joignant les mains et en regardant la porte que venait de franchir la comtesse, que Dieu te conserve de longues et belles années.

Puis Olivier, quittant à son tour la salle que venait de quitter sa mère, regagna son appartement, et, malgré le froid de la nuit, il ouvrit une fenêtre et regarda une lumière qui brillait à une autre fenêtre du château.

Il est vrai que cette lumière était celle de la lampe d'Alix.

Quand la comtesse fut rentrée dans son appartement, elle tomba dans de longues réflexions dont elle sortit brusquement en disant :

— Qu'on fasse monter ici messire Tristan, il faut que je lui parle.

— Messire Tristan a quitté le château ce soir, répondit celle à qui la comtesse s'adressait.

— Seul ?

— Seul.

— A pied ?

— Non, madame, à cheval.

— Il y a longtemps ?

— Il y a un quart d'heure.

— C'est bien, laissez-moi, dit la comtesse à ses femmes, je n'ai pas besoin de vous ce soir. — Où peut-il être allé ? fit-elle avec inquiétude quand ses femmes furent retirées ; que va-t-il advenir de tout cela, mon Dieu ?

Et la sainte dame, qui dans toutes les perplexités de son âme avait toujours eu recours à la prière, s'agenouilla et se mit à prier avec ardeur, afin que Dieu lui donnât un conseil.

Depuis un quart d'heure qu'il était parti, Tristan avait fait du chemin ; mais c'était une course étrange que celle qu'il faisait : courbé sur son cheval, l'excitant par ses cris et lui collant les talons au ventre, il avait plutôt l'air de voler que de courir.

Après avoir quitté le château, il avait pris à droite, avait descendu du côté opposé à celui par lequel Bretagne était entré, là hauteur sur laquelle s'élevait l'édifice, et il s'était trouvé dans une plaine d'un aspect tout différent de celui de la plaine de Karnac. Il fallait l'expérience qu'il avait de ces champs sauvages pour que Tristan ne s'y perdît pas. La plaine, couverte de genêts touffus et couchés les uns contre les autres, comme les soldats d'un bataillon, s'étendait à perte de vue. Il était impossible de distinguer un sentier dans cette forêt de cinq ou six pieds de haut, et cependant le cheval de Tristan en avait trouvé un, soit qu'il le connût depuis longtemps, soit que l'animal étrange l'eût deviné. Toujours est-il qu'il passait comme une ombre au milieu de toutes ces broussailles sèches, sans même les heurter. Quelqu'un qui eût vu la tête de Tristan au-dessus de ces genêts noirs, ne se fût pas expliqué ce qu'il voyait ou, s'il eût compris que c'était un homme à cheval, il n'eût pu comprendre comment il avait osé lancer sa monture avec une pareille vitesse dans un pareil fouillis. Tristan semblait prendre plaisir à cette course effrénée, et il aspirait avec bonheur l'air glacé de la nuit.

Il courut ainsi dans cette solitude silencieuse, qu'éclairait de temps en temps un timide rayon de lune, pendant une demi-heure environ. Puis tout à coup il arrêta son cheval et fit entendre un sifflement aigu. Il prêta l'oreille, et un sifflement pareil lui répondit. Alors il remit son cheval au galop et ne l'arrêta plus que lorsqu'il fut arrivé devant une espèce de hutte en terre couverte de joncs, et dont la porte entr'ouverte laissait voir qu'elle était éclairée intérieurement.

Tristan sauta à bas de son cheval, et sans s'occuper autrement de lui, il poussa la porte de la hutte et il y entra.

A tout autre que lui, qui y était habitué, le spectacle que l'intérieur de cette hutte représentait eût paru bien étrange.

Figurez-vous un hangar sans autre ouverture qu'une porte

étroite, vis-à-vis de laquelle brûlent, sur un emplacement qui peut être une cheminée, des bruyères sèches et des branches d'arbres mortes qui craquent et petillent continuellement. Les murs sont jaunâtres et raboteux, car ils sont faits de terre simplement, et nulle main n'a pris soin de les aplanir. Pas d'autre plancher que le sol. Près du feu, une espèce de porte entre-bâillée donnant sur une espèce de chenil où gisent pêle-mêle des herbes, des légumes et des pots ébréchés pour la plupart. Devant le feu, un tapis de Tunis, riche de dessins et de ton, et tout étonné de se trouver là.

Sur ce tapis une femme, non pas une femme, un être maigre, hideux, sombre, couvert de haillons, avec des épaules décharnées qui seraient entièrement nues si des cheveux gris que rien ne retient ne les couvraient. Cet être, cette chose vivante est accroupie et tient ses deux mains réunies. A côté d'elle est une cassette d'argent ciselée avec un art exquis et ornée de figurines d'un détail merveilleux. Cette cassette est ouverte et pleine d'or monnayé qui brille à la lueur d'une mauvaise lampe en fer, dont le bec semble se pencher sur elle pour voir ce qu'elle contient; ajoutez à cela deux coussins de cuir, posés l'un sur l'autre et supportant un livre écrit en caractères bizarres, et vous aurez l'ensemble de la hutte dans laquelle Tristan venait d'entrer.

Le vent soufflait si fort, qu'il éteignit la lampe; car Tristan, dans sa précipitation, avait laissé la porte ouverte.

La vieille femme prit la lampe et la ralluma sans dire un mot.

— Tu m'as entendu? lui dit le jeune homme en jetant avec son pied le livre qui était posé sur les coussins et en s'asseyant à sa place.

— Naturellement, puisque je t'ai répondu, fit la vieille.

— Que faisais-tu là?

— Je lisais.

— Tu sais donc lire, maintenant.

— C'est selon. Je ne sais pas lire ce que vous lisez, vous autres; mais je lis ce que vous ne lisez pas.

— Et cet or qui est dans ce coffre, à quoi te sert-il?

— A rien. L'or est fait pour être vu et non pour être dépensé. La jouissance de l'or est en lui-même et non pas dans les choses qu'il procure. Avec cet or, je pourrais être richement vêtue, somptueusement logée ; mais la certitude que je pourrais avoir tout cela me suffit, et je me contente de ce que j'ai. Je me dis qu'à l'heure où je regarde mon or, d'autres gens ont faim et froid et ne peuvent manger ni se chauffer. Cela me rend heureuse. Moi aussi j'ai faim, mais comme je pourrais faire un dîner royal, je ne m'en aperçois pas. Si les hommes avaient toujours sous la main la possibilité de posséder, ils ne posséderaient jamais. On ne veut avoir que parce que l'on n'a pas.

— Merci de ce cours de philosophie, dit Tristan, mais ce n'est pas pour cela que je suis venu.

— Parle alors !

— J'ai besoin de toi.

— Tu veux de l'or?

— Non.

— Tu as perdu tes chiens?

— Je les ai toujours.

— Tu as fourbu ton cheval?

— Il rôde à la porte plus fort et plus sain que jamais. Non, fit Tristan en passant la main sur son front, il me faut mieux que cela !

— Diable ! tu es exigeant. Tu m'as demandé un jour des chiens avec lesquels tu pusses braver tous les dangers, le soir même tu avais Thor et Brinda ; une autre fois tu m'as demandé un cheval qui fût aussi prompt que l'éclair et aussi rapide que le vent, le lendemain tu avais Baal. Prends garde de me demander des choses trop difficiles et que je ne puisse pas te donner.

— Méfraie ! je suis bien malheureux.

— En quoi donc?

— Je n'ai ni nom, ni famille, ni aïeux ; il faut que j'aie tout cela.

La Méfraie regarda Tristan.

— Pourquoi faire? lui dit-elle.

— Parce que je ne puis être heureux qu'à cette condition.
— Fou!

Et la vieille femme haussa les épaules.

— Il me faut tout cela et il me faut plus encore, il me faut l'amour d'une femme que j'aime et qui ne m'aime point.

— Créature stupide, fit la Méfraie, qui vas mettre ton bonheur dans l'amour d'une femme qui ne t'aimait pas hier, et qui, si elle t'aime aujourd'hui, te trompera demain. C'était bien la peine que je t'élevasse, pour faire de toi un troubadour amoureux. Prends une mandore et va-t'en chanter tes amours sous les citronniers en fleurs, au clair de la lune d'une nuit d'été. Comment, tu es jeune, tu es fort, et tu vas jeter tout cela en pâture aux caprices d'une fille. Tigre, tu rampes devant un mouton. Tu n'es pas digne de moi, va-t'en.

L'air de profond mépris avec lequel la Méfraie répondait à Tristan est indescriptible.

— Je te répète, femme, reprit le jeune homme d'une voix sombre et en la regardant fixement, que je n'ai besoin ni de ta philosophie, ni de ta morale, mais de ta science.

— Allons, parle.

— Quand on veut acheter tous les biens du monde, quel prix faut-il y mettre?

— Il faut les payer de tous les biens de l'autre, puisqu'il paraît que décidément il y a un autre monde.

— Autrement dit, il faut reprendre son âme à Dieu et la vendre à Satan?

— Justement.

— Eh bien! je suis prêt à faire le marché.

— Toi!

— Moi-même, et j'ai compté sur toi pour le conclure. Je te paierai ta peine.

— Ah çà! mais il me croit donc le diable, fit la Méfraie en riant de façon à faire croire qu'elle l'était.

— Non, mais je te crois une de ses plus fidèles vassales.

— Tu te trompes,

— Oh! non, je ne me trompe pas; j'ai gardé le souvenir de mes jeunes années, et j'ai vu dans cette cabane des nuits comme je n'en ai vu nulle part, j'ai entendu des mots comme je n'en ai plus entendu depuis que je t'ai quittée. Méfraie, je te le répète, puisque Dieu m'abandonne, il faut que tu m'aides à m'entendre avec l'autre.

— Mais, mon pauvre ami, reprit la Méfraie avec un ton moitié railleur, moitié sérieux, en admettant que je puisse te rendre le service que tu me demandes et que je te mette en rapport avec Satan, que diable veux-tu qu'il fasse de ton âme? Quel charme aura-t-elle pour lui l'âme d'un roturier, d'un orphelin nourri par charité parmi les valets d'un château? Il l'a déjà ton âme, il n'a pas besoin de la payer plus cher. Elle lui revient de droit. As-tu seulement fait une bonne action dans ta vie? Perdrais-tu quelque chose en vendant ce que tu appelles ton âme? Non, tu ne peux qu'y gagner, et le diable est trop fin pour se laisser voler. Ah! si tu étais un prêtre ou une jeune fille, ce serait autre chose.

— Tu railles, Méfraie, et cependant tu devrais me connaître. Sais-tu que pour obtenir de Satan ce que je veux, je me ferais l'âme d'un saint, à ce point que Dieu lui-même s'y tromperait? Sais-tu que, s'il le faut, pendant six mois, pendant un an, j'userai mon corps sous le cilice, ma force sous le jeûne, mes genoux sur les dalles d'un couvent, pour que, ce temps expiré, Satan gagne quelque chose à m'acheter mon âme et me donne ce que je lui demanderai?

— C'est sérieux alors! demanda la Méfraie en fixant sur le jeune homme ses yeux verts et brillants comme l'émeraude.

— Tu le vois bien.
— Que veux-tu donc faire?
— Je veux me venger.
— De qui?
— De cette Alix qui ne m'aime pas, et de cet Olivier de Karnac qu'elle aime: des hôtes maudits de ce château, que je hais plus pour la charité qu'ils me font que je n'en haïrais d'autres pour le mal qu'ils m'auraient fait. Je veux être riche, noble et puissant; je veux tous les biens qu'un homme peut souhaiter.

— Ah! c'est Alix que tu aimes. Ah! ce sont les Karnac que tu hais?

— Ne les hais-tu pas, toi!

— Moi, je hais tout le monde, les puissants surtout.

— Tu consens, alors?

— Encore un mot. Que feras-tu pour celui qui te donnera les moyens que tu demandes?

— Tout ce qu'il voudra.

— Tu es bien résolu?

— Fermement.

— La Méfraie se leva, ferma la cassette qui contenait son or et l'alla cacher dans un coin de sa cabane.

— Viens, dit-elle.

— Où me mènes-tu?

— Viens, et, en disant cela, elle ouvrait la porte et étendait son bras vers l'horizon de gauche : — Vois-tu une masse noire qui se dessine là-bas, malgré la nuit?

— On dirait les tours d'un château.

— C'en est un.

— Eh bien?

— Eh bien! nous allons nous y rendre.

— Qui donc habite ce château.

— Tu le verras. Oh! c'est un seigneur puissant! fit la Méfraie, et tu ne pourras pas avoir de meilleur intermédiaire près de Satan que celui-là.

— Partons vite!

— Dis encore que je ne suis pas une bonne mère, ricana la Méfraie en jetant une couverture sur son dos. Ingrat, tu ne m'embrasserais seulement pas.

Et en parlant ainsi, la vieille approcha son visage jaune et ridé des lèvres de Tristan, qui l'embrassa sans répugnance.

— Je suis prête, dit-elle.

— Viens.

Tristan ouvrit la porte et siffla. Baal parut en hennissant.

— Monte, dit la Méfraie.

Tristan sauta sur son cheval.

— Partons, maintenant. Et comme elle disait cela, elle sautait en croupe sur Baal, qui s'élança dans la direction du sombre château avec la rapidité de la flèche.

Les chiens suivaient.

IX

GILLES DE RETZ

— Ne te semble-t-il pas, Méfraie, disait Tristan à la vieille femme pendant que Baal continuait sa course fantastique, que ce château qui se confondait tout à l'heure dans la nuit, brille d'une étrange façon?

— Oh! c'est qu'il ne manque pas de feux à l'intérieur. Tu as voulu voir l'enfer, je t'y mène; mais sois tranquille, tu y seras bien reçu et par nombreuse compagnie. C'est la bonne heure. Allons, Baal, allons.

Et l'animal, à la voix ou plutôt au sifflement de la sorcière, doubla de vitesse, ce qui semblait impossible.

Cependant l'espace diminuait, et le jeune homme ne perdait pas de vue le château, dont ses yeux perçants commençaient à distinguer les détails malgré l'obscurité.

— Méfraie! est-ce que je me trompe, dit-il? Il me semble que ce château est entouré d'arbres, et que ces arbres sont chargés de feuilles vertes comme en plein été.

Tu ne te trompes pas, répondit la sorcière. — Tu le vois, Satan fait bien les choses.

On était arrivé, Baal s'arrêta.

Le château apparaissait dans toute sa magnificence, avec toutes ses fenêtres éclairées et brillantes comme d'immenses escarboucles, avec ses dentelures élégantes qu'un rayon de la lune détaillait, et avec ses cris et ses chansons d'orgie, qu'emportait le vent. L'hiver et le froid semblaient irrités de voir qu'on les chassait avec des rires et des chants, et la bise soufflait aux alentours de cette ruche de pierre pleine de bourdonnements joyeux, avec plus de force et de rage qu'en aucun autre endroit.

Arrivé devant le pont-levis, Baal se mit à hennir; on eût dit qu'il connaissait le lieu où il était et qu'il y venait avec joie.

Au hennissement de Baal le pont-levis s'abaissa.

Tristan et la Méfraie entrèrent sans que personne leur demandât où ils allaient.

— Ce château n'est donc pas gardé? demanda Tristan.

— Il se garde tout seul, répondit la vieille.

A peine notre héros fut-il entré dans la cour, qu'il respira un air tiède et parfumé comme celui d'une serre, et cependant il avait toujours au-dessus de sa tête le même ciel nébuleux, seulement ses pieds foulaient un gazon vert et moelleux comme un tapis.

Ce printemps intercalé de force dans l'hiver, était plus mystérieux et terrible que le désert, le froid et la faim.

Ce n'était pas à cela que Tristan s'attendait, il jeta les yeux autour de lui et il s'arrêta: il crut avoir peur.

— Il est encore temps de reculer, lui dit la Méfraie à qui n'échappait aucune des impressions du jeune homme. Si tu hésites, partons.

— Non pas, entrons, fit Tristan.

— Suis-moi donc alors.

La Méfraie passa sous une voûte magnifiquement éclairée, et se trouva en face d'un escalier qui était loin de ressembler aux escaliers sévères du château de Karnac. Il était couvert de tapis, les murs avaient disparu sous des tapisseries splendides, et des figurines d'argent de six pieds de haut, placées de distance en distance sur les marches de cet escalier, supportaient des torches allumées. Dans de larges pots de marbre blanc, des fleurs du Sud aux feuilles épaisses, aux pétales évasés avaient été placées entre ces figurines, et complétaient de leurs parfums vivaces l'ardente atmosphère qui régnait sous cette voûte.

La Méfraie monta, suivie de Tristan, silencieux et étonné.

Les cris étaient devenus distincts, et alors on put entendre les paroles que disaient les convives. Arrivé sur le carré du premier étage, la Méfraie poussa, non pas la porte qui conduisait à la salle du festin, mais une petite porte qui se trouvait prise dans la tapisserie et qui s'ouvrait par la pression d'un ressort caché. Elle fit signe à Tristan de marcher derrière elle, et ayant suivi un corridor circulaire, elle arriva à une chambre richement ornée, mais déserte en ce moment. Là, soulevant une tapisserie qui était la seule séparation qu'il y eût entre cette chambre et celle d'où partaient les cris, elle dit à Tristan :

— Regarde !

Tristan, passant sa tête au-dessus de la sienne, regarda.

Dans une salle longue, dont le plafond était une mosaïque représentant des armoiries de toutes sortes, dont les murailles étaient chargées d'armures dorées, de statues de femmes, de bannières aux mille couleurs, de girandoles aux branches innombrables, de vases antiques de bronze, d'argent et de marbre vert, étaient couchés comme des Romains, autour d'une table en forme de fer à cheval, des hommes et des femmes, et le plus vieux des convives n'avait pas vingt-cinq ans. La table étincelait aux feux des flambeaux, couverte qu'elle était de coupes, d'aiguières, de vaisselles et de corbeilles d'or versant sur la table les fleurs et les fruits de l'automne. Il y avait là une dépense inouïe de force, de jeunesse et d'amour.

L'air était imprégné d'aromes étranges. Ce n'étaient que rires et que cris. Jamais, en une seule nuit, plus grande prodigalité, ne fut faite des biens terrestres. Toutes ces femmes, parées de joyaux et de pierreries, les joues empourprées par le plaisir, les lèvres rougies par le vin, pressaient les fruits dans leurs mains fines et souples.

Ils étaient vingt environ, tous jeunes, tous beaux, comme l'avait dit la Méfraie.

Parmi ces folles, il y en avait que leurs mères avaient vues naître avec joie et reçues comme une consolation. Parmi ces jeunes hommes, il s'en trouvait qui, venus au monde pour soutenir un grand nom et devenir les soldats du bien avaient enseveli leur mère en riant et blasphémé le nom de leur père. Cadavres vivants, rien ne battait plus chez eux à la place du cœur. Ils avaient livré tour à tour à la débauche et au mal leurs illusions, leur vertu, leur courage.

— Ce n'est pas cela que je veux, dit Tristan tout bas à la Méfraie, ce n'est pas à ces hommes que je veux ressembler.

— Regarde celui-là, fit la sorcière, et elle montrait un des convives que Tristan n'avait pas remarqué, peut-être parce qu'il ne se trouvait qu'à quelques pas de lui.

En effet, celui qu'elle indiquait ne ressemblait pas à ses compagnons. Grand, plein de vie, l'œil noir et perçant, les traits énergiques, il semblait plus fort à lui tout seul que tous ses compagnons réunis.

Au moment où Tristan l'apercevait, il prenait d'une seule main une des lourdes amphores que traînaient les enfants et la posait sans efforts sur la table. Après quoi il vida sa coupe d'un seul trait, et quoique ce fût peut-être la vingtième qu'il vidât ainsi depuis le commencement du repas, rien en lui n'annonçait l'ivresse.

— C'est là ton maître! demanda Tristan à la Méfraie.

— Oui, répondit celle-ci, c'est Gilles, seigneur de Retz, un des plus nobles, des plus riches et des plus puissants seigneurs de la Bretagne.

Après un moment de silence et de contemplation elle reprit :

— Allons, Tristan, vois-tu parmi toutes ces femmes une femme qui puisse te faire oublier Alix?

— Non.

— Veux-tu ta part de ces joies?

— Non, je veux parler à cet homme! et du doigt Tristan montrait celui que la Méfraie lui avait montré quelques instants auparavant.

Cet homme ne se mêlait que par sa présence à la folie des autres convives. On eût même dit qu'elle lui répugnait. Il avait l'œil trop profond pour se contenter de ces stériles jouissances.

— Attends-moi, dit la Méfraie à Tristan. Et laissant tomber la portière entre elle et lui, elle entra dans la salle et s'en alla frapper sur l'épaule de Gilles de Retz.

— Ah! c'est toi, fit celui-ci en se retournant; sois la bienvenue. Viens-tu m'apporter ou me demander quelque chose?

— Te demander, répondit la Méfraie.

— Que veux-tu?

— Sortons d'ici, il n'y a pas moyen de s'y entendre.

En disant cela la Méfraie disparaissait par où elle était entrée, et le jeune homme la suivait sans qu'aucun des convives, au milieu de l'effroyable bruit qui se faisait, se fût aperçu de l'apparition de l'un et de la disparition de l'autre.

— Maître, dit la Méfraie en montrant Tristan du doigt à celui qu'elle avait été chercher, voici un protégé à moi qui a besoin de ta science. Veux-tu faire quelque chose pour lui?

Tristan se leva.

— Qu'il parle, fit d'une voix grave l'homme au regard profond; d'autant plus, Méfraie, tu le sais, que j'aime depuis longtemps ton protégé.

— Vous me connaissez, monseigneur? demanda Tristan.

— Oui, de nom et de réputation seulement. Mais je connais votre force merveilleuse, je sais que votre âme comme votre corps est ardente, vigoureuse, indomptable; et c'est pour cela que je vous aime. Moi, je sais aussi qu'avec une âme pareille, toute supériorité gêne, tout frein blesse, et c'est pour cela que vous êtes venu à moi. Me suis-je trompé?

— Non, monseigneur, car tout cela est vrai.

— N'est-ce pas, messire, qu'il est dur, quand on sent battre dans sa poitrine un cœur bouillant et ambitieux, de n'avoir ni fortune, ni aïeux, ni blason, et qu'on est prêt à vendre son âme au premier qui pourra vous donner la place qu'on ambitionne et le titre qu'on rêve?

— C'est le marché qu'il veut faire, dit la Méfraie, qui s'était accroupie dans un coin de la chambre.

— Est-ce vrai, Tristan?

— Oui, monseigneur; mais ce n'est pas le tout, il me faut encore autre chose.

— Un philtre d'amour, peut-être?

— Oui, répondit-il d'une voix sombre.
— Et vous avez compté sur moi?
— Oui.
— Vous me croyez donc une puissance surnaturelle, vous croyez qu'elle existe?
— Je crois qu'il doit y avoir pour ceux qui souffrent, sans avoir rien fait pour cela, un moyen de ne plus souffrir avant la mort.
— Vous avez raison, messire.

Le bruit de l'orgie diminuait sensiblement; l'hôte souleva la tapisserie, et regarda la salle qu'il venait de quitter.

Presque tous les convives dormaient, hommes et femmes, les uns sur les lits, les autres sur le sol. Deux ou trois groupes continuaient encore une de ces conversations où les mains se touchent, où les regards se confondent; mais la pâleur et l'abattement de ceux qui causaient ainsi prouvaient qu'ils appartenaient déjà moitié à l'ivresse, moitié au sommeil, et qu'ils n'avaient plus aucune perception des choses extérieures. Les riches étoffes, les joyaux et les coupes d'or jonchaient les tapis de la salle.

Les enfants eux-mêmes, étourdis par tout ce qu'ils avaient vu et entendu, dormaient, ceux-ci debout et appuyés contre les piédestaux des statues, ceux-là sur les mêmes lits que les convives.

— Va tout préparer, Méfraie, dit l'hôte.
— Lequel prendrons-nous? dit la vieille en s'approchant de son maître, qui lui montra un enfant adossé à la muraille.

La Méfraie marcha comme une ombre jusqu'à cet enfant, et, avec une force dont on l'eût cru incapable, elle le souleva de terre et le jeta sur son épaule, sans que le pauvre petit se réveillât, tant son sommeil était profond.

— Passe devant, continua Gilles, nous te suivons.
La vieille disparut.
— Messire, dit alors le sire de Retz à Tristan, pour qu'un homme soit fort et puissant, il faut qu'il ait comme vous, deux chiens avec lesquels il puisse affronter tous les dangers, un cheval avec lequel il puisse franchir toutes les distances,

et un cor comme celui-ci, ajouta Gilles, avec lequel il puisse évoquer même les morts, quand il a besoin du passé. Prenez ce cor d'argent, messire, il vous servira en temps et lieu.

Et en disant cela, le seigneur de Retz retirait le cor de son cou et le passait au cou de Tristan.

Celui-ci allait le remercier, lorsqu'il tressaillit malgré lui à l'écho d'un gémissement qui lui sembla le dernier cri d'une créature humaine se débattant contre la mort.

— Avez-vous entendu, monseigneur? fit Tristan presque avec effroi.

— Oui, répondit Gilles, avez-vous peur?

— Non; mais quel est ce cri?

— Ce n'est rien. C'est la Méfraie qui nous prévient qu'elle nous attend.

Tous deux disparurent par la porte qu'avait franchie la vieille en emportant l'enfant. Après avoir marché quelques instants dans un corridor sombre, Gilles poussa une porte et fit entrer Tristan dans une chambre tendue de noir et faiblement éclairée par une lampe de fer posée sur une espèce d'autel.

— Tout est-il prêt? demanda Gilles.

— Oui, répondit la Méfraie en jetant un voile noir sur un objet qui gisait à terre et que l'obscurité empêchait de distinguer. Le voile, quand il eut recouvert l'objet, dessina les plis que dessine un drap jeté sur un cadavre.

La Méfraie prit une coupe d'airain pleine de liqueur rouge et chaude, et la posa sur l'espèce d'autel qui occupait le fond de la chambre et dont seulement Tristan put remarquer les détails.

C'était un autel de même forme que les autels destinés à l'office de la messe, avec la différence que celui qui officiait appelait Satan au lieu d'invoquer Dieu.

— Signez-vous de la main gauche, dit Gilles à Tristan.

Celui-ci obéit.

— Éteins cette lampe, ajouta le comte en se tournant vers la Méfraie.

Ce qu'elle fit aussitôt, et la chambre se trouva plongée dans une obscurité complète. Mais on eût dit qu'un invisible feu commençait à l'éclairer, car les silhouettes des personnages avec lesquels, il se trouvait se dessinèrent aux yeux de Tristan en ligne brillante, tandis que le reste du corps se maintenait dans l'ombre.

Gilles officiait, servi par la Méfraie.

Alors Tristan vit distinctement celle-ci offrir au prêtre sa crilége la coupe dont le contenu brillait comme une flamme, et Gilles la lever en marque d'offrande comme le prêtre offre au Seigneur le vin qui représente le sang divin.

— Approchez-vous, dit le comte en se tournant vers Tristan et en lui présentant la coupe.

— Que faut-il faire? demanda celui-ci.

— Boire la moitié de ce que cette coupe contient.

Tristan prit la coupe et la porta à ses lèvres, mais au moment de boire, il recula la tête et devint si pâle que sa pâleur parut dans l'ombre.

— Quelle est cette liqueur? demanda-t-il d'une voix sourde.

— Bois, lui répondirent ensemble Gilles et la Méfraie.

— Elle a la couleur du sang humain.

— Bois.

— Elle est chaude comme si la victime respirait encore. Et machinalement, Tristan jetait les yeux sur l'objet que recouvrait le voile noir.

— Bois, lui répondit-on une troisième fois.

— As-tu peur? lui dit la Méfraie tout bas.

Tristan porta de nouveau la coupe à ses lèvres et en but la moitié; il lui sembla qu'il buvait du feu, et son front devint brûlant.

— Maintenant, dit Gilles, que tu as communié sous l'espèce du sang humain et que tu es propre à recevoir notre Dieu, écoute.

En même temps Gilles ouvrait un livre posé comme l'Évangile sur un pupitre de bois, et mettait la main sur le livre entr'ouvert.

On eût dit que ce livre était écrit en caractères de soufre, car une fumée bleuâtre glissa entre les doigts de l'officiant, doigts blancs et immobiles comme s'ils eussent été de marbre, et l'écriture magique apparut en lettres de feu, s'effaçant à mesure que l'évocateur la lisait,

— Dans trois jours, tu dois quitter le château que tu habites, fit Gilles d'une voix grave.

— C'est vrai, murmura Tristan; faut-il partir ou rester?

— Il faut partir.

— Bien.

— Tu traverseras la plaine de Poitiers pour te rendre à Chinon.

— Après?

— Tu t'arrêteras à l'endroit de cette plaine où il y a un tombeau.

— Le tombeau du Sarrazin.

— Oui, une pierre énorme, presque un rocher, couvre ce tombeau. Tu soulèveras cette pierre et tu descendras dans le sépulcre.

— Moi? fit Tristan étonné.

— Toi.

— C'est étrange!

— Pourquoi? demanda Gilles, les yeux toujours fixés sur le livre magique.

— Parce qu'il y a une prophétie dans la maison de Karnac au sujet de ce tombeau.

— En effet, je le vois ici; n'est-ce pas cela?

> Retz et Karnac ayant mêlé leur sang,
> Rompra le scel qui sept siècles regarde;
> Lors on verra noir Maugrabin issant
> Du vieil sépulcre où chevalier le garde.

— Oui, c'est cela, répondit Tristan. Mais que veut dire cette prophétie?

— Elle veut dire qu'un jour, cette pierre qui couvre la tombe du Sarrazin sera levée par un descendant des deux familles Retz et Karnac.

— Mais, dit Tristan d'une voix tremblante, je ne suis ni votre parent ni celui d'Olivier.

— Le livre s'efface, répondit Gilles, toujours avec la même gravité. L'ordre reste. Tu soulèveras la pierre, l'avenir est dessous ; mais jusque-là, silence.

— Merci, monseigneur, fit Tristan, l'ordre sera exécuté.

Au moment où Tristan, qui s'était agenouillé pour entendre ce que le comte lui disait, se relevait, celui-ci se pencha vers la Méfraie et lui dit à mi-voix, sans que le jeune homme pût l'entendre :

— C'est lui !

X

LE DÉPART

Le jour commençait à poindre lorsque Tristan quitta le château de Gilles de Retz et reprit le chemin du château de Karnac.

Pour la première fois peut-être il forçait Baal à marcher au pas.

Il était seul. La Méfraie était restée auprès du comte.

Est-il besoin de dire les mille pensées qui agitaient l'esprit du jeune homme. Cette messe étrange à laquelle il avait assisté, cette sanglante communion qu'il avait faite, cet ordre mystérieux qu'il avait reçu de soulever la pierre du tombeau du Sarrazin, tout cela le jetait dans des méditations nouvelles.

C'est que tout fort et tout résolu qu'il était, Tristan n'était pas encore fait à ces sacrifices humains dont la magie de cette époque avait besoin, et peut-être, s'il eût su, en suivant la Méfraie, que sa visite coûterait la vie à un enfant, peut-être eût-il reculé. Nous n'avons pas donné Tristan pour une incarnation complète du mal, mais pour un composé des passions qui finissent par y amener l'homme. Il n'était pas né mauvais. Le mal qu'il pouvait souhaiter de faire était chez lui un résultat et non un principe, et ce qui le prouve, c'est que de temps en temps son cœur se sentait accessible à la piété. Il se voyait à regret devenir méchant ; mais comme rien ne l'aidait à devenir bon, il prenait à tâche de s'enhardir dans le mal et de devancer la nature. Puisqu'il devait arriver au fond de l'abîme, au lieu d'y rouler graduellement, il s'y précipitait tout à coup : il y gagnait de n'avoir pas le temps de réfléchir et de ne pouvoir reculer.

Comme il cheminait, il rencontra un cavalier. Ce cavalier, c'était Bretagne, sommeillant à moitié sur le cheval que lui avait donné Olivier, et se dirigeant vers le château de Retz.

— Ah ! c'est vous, messire Tristan, fit le héraut ; je suis heureux de vous rencontrer. Il me semble que je ne vous ai pas assez remercié hier.

— Vous m'avez remercié beaucoup plus que cela ne valait, messire ; mais où allez-vous ainsi ?

— Je vais chez le comte de Retz, sur le secours duquel mon maître compte beaucoup ; car c'est un seigneur courageux et puissant que ce sire de Laval.

— Et il n'y avait rien de nouveau au château de Karnac quand vous l'avez quitté ce matin ?

— Rien, si ce n'est que tout le monde était éveillé avant le jour, depuis messire Olivier que j'ai trouvé là au moment de mon départ, jusqu'à sa noble mère qui a daigné me faire un salut de la main. Mais si vous m'en croyiez, messire, vous doubleriez l'allure de votre cheval, car il m'a paru qu'on prononçait votre nom au château et qu'on était en peine de vous.

— Merci et bonne chance.

— Au revoir, Messire, fit le héraut, car j'espère bien que nous nous reverrons au siège d'Orléans.

Les deux cavaliers se séparèrent, et lorsque Tristan arriva au château, le premier mot qu'on lui dit fut celui-ci : messire, veuillez vous rendre auprès de madame la comtesse, qui vous a demandé plusieurs fois déjà depuis ce matin.

Comme Bretagne l'avait dit, tout le monde s'était réveillé de bonne heure, ou plutôt personne n'avait dormi au château de

Karnac. La joie tient éveillé comme l'inquiétude; c'est ce qui explique l'insomnie d'Olivier et la veille de sa mère.

Tristan se rendit chez la comtesse, mais avant de se faire annoncer, il réfléchit quelques instants. On eût dit qu'il prenait une résolution et qu'il arrêtait dans son esprit le rôle qu'il allait jouer. Après cette courte réflexion, il entra.

La comtesse était pâle. Elle avait fait plus que veiller, elle avait pleuré, et malgré les efforts d'Alix pour la convaincre qu'il n'y avait rien à craindre de Tristan, convaincue bien au contraire qu'on avait tout à redouter de ce caractère sombre et de cet esprit sauvage, elle s'était promis d'aller au-devant d'un malheur en avouant au jeune homme un secret qui, selon elle, devait l'arrêter dans ses projets de vengeance.

— Messire, dit-elle à Tristan, je vous ai fait demander hier.

— Je regrette de n'avoir pas été au château, madame, répondit notre héros; mais, vous le savez, il m'arrive souvent d'errer la nuit dans la campagne au lieu de dormir.

— Je le sais, et cette nuit?...

— J'ai fait comme souvent.

— Votre disparition m'effrayait, Tristan, dans la sombre disposition d'esprit où je vous ai vu.

— L'air m'a fait du bien, madame, et ce matin je suis plus calme.

— Tant mieux si vous dites vrai. Que n'en est-il ainsi pour moi !

— Vous avez un chagrin, madame? fit le jeune homme en fixant les yeux sur la comtesse.

— Oui, un chagrin qui vient de vous.

— De moi?

— Alix m'a tout dit, Tristan, et votre amour et vos menaces. Voilà pourquoi je voulais avoir un entretien avec vous.

— Et, fit Tristan avec un effort et comme s'il lui eût coûté de dire ce qu'il disait; et c'est parce que je savais que vous aviez appris une chose que je voulais ensevelir au plus profond de mon cœur, que je suis allé demander conseil à la nuit.

— Et vous êtes revenu ?

— Plus calme, comme je vous le disais, madame, et muni de résolutions nouvelles.

— Ainsi, Olivier ? demanda la comtesse avec joie.

— N'a rien à craindre de moi, pas plus que sa fiancée ; j'ai immolé mon amour, j'ai imposé silence à mon cœur. C'est le seul présent que je puisse faire à leurs fiançailles.

— Parlez-vous sérieusement ?

— Oui, madame.

— Oh ! cela est bien, cela est très-bien, Tristan, et Dieu vous en récompensera. Je savais bien, moi, que vous n'étiez pas méchant.

Et en parlant ainsi, la comtesse regardait le jeune homme avec attendrissement. Elle semblait vouloir le presser dans ses bras ; car, après les inquiétudes auxquelles elle avait été en proie, elle ne croyait pas pouvoir le remercier avec la parole.

— J'ai été la première à vous excuser, Tristan, reprit-elle, quand Alix m'a fait part de ce qui s'est passé entre elle et vous, et la chère enfant vous a, elle aussi, pardonné de tout son cœur.

— Et d'où vient, madame, cette indulgence que vous avez pour moi ?

— Elle vient, répondit la comtesse avec émotion, de ce que je crois que l'on doit pardonner plus facilement à ceux qui ont toujours été malheureux.

— Vous savez donc que je l'ai été, madame ?

— N'êtes-vous pas orphelin ?

— Abandonné, vous voulez dire. Ah ! maudits soient ceux à qui je dois la vie ! s'écria Tristan avec le ton de la colère.

— Ces malédictions-là retombent sur ceux qui les jettent, fit la comtesse presque avec épouvante ; ne maudissez personne, Tristan, surtout ceux qui vous ont donné le jour. Savez-vous ce qu'ils ont souffert avant d'en arriver là ? Le cœur de votre mère a dû se déchirer avant de se séparer de vous. Priez pour elle au lieu de la maudire, et que votre prière aille la consoler dans sa tombe si elle est morte, dans sa douleur si elle vit encore. C'est une mère qui vous parle, Tristan, une mère qui devine, par l'amour qu'elle a pour son fils, la torture qu'elle aurait éprouvée à se séparer de son enfant.

Pendant que la comtesse avait parlé, Tristan ne l'avait pas quittée des yeux, et ses regards paraissaient vouloir lire jusqu'au fond de son cœur. Jamais il n'avait vu la châtelaine si émue à propos de lui. Une pensée étrange traversa son esprit sans doute, car il laissa tomber sa tête sur sa poitrine et se mit à songer profondément. Puis il regarda de nouveau la mère d'Olivier qui, baissant les yeux devant ce regard, fut prise d'un trouble extrême.

— Si cela était, murmura le jeune homme !... Oh ! je le saurai bien. Et il sentit son cœur bondir d'orgueil à l'idée que la supposition qu'il venait de faire pouvait se réaliser.

— Oublions tout cela, dit-il en rivant toujours ses yeux à la comtesse, si bien qu'aucun des mouvements qu'elle faisait, qu'aucune des impressions qui se peignaient sur son visage ne pouvaient lui échapper ; dans trois jours nous partons, messire Olivier et moi, la guerre me consolera de mes espérances perdues, et si j'en reviens, j'en reviendrai complétement guéri.

— Vous en reviendrez escorté des grandes actions que vous y aurez faites, messire, dit la comtesse presque avec orgueil ; votre nom, obscur maintenant, sera un grand nom, et alors vous aurez droit à toutes les ambitions.

— Même à celle de retrouver ma mère ? demanda Tristan.

La comtesse pâlit, mais elle ne répondit pas.

— Connaissez-vous le château de Retz, madame ? fit Tristan comme s'il eût voulu changer de conversation, mais avec une intonation qui prouvait que ce qu'il disait avait un but.

— Non, reprit la dame de Karnac avec effort ; pourquoi me demandez-vous cela ?

Le regard dont elle accompagna cette question était presque suppliant.

— Parce qu'en revenant ce matin, répondit Tristan, j'ai

rencontré messire Bretagne qui allait inviter le seigneur qui l'habite à se rendre comme monseigneur Olivier auprès de notre maître commun, le connétable Arthus de Richemont. Or, je pensais que comme ce château est peu distant celui-ci, vous en connaissiez le propriétaire.

— Vous vous êtes trompé. Je ne connais pas ce jeune homme, répliqua la comtesse qui parvenait à dominer son émotion. Tristan s'en aperçut, et avec son opiniâtre ténacité il reprit :

— Cependant, madame, si je ne me trompe, il y a depuis sept cents ans une prophétie où les noms de Retz et de Karnac sont mêlés, et ce que cette prédiction annonce doit se réaliser prochainement, à moins qu'elle ne soit un mensonge comme tant d'autres choses.

La comtesse, ainsi que tous les nobles cœurs, était plus forte contre les mauvais sentiments que contre les bons, et elle ne doutait pas que Tristan n'obéît à un mauvais sentiment en la questionnant comme il le faisait ; elle se leva donc, et d'un ton plein de dignité elle lui dit :

— Je m'entends peu en matières de prophéties, messire. Si celle-ci, fort obscure pour moi, s'accomplit un jour, ce sera un grand honneur pour l'enchanteur Merlin et une grande gloire pour notre maison.

Tristan fronça le sourcil. Si la comtesse eût vu tout ce qu'elle venait d'amasser de haine nouvelle en lui, elle eût été terrifiée. Tristan ne pardonnait pas qu'on échappât à ses calculs.

En ce moment Olivier entrait chez sa mère.

— Le chapelain nous attend, ma mère, lui dit-il avec un sourire plein d'une confidence, et se tournant vers son écuyer :

— Ah! c'est toi, Tristan, fit-il, je suis heureux de te voir, et il tendit la main au jeune homme.

— Recevez mes souhaits, monseigneur, répondit Tristan.

— Tu sais donc pourquoi le chapelain nous attend ?

— Oui.

— Et tu envies mon bonheur, n'est-ce pas ? s'écria Olivier en souriant et en frappant sur l'épaule de Tristan.

— Qui n'envierait d'être aimé par votre belle cousine, monseigneur ? fit Tristan d'une voix sourde.

— Sois tranquille, ami, nous te trouverons quelque jour une belle alliance qui fera envie aux autres. Venez-vous, ma mère ? viens-tu, Tristan ?

Celui-ci descendit à la chapelle, où tous les serviteurs du château se trouvèrent bientôt réunis pour assister à la pieuse cérémonie qui allait avoir lieu. Tristan, adossé dans l'ombre à une colonne, regarda le chapelain unir les deux jeunes gens et l'entendit leur dire :

— D'aujourd'hui, mes enfants, vous êtes fiancés devant Dieu.

— Les fiançailles ne font pas le mariage, se dit Tristan, et entre les deux cérémonies il se passera bien des choses.

Alix, émue, heureuse, fière de pouvoir montrer son amour devant tout le monde, regagna son appartement, à la porte duquel Olivier s'arrêta.

— Après-demain vous quittez ce château, dit la jeune fille à son fiancé, et vous vous rendez à la guerre. Rappelez-vous que votre mort ferait succéder ici un deuil à un autre deuil, et, tout en étant brave, soyez prudent.

— Vous prierez pour moi, Alix, et Dieu écartera le danger, répondit le jeune homme.

Tristan était resté dans la cour. Tout ce dont il avait été témoin depuis la veille commençait à se brouiller dans sa tête, d'autant plus qu'à un mot de la comtesse une espérance nouvelle lui était venue, espérance vague qui, si elle se réalisait, donnerait carrière libre à toutes ses ambitions.

Aussi depuis ce moment jusqu'au moment du départ, Tristan ne parla à personne. A peine s'il mangea, et il ne dormit point.

Pendant ce temps, Olivier avait levé les hommes dont il avait besoin pour former sa troupe, et il s'était fait dans le château un grand remuement d'armures, de chevaux et d'épées. Les jours se passaient à préparer les armes, et les nuits, réunis dans une salle qui leur avait été abandonnée, les gens d'armes soupaient et buvaient jusqu'au matin en compagnie de leurs hommes, car chacun d'eux avait cinq hommes sous ses ordres, deux archers, un page, un varlet et un coutilier, tous gens disposés à se bien battre, mais disposés aussi à bien boire.

Le jour du départ arriva.

Olivier passa en revue sa troupe dans la cour du château.

Les gens d'armes à cheval faisaient face au jeune comte, et derrière eux venaient leurs hommes dans l'ordre que nous avons dit tout à l'heure, chacun de ces hommes à cheval : les valets tenaient en main chacun deux chevaux, à savoir, un cheval de bataille et un cheval de bagage, portant les tentes et provisions de toutes sortes.

On comprend ce que devait coûter une troupe pareille, unie et entretenue aux frais du noble qui la menait au secours du roi. D'autres seigneurs moins riches qu'Olivier, et accompagnés seulement de cinq ou dix hommes chacun, étaient venus se joindre à lui et grossir sa bande, se mettant eux-mêmes sous les ordres du jeune homme, qui se trouva ainsi à la tête de cent cinquante hommes environ, ce qui était fort respectable.

Mais ce qui causait l'étonnement général, c'étaient les compagnons que Tristan avait choisis et qui faisaient tapage dans les cours, c'était Thor et Brinda, que leur maître avait fait barder de fer comme des chevaux et qui, comme s'ils eussent deviné qu'il allait y avoir coups à donner et à recevoir, se livraient à une joie qui faisait honneur à leurs dispositions guerrières.

Quant à Tristan, monté sur Baal, couvert d'une cotte de mailles légère, il se tenait à quelques pas d'Olivier, une hache d'un côté de la selle, une grande épée de l'autre et portant l'étendard de soie où était brodé l'écusson de Karnac.

Les gens qui restaient au château pour le garder, contemplaient avec admiration la belle tenue de ces hommes et l'élégance de leur chef, qui, couvert d'une cotte de mailles souple comme un filet de soie, brillante comme l'argent, maniant avec son adresse accoutumée le cheval blanc que nous lui connaissons, répétait les dernières instructions à sa petite armée.

La comtesse et Alix étaient auprès de lui, appuyées l'une sur l'autre, fières et tristes à la fois, et faisant intérieurement le projet de se communiquer leur douleur mutuelle, quand le bruit des chevaux se serait effacé dans la campagne.

Le chapelain, du haut d'un perron, lut quelques versets de l'Évangile et bénit tout le monde, bénédiction devant laquelle chacun courba respectueusement la tête.

Enfin, Alix jeta une écharpe brodée par elle à Olivier, celui-ci, l'embrassa une dernière fois ainsi que sa mère. Les cris de : Vive la comtesse de Karnac retentirent et les chevaux se mirent en mouvement.

Les paysans étaient rassemblés pour voir défiler le cortége, et le saluèrent de leurs cris, de leurs souhaits et de leurs applaudissements.

Alix monta chez elle et resta sur son balcon, agitant son mouchoir jusqu'à ce qu'Olivier eût disparu.

Quant à la comtesse, elle s'agenouilla dans son oratoire qu'elle n'avait pas quitté depuis sa dernière entrevue avec Tristan, et elle s'écria avec des larmes.

— Mon Dieu! mon Dieu! Prenez pitié de moi.

— Consolez-vous, ma fille, lui dit le chapelain en entrant; Dieu est miséricordieux à qui se souvient de lui et n'a fait que du bien.

— Mon père, s'écria la comtesse en se jetant dans les bras du saint homme, je n'ai pas osé embrasser Tristan avant qu'il partît, et il est parti sans se tourner vers moi. Il y avait un malheur dans l'avenir; le pressentez-vous, mon père, vous qui êtes le confident du passé?

En ce moment, Olivier, qui était environ à deux cents pas du château, disait à son compagnon :

— Tristan, tu es parti sans dire adieu à ma mère; c'est mal, elle qui t'aime à ce point que j'en pourrais être jaloux.

XI

LE TOMBEAU DU SARRASIN

Huit jours après les évènements que nous venons de raconter, il était sept heures du soir environ, c'est-à-dire qu'il faisait nuit, quand une troupe d'hommes à cheval entra dans la plaine de Poitiers, plaine dans toute l'acception du mot, car on n'y voyait ni arbres ni buissons, mais des pierres seulement, comme si le terrain que les voyageurs foulaient n'eût été bon à rien.

Cette troupe était celle que conduisait Olivier.

Tristan était toujours à côté de lui, et son cœur battait violemment, car il voyait approcher le moment où l'avenir allait se révéler à lui.

— Monseigneur, dit-il à Olivier, ne vous semble-t-il pas que nous devrions camper cette nuit dans cette plaine, et que vous devriez faire un pèlerinage au tombeau de votre illustre aïeul.

— C'est bien ce que je compte faire, Tristan; et quand nous serons auprès du tombeau nous nous arrêterons.

Tristan sonda les ténèbres de son regard perçant, et il lui sembla voir se dessiner sur le ciel obscur et comme taché d'encre, une ligne que de loin on pouvait prendre pour la ligne d'un nuage, mais que ses pressentiments lui dénoncèrent comme devant être la pierre du tombeau fameux.

Il marcha donc dans cette direction en disant à Olivier :

— Ce doit être ce que nous voyons là-bas, monseigneur, et si vous le permettez, j'irai m'en assurer moi-même.

— Va, lui dit Olivier.

Tristan mit Baal au galop, et quelques instants après il était devant la tombe, qui n'était autre qu'une immense pierre en forme de pyramide et sur laquelle la mousse avait poussé. Qu'il fît jour ou qu'il fît nuit, tout paysan qui passait devant cette pierre se signait avec respect et presque avec terreur, car les légendes n'avaient pas manqué de se joindre à ce souvenir, comme les fleurs se mêlent aux ruines.

— Tu soulèveras cette pierre, a dit le seigneur de Retz, pensa Tristan. Mais il est impossible qu'un homme soulève seul une pierre pareille.

Pendant qu'il était en contemplation devant le tombeau Thor et Brinda, comme des chiens de chasse, flairaient les endroits où il se soudait à la terre, et comme s'ils eussent senti quelque chose d'étrange, ils s'arrêtèrent tout à coup et poussèrent des cris lugubres et prolongés en levant la tête.

Baal ouvrit les naseaux, tendit le cou dans la direction de la tombe, dressa les oreilles, et, aspirant l'air, il se mit à hennir comme les chiens hurlaient.

— C'est là, se dit Tristan, et lui aussi il prêta l'oreille, et il aspira l'air, et il fixa ses regards sur le mausolée; mais il ne vit rien et il n'entendit rien que le vent.

Alors il retourna vers Olivier, qui n'était plus qu'à une portée de flèche du tombeau, et il lui dit :

— Monseigneur, vous pouvez vous arrêter ici.

Olivier donna donc l'ordre qu'on s'arrêtât et que l'on disposât les tentes pour passer la nuit dans la plaine.

Chacun sauta à bas de son cheval. Les chevaux furent confiés aux valets, et l'on se mit à l'œuvre.

On alluma des torches et l'on fit des feux de bruyère; puis on courut aux chevaux de bagage et l'on en rapporta des chaudrons et des piquets de fer, afin d'organiser la cuisine et de préparer le repas. C'était un spectacle curieux que de voir, courant à la lueur des torches, ces archers trapus pliant sous le poids de leur armure et revenant coiffés d'un grand chaudron de cuivre, pendant que les charpentiers plantaient en terre les poutres destinées à supporter les tentes, et que d'autres, plus paresseux, mangeaient autour du feu et se chauffaient, au milieu des hennissements des chevaux et des cris des valets.

Olivier et Tristan se dirigèrent vers le tombeau, et le comte de Karnac, quand il y fut arrivé, se signa pieusement.

— Monseigneur, lui dit alors Tristan, ne vous semble-t-il pas que ce serait une chose digne du nom que vous portez de faire ouvrir ce tombeau?

— Et pourquoi violer le repos des morts, Tristan?

— Pour leur demander la force qu'ils avaient, monseigneur.

— Que veux-tu dire?

— Je veux dire qu'au moment d'entreprendre une expédition comme celle que vous entreprenez, monseigneur, cette invocation serait un hommage rendu au noble mort que cette tombe renferme. Ne m'avez-vous pas dit, monseigneur, qu'on avait creusé une cavité profonde sous terre, qu'on avait couché le chrétien et le mécréant à côté l'un de l'autre, et que cette cavité était assez grande pour que votre aïeul, qui vivait encore quand on l'y renferma, pût s'y tenir debout et s'y promener avant de mourir, si bon lui semblait?

— Oui.

— Eh bien! monseigneur, qui sait? il vous serait peut-être permis de contempler après sept siècles, l'image de votre noble aïeul, et en tous cas vous verriez l'armure avec laquelle il combattait et dans laquelle il s'est endormi. Qui vous empêcherait de prendre cette armure, messire? Ce sera presque un talisman, et ce serait une belle chose qu'un chevalier combattant les Anglais avec l'épée dont sept cents ans auparavant l'aïeul se servait pour combattre les infidèles. Qu'en pensez-vous, messire?

— Tu as peut-être raison, Tristan, mais je te le répète, je craindrais que cela ressemblât à un sacrilège.

Et le jeune homme restait là, tout aux réflexions que ce souvenir palpable du passé devait faire naître en lui.

— A votre aise, monseigneur, fit Tristan, mais moi je suis plus curieux que vous, et je veux voir l'intérieur de cette tombe.

— Es-tu fou?

— Oh! je sais ce que je fais, répliqua Tristan. Je ne serais pas fâché d'avoir l'épée, non pas de votre aïeul, monseigneur, car c'est à vous qu'elle appartient, mais de ce Sarrasin redoutable qui dort à son côté. C'est un ennemi, lui prendre son épée est de bonne guerre.

— Tu rêves, ami. Laissons aux morts la paix de leur tombe. Il y a un enseignement, vois-tu, dans ces deux ennemis couchés pour l'éternité l'un auprès de l'autre, et dormant du même sommeil après s'être combattus. C'est la réconciliation de la mort, c'est le pardon de l'éternité.

— Et vous ne sentez pas dans l'âme un ardent désir de voir ce que le temps a fait de ces deux héros?

— Non, je te le répète.

— Eh bien! monseigneur, reprit Tristan, le sacrilége retombera sur moi, s'il y a sacrilége, mais je veux que vous voyiez cela, car ce sera, j'en suis sûr, un spectacle digne de vous.

Et sans attendre qu'Olivier lui répondît, Tristan courut chercher tous les hommes du camp, leur ordonnant d'apporter avec eux tous les instruments nécessaires pour soulever une pierre énorme, presque un rocher.

Ils accoururent, ceux-ci avec des madriers, ceux-là avec des barres de fer, les uns avec des cordes, les autres avec des pioches.

Quand ils furent réunis autour du tombeau, Tristan leur montra la pierre et leur dit :

— C'est cette pierre qu'il faut changer de place. Voyons si vous êtes forts et braves.

La curiosité avait fini par l'emporter chez Olivier sur tout autre sentiment, et il laissa faire. Chacun commença comme il l'entendait le siége de cette pyramide qui semblait inébranlable sur sa base, et Tristan ne fut pas le dernier à se mettre de la partie.

Thor et Brinda, qui avaient compris sans doute ce que l'on faisait, hurlaient de joie et couraient autour des travailleurs comme pour les encourager; mais cette rude besogne ne se faisait pas vite. Cependant deux ou trois secousses avaient été données avec tant d'unité qu'on était parvenu à ébranler un peu cette masse de pierre, ce qui avait rendu un peu de courage aux travailleurs.

Tristan faisait des efforts inouïs. Il y avait des moments où il écartait tout le monde, convaincu qu'à lui seul il reculerait cette roche titanique; et quelques-uns de ceux qui étaient présents là, soit que cela fût vrai, soit qu'ils voulussent flatter le favori de leur seigneur, soit enfin qu'ils fussent enchantés de se reposer, quelques-uns, disons-nous, affirmaient qu'aux impulsions de Tristan, le rocher avait oscillé sur sa base.

Ce travail étrange dura cinq heures. Enfin, la pierre fut levée de terre. On glissa dessous des poutres, et à l'aide de leviers on ménagea entre elle et la terre un espace assez grand pour qu'un homme pût passer. Cette pierre, séparée de la terre à laquelle elle était collée depuis des siècles, laissa voir une ouverture profonde, et des hommes s'étant approchés avec des torches, se penchèrent sur l'abîme et distinguèrent une sorte de carrière dont le fond leur échappait.

Tout à coup, un grand silence se fit.

— Monseigneur, s'écria un homme s'adressant à Olivier, il sort du bruit de ce tombeau.

Olivier devint pâle et il écouta.

— En effet, dit-il, c'est comme un cliquetis d'épées auquel se mêleraient des cris.

— Une corde! cria Tristan.

— Pourquoi faire? demanda Olivier.

— Pour descendre dans ce tombeau.

— Tu vas faire cela?

— Oui.

— Arrête-toi, malheureux, les voix que nous entendons sont un avertissement que nous devons nous éloigner sans pousser plus loin notre curiosité impie.

— Au contraire, monseigneur, c'est un conseil que le ciel nous donne. Et en disant cela, Tristan, pâle comme un marbre, car il y avait pour lui dans cette aventure autre chose que ce qu'y voyaient ses compagnons, se ceignit autour du corps le bout d'une longue corde, et faisant tenir l'autre bout par plusieurs valets, une torche à la main, il s'apprêta à descendre dans le tombeau.

— M'accompagnerez-vous, monseigneur? demanda-t-il à Olivier.

— Non, répondit celui-ci; je reste à prier Dieu qu'il te pardonne et qu'il ne laisse pas retomber sur toi cette pierre que tu as soulevée.

Tristan savait qu'Olivier n'obéissait pas à la peur en refusant de le suivre, mais à une religieuse superstition.

Il en fut content, car il pressentait que ce qu'il allait voir ne regardait que lui.

Il descendit dans le gouffre.

Les hommes qui tenaient la corde se couchèrent sur le bord du trou et suivirent des yeux le hardi jeune homme.

Thor et Brinda, devenus silencieux, tournèrent quelques instants autour de l'ouverture et finirent par suivre leur maître.

— Eh bien? demanda Olivier.

— Eh bien! monseigneur, on entend toujours le même bruit.

— Ce n'est point une illusion, alors?

— Non, monseigneur, nous entendons distinctement des cris, des coups d'épées et un bruit d'armures qui se choquent.

— C'est étrange, murmura Olivier, et à tout hasard il se signa.

Tout le monde était groupé autour de lui, prêtant une oreille attentive à cette mystérieuse rumeur.

Tristan descendait toujours, et la cavité faisait le coude sans doute, car la torche qu'il portait cessa d'éclairer l'entrée de la grotte comme elle avait fait jusque-là. Quelque temps encore un reflet rouge courut sur les aspérités intérieures du tombeau, puis tout retomba dans l'ombre. Seulement, la corde se déroulait encore dans les mains de ceux qui la tenaient, ce qui prouvait que l'intrépide visiteur avançait toujours. Le bruit ne cessait pas.

— Monseigneur, dit tout à coup un des hommes qui tenaient la corde, il se passe quelque chose d'étrange, car la corde s'agite comme si messire Tristan soutenait une lutte.

— Appelle-le.

L'homme cria de toutes ses forces : Tristan! Sa voix résonna sonore et profonde ; mais Tristan ne répondit pas, et la corde continua de s'agiter.

— On a poussé un cri, fit Olivier; tire la corde à toi.

L'homme obéit, et il lui sembla que celui qu'il tirait s'aidait lui-même et répondait à ses efforts : il l'entendait se cramponner au roc, car la torche était éteinte et il ne la voyait pas.

Quand il sentit que celui qui remontait n'était plus qu'à quelques pieds de lui, l'homme appela de nouveau : Tristan! mais, comme la première fois, rien ne lui répondit.

Enfin un être humain parut à l'orifice du tombeau, mais ce n'était pas Tristan.

Tous les gens qui étaient là étaient braves. Cependant il y en eut qui s'enfuirent devant cette apparition, et Olivier lui-même sentit la peur pour la première fois de sa vie.

Le bruit intérieur avait cessé.

L'être qui sortait du tombeau était un vieillard, grand, pâle maigre, à la barbe et aux cheveux blancs, et vêtu d'une armure pesante du huitième siècle.

Lorsque l'air de la nuit, frappa son visage, il leva les yeux au ciel avec reconnaissance; et marchant vers Olivier plus pâle que lui, il lui dit d'une voix épuisée :

— Je suis ton aïeul, le comte de Karnac.

— Vous! s'écria Olivier en reculant malgré lui.

— Oui, reprit le fantôme armé ; et sais-tu ce qui s'est passé depuis le jour où l'on m'a enfermé vivant auprès de ce Sarrazin damné.

— Non.

— Vous avez entendu des cris, n'est-ce pas, quand vous avez soulevé la pierre de cette tombe?

— En effet.

— Eh bien, depuis sept cents ans, toutes les nuits je lutte contre ce mécréant, contre ce fils de l'enfer.

— Je ne vous comprends pas, fit Olivier, se croyant la dupe d'une hallucination et tremblant de devenir fou.

— Toutes les nuits, reprit le vieillard d'une voix qui allait toujours s'éteignant, il veut quitter sa tombe; mais comme il est l'esprit du mal, Dieu a permis que depuis sept cents ans je fusse là pour l'en empêcher. Comprends-tu, sept cents ans de lutte acharnée au fond d'une tombe, à trente pieds sous terre, loin des hommes et du jour! Aussi est-ce un malheur qu'on ait ouvert cette tombe.

— Pourquoi?
— Parce qu'il en sortira, et la fatalité avec lui.
— Je ne voulais pas ouvrir cette tombe, moi, fit Olivier.
— Oui, je sais que ce n'est pas toi, fit le vieillard d'une voix mourante, c'est l'autre. La prédiction le voulait. Adieu.
— Vous partez?
— Je meurs; ma mission est remplie.
— Et Tristan?

Le vieillard montra la tombe sans ajouter une parole, et tomba sur ses genoux dans l'attitude de la prière. Ses lèvres s'agitèrent, puis il ne fit aucun mouvement et il roula la face contre terre.

— Il a parlé, n'est-ce pas? demanda Olivier à ceux qui l'entouraient.

Ceux-ci se regardèrent comme si le jeune homme était devenu fou.

— Ne l'avez-vous pas entendu? répéta le jeune comte.
— Non.

Olivier se pencha sur le cadavre et lui prit la main.

— La main est glacée, dit-il.
— Comment voulez-vous qu'il parle, monseigneur, puisqu'il y a sept cents ans qu'il est mort? dit un page, après avoir recueilli du regard l'assentiment de ses compagnons.
— Cependant je l'ai entendu comme j'entends cet homme, se dit Olivier; sa parole a frappé mon oreille; et il me semble que les mots qu'il m'a dits vibrent encore autour de moi. Que signifie cela?

Et le jeune homme, se penchant de nouveau sur le cadavre, appela son aïeul et lui secoua le bras.

Mais le mort ne répondit ni à la voix ni à la secousse.

— Allons, messieurs, dit Olivier en se relevant, il faut savoir ce qu'est devenu Tristan ; suivez-moi. Vous, ajouta-t-il en se tournant vers quatre archers, ne quittez pas ce cadavre.

Olivier se dirigea vers le tombeau et, sans le secours de personne, il y descendit, non toutefois sans s'être meurtri les mains et le visage : dix hommes le suivirent avec des torches.

En effet, la cavité faisait le coude, et le jeune homme s'engagea sous une voûte au bout de laquelle il trouva deux tombeaux, vides tous les deux.

Auprès d'un de ces tombeaux gisait Tristan évanoui, et Thor et Brinda lui léchaient le visage pour lui faire reprendre connaissance.

Tristan rouvrit les yeux, et en se relevant il regarda autour de lui.

— Que s'est-il passé, Tristan? lui demanda Olivier.

— Rien, monseigneur, rien.

— Qui a détaché de ton corps la corde qui te ceignait?

— Un vieillard, répondit Tristan.

— Il était donc bien fort ce vieillard?

— Oui, fit Tristan avec une sorte d'effroi.

— T'a-t-il parlé?

— Non.

— Et le Sarrasin a-t-il dit quelque chose?

— Non.

— C'est étrange.

Tristan continua à regarder autour de lui avec inquiétude.

— Sortons d'ici, dit-il.

— Tu te repens d'y être descendu?

— Non, messire, je ne me repens jamais de rien.

— Écoute, Tristan, fit Olivier en se rapprochant du jeune homme, mon aïeul m'a parlé, j'en suis sûr, quoiqu'ils disent tous qu'ils ne l'ont pas entendu.

— Ah! dit Tristan en pâlissant ; et que vous a-t-il dit?

— Il m'a dit que ce Sarrasin était un génie de l'enfer, et nous ferions acte de chrétien, continua le jeune homme superstitieux, si nous nous mettions à sa recherche, si nous le renfermions dans son tombeau.

— C'est inutile, monseigneur, fit Tristan ; nous perdrions notre temps.

— Qui te fait croire cela?

— A la façon dont je l'ai vu fuir, j'ai compris tout de suite que personne ne l'atteindrait jamais. En effet, monseigneur, ce doit être un être surhumain, car je me suis évanoui en le voyant, moi.

— Qu'est-ce que tout cela veut dire? fit Olivier en devenant rêveur.

Tristan regarda le jeune homme avec une sorte de mépris, et posant sa main sur le petit cor d'argent que Gilles de Retz lui avait donné :

— Maintenant, dit-il, l'avenir est à moi!

XII

LE PACTE

Comme on le pense bien, ce qui venait de se passer avait fait une grande impression sur tous ceux qui en avaient été témoins. Les heures destinées au repas du soir et au sommeil de la nuit reçurent donc un tout autre emploi. L'on redescendit dans la grotte, et l'on coucha pieusement dans sa tombe le corps de celui qu'on appelait jadis le Lion de Karnac. Le tombeau fut refermé sur lui ; et tandis qu'Olivier, agenouillé près de la pyramide, priait jusqu'au jour, les soldats de sa troupe pliaient les tentes et s'apprêtaient à partir.

Quant à Tristan, qui n'avait répondu à Olivier que parce qu'il n'avait pu faire autrement, il s'isola de tout le monde, livré qu'il était à une puissante préoccupation.

Comme nous l'avons dit, Olivier pria jusqu'au jour. Lorsque l'aube parut, il se signa une dernière fois, demanda son cheval, se mit en selle et donna le signal du départ.

On devinait, en le voyant, que depuis la veille un incident grave avait marqué dans sa vie.

Tristan, toujours prêt, se retrouva à son côté au moment du départ. Le comte salua son écuyer d'un mouvement de tête.

— Je crois que nous avons eu tort de faire ce que nous avons fait, Tristan, dit-il, assumant ainsi généreusement sur lui la moitié du sacrilége nocturne.

Tristan ne répondit pas.

On quitta la plaine, non sans avoir jeté un dernier regard sur le tombeau dont rien ne devait révéler la violation à ceux qui étaient restés étrangers à cette scène que nous venons de décrire.

Tout le jour on marcha silencieusement.

A dix heures, on n'avait fait que six lieues, et l'on était arrivé à un petit village qui a complétement disparu aujourd'hui, et dont les habitants firent le plus gracieux accueil à leurs hôtes inattendus.

On avait une nuit de sommeil à réparer; aussi le souper fut-il court et les soldats eurent-ils bien vite organisé leur gîte, les uns auprès du foyer sur des siéges, les autres sur de la paille.

Olivier ne demanda qu'une table pour écrire. En effet, il était pressé d'informer sa mère de ce qui s'était passé. Il lui semblait que quand il aurait fait la confidence, il se croirait moins coupable. Puis, il éprouvait le besoin de parler d'Alix, car il s'apercevait que sa vue lui manquait.

Tristan ne demanda ni chambre ni lit, assurant qu'il serait bien partout, et après avoir pris sa part d'un fort modeste repas, il se retira dans une salle enrichie d'un grand feu, chambre que la femme de son hôte l'avait forcé d'accepter.

Tristan seul, immobile et pensif, laissa s'écouler le temps comme un homme qui sait qu'avant une heure fixée il n'aura rien à faire. Puis, quand le moment d'accomplir le dessein qu'il méditait fut venu, il sortit de sa chambre, descendit dans la cour, tira son cheval de l'écurie, et sautant comme d'habitude sur ses reins nus, il partit au galop, suivi de Thor et de Brinda.

Arrivé à un carrefour, Tristan s'arrêta, regardant autour de lui aussi loin que son regard pouvait pénétrer. Le carrefour était désert.

Minuit sonna. Où, à quelle église, c'était chose impossible à dire. Douze vibrations tremblèrent dans les airs, voilà tout.

Au moment où la douzième allait s'éteignant dans les profondeurs du bois, Tristan, qui semblait avoir attendu ce moment, pressait l'embouchure du cor de ses lèvres, et tirait de l'instrument muet jusqu'alors un cri lugubre, prolongé et perçant.

Trois fois il répéta l'épreuve et trois fois le même son retentit.

Alors, sans qu'il pût deviner d'où elle sortait, une ombre gigantesque se dressa devant lui.

Le fantôme était vêtu comme au jour où son corps enfermait encore une âme, c'est-à-dire qu'une calotte de fer pesait sur le haut de sa tête. De chaque côté de ses joues pendait un réseau de mailles serrées qui défendaient ses tempes et son col; tandis qu'une barre d'acier damasquinée d'or descendait verticalement devant son visage, le défendant, non pas d'un coup de pointe, mais d'un coup de taille.

Tout le reste du corps était couvert d'une cotte de mailles souple comme la peau d'un serpent. Seulement, l'humidité de la tombe l'avait verdie, ce qui donnait au Sarrazin l'aspect d'une statue mouvante. Il était d'une pâleur de marbre, et sur ce visage, dans les veines duquel on sentait que la vie ne circulait plus, les yeux et la voix existaient seuls.

Deux blessures béaient saignantes à l'orifice : l'une à son œil et l'autre à sa poitrine.

— Tu m'as appelé, Tristan, me voilà, dit l'apparition d'une voix brève et sonore comme serait celle d'un homme d'airain.

— C'est bien, dit Tristan, tu es exact.

Le jeune homme prononça ces paroles sans qu'on pût remarquer dans son accent la plus légère altération.

Quelque chose comme un sourire funèbre passa sur le visage du Sarrazin.

— Ne m'as-tu pas rendu un service, dit-il, et me prends-tu pour un ingrat?

— C'est vrai; sans moi tu resterais enfermé pour l'éternité dans cette tombe, et j'ai bien le droit de te demander quelque chose, n'est-ce pas, en échange de la liberté que je t'ai rendue?

— Demande.

— D'abord, réponds à mes questions.

— Interroge.

— Es-tu venu librement vers moi, ou parce que ce cor a le pouvoir de t'évoquer?

— Ce cor est celui de l'enchanteur Merlin. Je suis venu parce que je dois obéir à l'appel de ce cor.

— Ainsi, je n'ai qu'à sonner trois fois quand je voudrai te voir apparaître?

— Sonne trois fois, et j'apparaîtrai.

— Quelque part que tu sois?

— Il n'y a pas de distance pour les morts.

— C'est bien. Tu as répondu à ma question, réponds maintenant à ma demande.

— Parle.

— C'est le seigneur de Retz qui m'envoie à toi. D'où vient l'intérêt qu'il me porte?

— Tu es son frère.

— Son frère! s'écria Tristan avec joie, ainsi je serais l'égal d'Olivier de Karnac.

— Mieux que cela.

— Quoi donc?

— Tu es son frère aussi.

— Et ma mère?

— C'est la comtesse de Karnac.

— Je ne comprends plus, fit Tristan

— C'est pourtant bien facile.

— Explique-toi, alors.

— La comtesse de Karnac était belle quand elle épousa le père d'Olivier.

— Et elle trompa son époux, dit Tristan, dont la première pensée était un soupçon sur l'honneur de sa mère.

— Non. Elle fut violée.

— Quand ?

— Pendant que le comte était à la guerre.

— Par qui ?

— Par le comte de Retz, par le père de celui qui t'a envoyé à moi.

— Ah ! je comprends maintenant la prophétie.

— Est-ce tout ce que tu voulais savoir ?

— Non pas. Continue.

— Le comte était donc absent quand, un soir, une mendiante vint demander l'hospitalité au château de Karnac. La jeune comtesse, sans défiance, la fit entrer. La mendiante versa un narcotique dans la coupe de la comtesse et introduisit un homme pendant la nuit. En sais-tu assez ? demanda de nouveau le fantôme ?

— Continue, répondit le jeune homme du même ton.

— Quand la comtesse revint à elle, elle était dans les bras de cet homme. Elle cria, elle appela au secours ; mais, quand on arriva, cet homme avait disparu. La comtesse résolut de tout avouer au comte quand il reviendrait ; mais elle s'aperçut bientôt qu'elle était mère. Or, elle comprit, car c'était une femme sage, qu'il valait mieux se taire, du moment que ce crime avait un résultat vivant, et que le comte, s'il pardonnait à la mère, tuerait l'enfant. Or, ta mère était bonne. Cet enfant, quoiqu'il provînt d'un crime, elle se dit qu'il avait le droit de vivre. Elle s'enferma dans sa chambre, feignit une maladie, et tu vins au monde.

— Alors...

— Alors elle sortit elle-même, la nuit, c'était l'été, et elle alla déposer l'enfant dans la campagne. Cet enfant fut recueilli par la mendiante qui avait introduit le seigneur de Retz au château.

— Par la Méfraie.

— Oui. Il fut élevé par elle, et comme la comtesse était une sainte femme, quand son époux mourut, elle recueillit celui qu'elle se repentait d'avoir abandonné, le fit rentrer au château, le traita comme son fils Olivier, et par moments, l'aima peut-être plus que lui.

— Oh ! je m'en doutais, fit Tristan d'une voix sourde, et le comte de Retz, mon père ?

— Deux mois après son crime, il mourut.

— Donc il mourut sans savoir qu'un fils naîtrait de ce crime ?

— Oui, mais la Méfraie, qui avait élevé ce fils, savait, elle, qu'un fils était né.

— Comment n'a-t-elle pas abusé de ce qu'elle savait ?

— Elle le savait, mais elle n'avait pas de preuves.

— Alors c'est par elle que le seigneur de Retz, mon frère, a tout appris ?

— C'est par elle.

— Et quel motif mon frère, le comte de Laval, a-t-il de m'aimer ?

— Il ne t'aime pas. Il n'aime rien, heureusement ; seulement il a vu que tu étais l'homme de la prophétie, et que nous aurions besoin de toi.

— En ouvrant cette tombe, je n'ai donc pas fait tout ce que le destin me commandait ?

— Non.

— Et comment saurai-je si ce que tu m'as dit sur ma famille est vrai ?

— Raconte ce que tu viens d'entendre à la comtesse, elle avouera tout.

— Bien. Le reste me regarde. Passons à autre chose maintenant.

— A Alix, n'est-ce pas ?

Tristan tressaillit ; le fantôme venait de lire dans son cœur.

— Je l'aime, dit Tristan.

— Je le sais, mais elle ne t'aime pas.

— Non, elle aime Olivier.

— Eh bien ?

— Eh bien ! je veux Alix.
— C'est difficile.
— Pourquoi cela ?
— Alix est une brebis du Seigneur, comme disent les prêtres, et celles-là échappent aux loups.
— Peux-tu me faire noble, riche, puissant ?
— Je le peux.
— Quand je serai noble, riche, puissant, serai-je aimé d'Alix ?
— Non ; mais en tout cas, si tu n'es pas aimé...
— Eh bien ?
— Eh bien ! il te restera le moyen que ton père a employé auprès de la comtesse.
— C'est juste. Maintenant, continua le jeune homme, en supposant...

Il hésita...

— Que la comtesse hésite à te reconnaître, dit le Sarrazin achevant sa pensée.
— Oui, en supposant cela... ne viens-tu pas de t'engager à me faire noble, riche et puissant ?
— Sans doute ; mais tu sais, qui reçoit rend.
— Que faut-il que je te rende, en échange de la noblesse, de la fortune et de la puissance ?
— En me quittant, tu vas rejoindre Olivier ; demain, tu te mettras avec lui en route pour Chinon, et la première femme que tu rencontreras sur cette route, entends-tu bien...
— J'entends... la première femme que je rencontrerai...
— Je la réclame au nom de mon maître, au nom de notre maître, veux-je dire.
— Et que lui faut-il, son corps ou son âme ?
— L'un et l'autre ; son âme surtout.
— Mais comment se fait-il que toi, libre et fort maintenant, tu ne te charges pas de cette mission et ne poursuives pas toi-même cette femme ?
— Parce que, fit le Sarrazin avec l'accent de la colère, parce que j'ai été vaincu par un chrétien, moi, et que je ne puis plus être qu'un intermédiaire entre mon maître et son élu. Or, cet élu, c'est toi. Amène-nous cette femme, Tristan,

car cette femme c'est un nouvel archange Michel, c'est l'envoyée de Dieu.

— Compte sur moi.

— Ce sera une rude tâche, je t'en préviens.

— Tant mieux. Mais si j'ai à m'occuper d'elle, il faut que je m'occupe de moi aussi.

— C'est juste. Quand tu auras vu cette femme une fois, tu pourras retourner à Karnac si bon te semble, car je crois que tu as hâte de voir ta mère, n'est-ce pas ?

— Oui, fit Tristan d'une voix pleine de menace.

— Tes affaires faites, tu reviendras à notre ennemie.

— Et je la retrouverai ?

— Sois tranquille.

— C'est bien.

— Allons, tu es évidemment l'homme qu'il nous faut, dit le Sarrazin. Adieu.

— Pas adieu, fit Tristan, au revoir.

Et il posa sa main brûlante dans la main glacée du Sarrazin.

Le pacte était fait.

— Tristan avait l'honnêteté du mal, si nous pouvons nous exprimer ainsi, et désireux de tenir la promesse qu'il venait de faire, il reprit le chemin par lequel il était venu, quoique, comme il l'avait avoué au Sarrazin, il eût hâte d'avoir une entrevue avec sa mère.

XIII

LA RENCONTRE

Quand le jour parut, le camp s'éveilla et les gens d'armes se disposèrent à reprendre leur route. Olivier, qui de cette première marche qu'il entreprenait voulait faire son apprentissage de guerre, s'était couché le dernier la veille, il se trouva levé le premier.

Ce fut lui qui donna le signal du réveil et il était en selle avant tout le monde, ayant comme toujours Tristan à côté de lui ; Tristan, que personne n'avait vu disparaître pendant la nuit, que personne n'avait vu revenir ; Tristan, cet homme de fer que ne pouvaient fatiguer ni les marches, ni les veilles, ni les sombres pensées qui l'agitaient depuis quelque temps.

Olivier lui tendit la main comme cela était sa coutume chaque fois qu'il le revoyait après une séparation, si courte qu'elle fût.

Tristan répondit à cette marque d'amitié par un sourire froid, et toucha du bout de ses doigts la main du jeune homme.

Tristan ne dit rien. Il avait imposé le silence à sa bouche. Il avait bien assez d'entendre les rumeurs mystérieuses de son âme et les conseils terribles que lui donnait le souvenir de la confidence nocturne.

Ce qu'il avait à dire, la comtesse de Karnac seule devait l'entendre, et comme jusqu'à ce moment qui n'était pas encore venu toutes ses paroles eussent été oiseuses et inutiles, il aimait mieux se taire et se taisait.

Olivier voyait bien qu'il se passait quelque chose en Tristan, mais il respectait cette nature sauvage et ne lui demandait jamais l'aveu de ses impressions.

— Les éclaireurs chargés d'explorer la route sont-ils de retour? fit Olivier quand il vit que sa petite troupe était prête à partir.

— Oui, Monseigneur, reprit un de ses écuyers, les voici, et il montra quelques hommes d'armes qui rentraient au village menant avec eux un paysan.

— Eh bien! dit Olivier à ces hommes, pouvons-nous nous mettre en marche?

— Oui, monseigneur, répondit un des éclaireurs; seulement au lieu de suivre le chemin qui nous mènerait directement à Chinon, et qui est infesté de maraudeurs et de soldats sans parti qui ne connaissent que l'assassinat et le pillage, je crois que votre seigneurie fera mieux de suivre la route que lui montrera ce brave homme et qui est sans aucun danger.

— Et d'où vient cette pensée que le danger nous fait peur? dit Olivier.

— Pardonnez-moi, monseigneur, répondit l'homme qui venait de parler, mais j'avais cru que vous aviez fait une levée pour porter au dauphin un secours utile, et non pour faire tuer vos hommes et vous faire tuer vous-même peut-être sans gloire, sans honneur et sans profit, sur une grande route, par des voleurs et des pillards.

— C'est juste, répondit Olivier, et vous avez sagement pensé. Pouvons-nous nous fier à ce paysan?

— Oui, monseigneur.

— En route, alors.

Olivier donna de nouveau le signal du départ et la petite armée se remit en marche.

Le chemin était désert, mais Tristan ne faisait pas un pas sans sonder l'horizon, cherchant toujours du regard cette femme mystérieuse qu'il devait rencontrer.

Des hommes passaient, mais de femme point.

Quant à Olivier, il paraissait plongé dans une douce rêverie. Sans doute le souvenir de sa mère et d'Alix l'occupait tout entier, et c'était à ce double rayon du bonheur connu et du bonheur à connaître que s'éclairaient son cœur et son visage. Au moment où il entreprenait une expédition glorieuse ou mortelle, mais qui devait, quoi qu'il arrivât, donner un nouvel éclat à son nom, car Olivier n'était ni de ceux qui vivent ni de ceux qui meurent obscurément, il était tout naturel qu'il songeât à son passé tranquille et transparent comme le passé d'une jeune fille. Sous la cuirasse qui le couvrait, le doux jeune homme cachait un cœur accessible aux plus chastes et aux plus naïves émotions. Une vierge, en se penchant sur son âme, s'y fût reflétée, et l'image d'Alix s'y reflétait incessamment. Puis l'aventure de la veille était faite pour lui donner à penser. Il n'avait jamais fait de mal. Il ne se reprochait même pas de l'avoir supposé; il ne voyait donc dans cet événement qu'un conseil de la Providence. Sa jeune ambition, pleine de songes riants, lui soufflait à l'oreille que Dieu le protégeait, et que le voyant si chrétien, si brave et si amoureux, il avait voulu faire un miracle en sa faveur pour lui donner une force nouvelle et le rendre capable des plus grandes choses. Olivier pouvait-il, au moment de commencer une lutte de plusieurs mois, de quelques années au plus, dégénérer d'un aïeul qui depuis sept siècles en avait soutenu une si étrange et si terrible au profit du Seigneur?

Bénies soient les douces années qui coulent si rapidement pour l'homme entre dix-huit et vingt-cinq ans, où il sent son âme s'ouvrir à tous les enchantements de la vie. Sa croyance dore tous les horizons, sa jeunesse et sa force aplanissent tous les chemins. Son passé est si court, qu'il n'éveille en lui qu'un sourire; l'avenir lui paraît si grand, qu'il lui semble l'éternité. Il marche vite dans la vie, est prêt à toutes les impressions, ardent à tous les dangers. Il défie le malheur, il rit de la mort. Il est insouciant parce qu'il est fort, il est fort parce qu'il est bon. Les mœurs, les gouvernements, les aspects changent, mais cet admirable besoin des illusions dont tout homme est saisi au même endroit de son chemin, ne change jamais. De même qu'autrefois les feuilles du printemps étaient vertes comme au printemps d'aujourd'hui, de même que le soleil qui nous éclaire est celui qui a toujours éclairé le monde; de même que ces blanches étoiles qui font rêver la nuit sont les mêmes sur lesquelles se sont fixés les yeux des générations mortes et disparues; de même il y a dans l'air une invisible transmission des mêmes croyances, des mêmes émotions, des mêmes amours, dont chaque être, à moins que comme Tristan il ne soit abandonné de Dieu, hérite à son tour. Les objets qui font vibrer les cordes de l'âme varient, mais l'âme ne varie pas. Les noms seuls sont changés, les sentiments sont les mêmes. Sublime conception que celle de l'homme, dans lequel Dieu a enfermé sa nature tout entière, rayons et ténèbres, ronces et fleurs, passions et sentiments, bien et mal, et où tout cela s'agite sous le moteur puissant de la vie, jusqu'au jour où le vase se brise, laissant retourner à Dieu, pure de tout mélange, cette essence divine qu'on nomme l'âme. Mais pendant le court espace compris entre la naissance et la mort, que de choses, que de rêves, que de réalités même ! Et parmi toutes ces choses, la plus douce et la plus sûre, en vérité, c'est l'âge qu'avait Olivier, l'âge heureux où toutes les ambitions sont faciles, où tous les rêves sont réalisables !

Olivier marchait donc tranquille et le front éclairé de sa pensée. Il ne soupçonnait pas, l'heureux enfant, combien était différent de lui ce Tristan qu'il aimait par un secret instinct. S'il eût entrevu ce qui se passait dans l'esprit et dans le cœur de son compagnon, lui qui ne craignait rien, il eût reculé plein d'épouvante.

C'est ainsi que marchent côte à côte dans la vie l'esprit du bien et l'esprit du mal.

Aussi, pendant qu'Olivier s'abandonnait à toutes les pensées que nous venons de dire, Tristan n'était préoccupé que de la sombre mission qu'il avait acceptée, et comme il avait hâte de tenir sa parole pour être libre plus tôt de s'obéir à lui-même, chaque fois qu'il apercevait un groupe, il lançait son cheval dans sa direction pour s'assurer si ce groupe renfermait celle qu'il devait rencontrer ; et comme il ne voyait jamais que des hommes, il revenait silencieusement reprendre sa place auprès d'Olivier, sans que celui-ci pût s'expliquer la cause de ces enquêtes perpétuelles.

On était arrivé ainsi, toujours guidé par le paysan, jusque sur les bords de la Vienne. Là le guide chercha un gué et la troupe passa la rivière.

— Maintenant, monseigneur, dit le paysan à Olivier, vous pouvez chevaucher jusqu'à ce que vous trouviez une seconde rivière, que vous côtoierez dans le même sens que le courant, et vous arriverez sans encombre à Chinon.

Olivier récompensa le brave homme, qui lui souhaita une bonne chance et reprit en chantant le chemin de son habitation.

Comme il l'avait dit, on rencontra bientôt une seconde rivière, et après une halte de quelques instants, destinée à reposer les chevaux et à faire manger les hommes, on se remit en marche en appuyant sur la gauche et en suivant le courant de l'eau.

Il y avait à peu près deux heures qu'Olivier et sa troupe chevauchaient sur cette nouvelle route, et le jour commençait à baisser, quand Olivier dit à Tristan, abîmé dans ses réflexions :

— Tristan, ne te semble-t-il pas voir une compagnie d'hommes là-bas, un peu avant cette chaumière ?

Et en disant cela Olivier étendait la main dans la direction d'une maisonnette éloignée de lui d'environ cinq cents pas.

— En effet, répondit Tristan, on dirait une troupe de chevaliers, car je vois reluire leurs armures aux derniers rayons du jour.

— Tirons en avant, dit Olivier, et rejoignons-les, car ce sont sans doute des amis et alliés du roi de France, qui, comme nous, se rendent à Chinon.

Olivier mit son cheval au trot et ses compagnons l'imitèrent.

À mesure qu'il avançait, il s'apercevait qu'il ne s'était pas trompé, et il distinguait une dizaine d'hommes à cheval marchant au pas.

Il les eut bien vite rejoints.

Tristan passa tous ces hommes en revue, cherchant parmi eux une femme, mais ne la trouvant pas. Cependant ses yeux s'arrêtèrent malgré lui sur un jeune chevalier, chevauchant entre les deux chefs de la troupe. Ce devait être un bien jeune chevalier, en effet, car il n'avait ni barbe ni moustache, et paraissait d'une taille au-dessous de la moyenne.

Le jeune homme, se voyant examiné, regarda Tristan, et celui-ci fut forcé de baisser les yeux. Il sentit le rouge de la colère lui monter au visage, et il regarda de nouveau cet inconnu ; mais celui-ci, qui avait arrêté son cheval, souriait à Olivier, lequel venait de s'approcher des deux compagnons.

— Voilà qui est étrange, murmura Tristan ; comment se fait-il que j'aie baissé les yeux sous le regard de cet enfant, moi qui n'ai encore baissé les yeux sous le regard de personne ?

— Pardonnez-moi, messires, disait Olivier ; mais je vous ai aperçus de loin et je n'ai pu résister au désir de venir à votre rencontre. Un secret pressentiment me disait que nous allions au même endroit, et j'ai pensé que si nous avions même but, nous pouvions faire même route.

— C'est juste, répondit un des chevaliers, et si vous allez à Chinon, messire, vous avez le même but que nous.

— Ainsi, demanda Olivier, vous vous rendez auprès du roi Charles VII ?

— Oui.

— Et de là ?

— De là nous nous rendrons à Orléans.

— C'est comme nous.

— Tant mieux, messires, fit d'une voix douce le jeune homme que considérait toujours Tristan, car Dieu sera avec vous puisque vous êtes avec le roi.

— Cette voix n'est certainement pas la voix d'un homme, pensa Tristan.

— Maintenant, messire, reprit Olivier, comme il faut que vous sachiez avec qui vous faites route, je vais me nommer à vous, moi et les seigneurs qui m'accompagnent. Je suis le comte Olivier de Karnac, et j'ai quitté la Bretagne sur le mandement du comte de Richemont, le frère de notre suzerain bien-aimé.

— Mais si je ne me trompe, fit un de ceux à qui Olivier s'adressait, le roi de France et le connétable de Richemont sont mal ensemble ?

— Ce qui n'empêche pas le connétable de servir le roi, car le connétable est de ceux qui croient que les dissensions particulières doivent tomber devant les intérêts du royaume.

— Le connétable est un grand cœur, messire, et les Bretons sont de nobles et braves gens.

Olivier s'inclina, après quoi il désigna les chevaliers qui l'accompagnaient.

— Quant à nous, messire, dit un des deux chefs, nous venons de la Champagne, de la ville de Vaucouleurs, ce qui veut dire que nous avons déjà fait cent cinquante lieues avant que d'arriver ici, et cela à travers un pays plein de forêts, et des forêts pleines d'ennemis, Anglais et Bourguignons. Heureusement Dieu, ou tout au moins un de ses envoyés, nous accompagne, continua le chevalier en souriant au jeune homme dont nous avons déjà parlé tout à l'heure ; de sorte que non-seulement nous sommes arrivés sains et saufs, mais qu'encore nous n'avons trouvé personne à combattre. Voilà d'où nous venons. Il me reste à vous dire qui nous sommes, Messire, et en disant cela, le chevalier étendait la main vers son compagnon, est Jehan de Novelompont, et moi je suis Bertrand de Poulangy.

— Et ce jeune homme ? demanda Olivier en désignant celui qui se tenait entre Jehan et Bertrand.

— Moi, répondit le jeune homme, je ne suis ni noble, ni chevalier, monseigneur ; je suis une pauvre fille, la plus humble servante de Dieu, et je n'ai pas d'autre nom que celui de Jehanne.

Olivier considéra la jeune fille avec étonnement.

— Ainsi, fit Tristan d'une voix sombre en s'approchant d'elle, vous êtes une femme ?

— Oui, messire.

— Pourquoi avez-vous revêtu l'habit d'homme, alors ?

— Parce que devant combattre comme un soldat, je ne pouvais rester vêtue comme une femme ?

— C'est elle, murmura Tristan, et il considéra Jehanne de façon à graver à tout jamais ses traits dans sa mémoire.

— Mais Jehanne, reprit Olivier, savez-vous à quels dangers vous vous exposez ?

— Je le sais, messire.

— Et vous ne les craignez pas ?

— Non.

— Croyez-vous que votre secours soit bien utile au roi de France, qui a autour de lui tant de braves chevaliers plus expérimentés que vous en matière de guerre ?

— Oui, je le crois, messire, car c'est moi que monseigneur Jésus a chargée de faire lever le siége d'Orleans et de mener couronner le dauphin à Reims.

— Et qui vous a dit cela, Jehanne.
— Les anges, répondit la jeune fille en levant les yeux au ciel avec une douce exaltation.

Olivier regarda Jehan et Bertrand.

— Vous la croyez folle, messire, lui dit ce dernier, qui chaque fois que Jehanne parlait, la contemplait avec admiration, mais détrompez-vous. Nous aussi nous avons cru cela ; mais maintenant nous en demandons pardon à Dieu comme d'un sacrilége. Cette enfant, voyez-vous bien, messire, c'est l'ange de la France ?

Un sourire courut sur les lèvres de Tristan, et Jehanne, à qui ce sourire n'échappa point, en ressentit comme une douleur, car son visage se contracta.

— Votre histoire doit être une touchante histoire, Jehanne, dit Olivier à la jeune fille, et je voudrais bien la connaître, car je crois fermement que vous êtes ce que vous dites.

— Elle est bien simple, monseigneur, répondit Jehanne ; mais puisque cela vous fait plaisir, je vous en ferai volontiers le récit si vous voulez prendre place à côté de moi et m'écouter.

XIV

JEHANNE LA PUCELLE

Le soir du jour où cette rencontre avait eu lieu, on avait encore dix lieues à faire avant d'arriver à Chinon. Olivier ordonna que l'on fît halte et que l'on se reposât, ce que, de leur côté, avaient ordonné Jehan, Bertrand et Jehanne.

Quand Olivier fut seul, il écrivit à la comtesse de Karnac :

« Chère et vénérable mère,

» Nous marchons de miracle en miracle. Hier, c'était mon aïeul qui sortait de son tombeau ; aujourd'hui c'est un prodige aussi extraordinaire. J'avais encore l'esprit frappé de cette chose merveilleuse dont j'ai été le témoin, quand j'ai fait une étrange rencontre et appris une curieuse histoire. Sur la route de Chinon, nous avons abordé une troupe d'une dizaine de cavaliers, en tête de laquelle chevauchaient trois seigneurs qui paraissaient en être les chefs; seulement, l'un des trois avait l'air beaucoup plus jeune que les deux autres. Après avoir appris le nom de ses compagnons, je lui demandai le sien; il me répondit qu'il était une femme et que son nom était Jehanne.

» En effet, représentez-vous, ma mère, une jeune fille de dix-sept ans à peine, ayant revêtu le costume d'homme, portant sur son visage le rayon d'un saint courage et d'une divine résolution. Je dus désirer d'apprendre comment cette jeune fille se trouvait au milieu de ces hommes d'armes. Or voici son histoire qu'elle-même voulut bien me conter, et que me confirmèrent les nobles sires qui l'accompagnaient, quoique ce fût dit avec un ton de vérité qui n'avait besoin d'aucun autre témoignage.

» Sachez, ma bonne mère, que cette enfant est née dans le petit village de Domremy, sur les bords de la Meuse. Son père, Jacques d'Arc, n'est qu'un pauvre laboureur, et sa mère, Isabelle Romée, ne sait que coudre et filer pendant que son mari est aux champs. C'est aussi tout ce qu'elle a appris à sa fille, qui ne sait ni lire ni écrire.

» Jehanne a deux frères, Pierre et Jacques, tous deux laboureurs comme leur père.

» Je voudrais pouvoir vous raconter avec les termes dont elle s'est servie et l'expression qu'elle leur donnait, les premières années de la vie de Jehanne, et comment, lorsqu'elle revenait avec ses moutons, elle s'asseyait à côté de sa mère et recevait d'elle ses leçons de religion, non pas d'une religion raisonnée comme la nôtre, mais de cette religion des campagnes, pleine de mystères et de superstitions, espèce de légende qui se grave profondément dans l'esprit et dans le cœur des enfants, car elle se représente à eux sous toutes les formes. C'est le chant dont leur mère les berce pour les endormir, c'est la fresque naïve qu'ils trouvent aux murs de l'église, c'est le récit miraculeux que leur fait le pâtre voisin.

» L'âme de Jehanne était pleine de cette religion, et elle la mettait en pratique par toutes sortes de bonnes œuvres. Jehanne fréquentait les lieux saints, faisait l'aumône, soignait les malades. C'était enfin la plus sainte fille de son village.

» Je tiens ces détails de ses compagnons, car Jehanne est trop modeste pour les dire elle-même.

» Jehanne a donc été élevée au milieu des légendes et des rêveries; mais les rêveries de la douce enfant ont été souvent troublées par des cris de guerre et de mort. Chaque jour le pays était envahi par des brigands devant lesquels il fallait fuir, ou servait de refuge à des fugitifs qu'il fallait cacher. Le pillage et l'incendie lui étaient devenus familiers. Cependant, il semblait à Jehanne que Dieu ne pouvait pas permettre toujours de pareilles misères. Entre la religion et la guerre, entre la douleur que donne la vie d'ici-bas et le bonheur promis par la vie d'en haut, l'esprit de Jehanne s'était ouvert à de sérieuses méditations, et elle croyait trop en Dieu pour ne pas croire en un libérateur. Par moments, elle se figurait pouvoir être cet élu; mais elle était si jeune, si pauvre, si faible, qu'elle comprenait bien vite son impuissance, et elle se contentait de prier le Seigneur de donner à un autre la force qui lui manquait.

» Cependant une chose préoccupait Jehanne. La prédiction de Merlin : cette prédiction qu'il a faite à Karnac, était arrivée jusqu'à elle. Comment? Je l'ignore. Toujours est-il que Jehanne la connaissait, l'avait apprise et la répétait sans cesse. En outre, un vieux berger de Domremy, qui passait pour avoir fait des prédictions qui depuis s'étaient réalisées, interrogé comment les malheurs de la France finiraient, avait répondu :

« Trois courtisanes ont perdu la France, une vierge la
» sauvera. »

» Ces deux prophéties avaient frappé l'impressionnable jeune fille, et elle était convaincue qu'un jour elles deviendraient des vérités. De là à avoir l'ambition de les réaliser elle-même, il n'y avait pas loin.

» Ajoutez à cela, ma mère, que des signes étranges avaient suivi la naissance de Jehanne, et qu'on les lui avait racontés à elle comme à tout le monde. La nuit où elle était née, et qui était celle du 6 janvier 1411, quoique ce fût une nuit d'hiver, avait été éclairée tout à coup comme une nuit de printemps et s'était parfumée de toutes les senteurs de mai, tandis que les coqs se mettaient à chanter, quoique l'heure de leur chant accoutumé ne fût point encore venue. Les habitants de Domremy, étonnés de cette merveille, s'étaient mis sur leur porte pour jouir de ce phénomène printanier, et ils avaient vu une étoile se détacher du ciel et tomber sur la maison de Jacques d'Arc. C'est à ce moment que le vieux berger avait fait sa prédiction, et que Jehanne était née.

» Malgré cela la jeunesse de Jehanne se passa comme la jeunesse de tous les enfants de sa condition. Jusqu'à sept ans elle garda le troupeau de son père, mais on remarqua que jamais elle n'avait égaré ni un mouton ni une brebis. Quand un de ses animaux s'éloignait, elle l'appelait par son nom et l'animal revenait; quand un loup sortait du bois, elle marchait sur lui et elle n'avait qu'à lui montrer sa houlette pour qu'il se sauvât.

» Elle atteignit ainsi l'âge de douze ans, et ce fut à cet âge qu'elle commença à se préoccuper des malheurs de son pays et des moyens de le sauver.

» Elle était passionnée pour les cloches. Elle avait pour le bruit qu'elles rendent une sorte de passion. Quand elle les entendait, elle tombait en extase, et elle ne les avait pas entendues une fois sans soutenir qu'une voix s'était mêlée à leur carillon et lui avait parlé. Seulement, ce que cette voix avait dit, quelques efforts qu'elle fît pour se le rappeler, elle n'avait jamais pu le redire.

» Un jour qu'elle se trouvait avec quelques compagnes dans une prairie située entre Domremy et Neufchâteau, les jeunes filles proposèrent de faire une course et de donner un bouquet à celle qui arriverait là première. La proposition fut acceptée, et les enfants se mirent d'abord à cueillir les fleurs et à confectionner le bouquet, Jehanne comme les autres. Le bouquet préparé, Jehanne promit à sainte Catherine de le déposer sur son autel si elle le gagnait, et, ce vœu fait, la course commença. Les jeunes filles partirent comme une volée de colombes, mais si fort qu'elles coururent, Jehanne courait plus vite qu'elles, et avec une telle rapidité que celle qui la suivait de plus près s'arrêta en lui criant :

» — Jehannette ! Jehannette ! tu ne cours plus sur la terre comme nous, tu voles à travers l'air comme un oiseau.

» En effet, sans qu'elle sût comment cela se faisait, Jehanne se sentait soulevée de terre, et arriva au but sans fatigue. Elle ramassa le bouquet; mais au moment où elle se relevait, elle vit devant elle un beau jeune homme qui lui dit en souriant :

» — Jehanne, allez chez votre mère, elle a besoin de vous parler tout de suite.

» Et le beau jeune homme disparut sans laisser à Jehanne le temps de lui répondre.

» Jehanne se rendit chez sa mère, qui dit ne l'avoir point fait demander et n'avoir pas besoin d'elle. Alors Jehanne alla déposer son bouquet sur l'autel de sainte Catherine, et repassa par le jardin de sa maison pour abréger son chemin. Mais quand elle fut dans le jardin, elle s'entendit appeler à droite; elle s'arrêta et vit une nuée lumineuse d'où sortait une voix; cette voix lui disait :

» Jehanne, tu es née pour accomplir des choses merveilleuses, car tu es la vierge choisie par le Seigneur pour le rétablissement du roi Charles. Habillée en homme, tu prendras les armes, tu seras chef de guerre, et tout dans le royaume se fera par ton conseil. »

» Puis la nuée disparut, et la voix cessa de se faire entendre.

» Jehanne resta muette et épouvantée d'un tel prodige.

» Or, ceci se passait le 17 août 1424, c'est-à-dire le jour même de la bataille de Verneuil, de cette bataille sanglante où périrent Douglas, son fils, le comte de Buchan, le comte d'Aumale, Jean de Harcourt et tant d'autres braves seigneurs.

» Cependant l'aventure du jardin était restée profondément gravée dans l'esprit de la jeune fille, et c'était à cela qu'elle songeait en filant. Aussi elle allait plus souvent à l'église, car il lui semblait que cette nuée lumineuse lui avait apporté quelque chose du ciel et l'avait rapprochée de Dieu.

» Un dimanche, qu'absorbée si complètement dans sa prière, elle était restée seule à prier, elle vit la voûte de l'église s'entr'ouvrir pour laisser descendre un nuage d'or, au milieu duquel elle reconnut le jeune homme qui lui était apparu le jour de sa course avec ses compagnes; mais cette fois il avait de longues ailes blanches aux épaules, et Jehanne, comprenant que c'était un ange, se sentit toute réjouie à sa vue et lui dit :

» — Monseigneur, est-ce vous qui m'avez appelée?

» — Oui, Jehanne, répondit l'ange, c'est moi.

» — Que voulez-vous de votre servante?

» — Jehanne, je suis l'archange Michel, et je viens de la part du roi des cieux t'annoncer qu'il t'a choisie entre toutes les femmes pour sauver le royaume de France du péril qui le menace.

» — Et que puis-je faire pour cela, moi, pauvre bergère des champs?

» — Sois toujours une sage fille comme tu l'as été jusqu'aujourd'hui, et quand le temps sera venu nous te le dirons, sainte Catherine, sainte Marguerite et moi; car toutes deux t'ont prise dans une miraculeuse amitié en récompense de la grande religion que tu as pour elles.

» — Que la volonté de Dieu soit faite, répondit la jeune fille, et qu'il dispose de sa servante quand et comme il voudra.

» — *Amen*, dit l'ange.

» Et la nuée se refermant sur lui, passa à travers la voûte de l'église et disparut.

» A partir de ce moment, il n'y avait plus à douter, n'est-ce pas, ma mère? Aussi Jehanne ne douta plus. Elle pria le curé de l'église de l'entendre en confession, et lui ayant raconté ce qu'elle avait vu, elle lui demanda ce qu'elle devait faire. Le saint homme lui recommanda de ne rien dire de cette apparition à personne, et de suivre ponctuellement les ordres qu'elle recevrait du ciel.

» Trois ans se passèrent sans qu'un nouveau miracle se manifestât à Jehanne, qui, grandissant, de fille devenait femme. Cependant sa vie était toujours plus extraordinaire que celle des autres. Ainsi, souvent, au milieu du silence, elle assurait entendre une musique céleste, et elle répétait cette musique inconnue à tous sans pouvoir se la rappeler une heure après. L'hiver, quand la neige couvrait le sol, elle sortait, disant qu'elle allait cueillir des fleurs pour ses saintes, ce qui faisait beaucoup rire ceux qui l'entendaient, et elle revenait, sa robe pleine de violettes, de primevères et de boutons d'or. Enfin, ce qu'il y avait de plus étrange, c'est que les animaux les plus sauvages n'avaient point peur d'elle, les chevreuils et les faons venaient bondir à ses pieds et parfois une fauvette était venue se poser sur son épaule et lui dire à l'oreille sa mélodieuse chanson.

» Pendant ce temps les affaires du roi de France avaient empiré, et comme le comte de Salisbury venait de débarquer à Calais et s'acheminait avec de grandes troupes vers la partie de la France qui n'était point encore conquise, les visions de Jehanne reparurent, car le moment approchait dans les desseins de Dieu.

» Saint Michel se présenta de nouveau à la bergère, accompagné de sainte Catherine et de sainte Marguerite, et tous trois lui dirent que Dieu la tenait toujours pour celle qui devait sauver la France. Ils lui ordonnèrent en même temps d'aller trouver le roi Charles VII, de lui annoncer qu'elle venait de la part du Seigneur pour se faire chef de la guerre, et marcher avec les Français contre les Anglais et les Bourguignons.

» Comment le ciel avait-il choisi cette enfant pleine de pitié, qui se trouvait mal à la vue du sang, pour accomplir une œuvre de guerre et de destruction, c'est ce que Jehanne ne se demanda même point. Elle ne songea qu'à obéir. Malheureusement ce n'était point chose facile. Comment, en effet, faire passer dans le cœur des autres et du roi lui-même la confiance qu'elle sentait en son propre cœur, comment faire entendre à des incrédules la voix que seule elle entendait?

» Saint Michel lui apparut de nouveau et lui dit de se hâter, attendu que tandis qu'elle hésitait le sang coulait à flots, et que rien ne devait plus la retenir, puisque l'ordre était donné.

» Jehanne alla trouver son confesseur, et lui fit part de ce qu'elle venait de voir et d'entendre.

» — Obéissez, mon enfant, lui dit le prêtre.

» — Mais, lui dit Jehanne, quand bien même je voudrais partir, comment le ferais-je? Je ne sais pas les chemins, je ne connais ni le peuple ni le roi; ils ne me croiront pas; tout le monde rira de moi avec raison, car, qu'y a-t-il de plus insensé que de dire aux grands : Une enfant délivrera la France elle dirigera des expéditions militaires par son habileté, elle ramènera la victoire par son courage; et d'ailleurs quoi de plus étrange et de plus inconvenant, mon père, qu'une jeune fille avec des habits d'homme.

» Le bon vieux prêtre ne trouva rien à répondre à cela, sinon qu'il fallait obéir. Alors Jehanne se mit à pleurer en songeant à la pénible tâche qui lui était imposée, et le prêtre la consola de son mieux, lui disant d'attendre et de demander à saint Michel et à ses saintes, quand elle les verrait, quels moyens elle devait employer pour obéir et quels chemins il lui fallait suivre.

» Quelques mois se passèrent sans que la jeune fille vît rien, ce qui lui fit craindre d'avoir déplu à ses voix, comme elle les appelait; de sorte qu'elle alla s'agenouiller devant l'autel de sainte Catherine, et récita une oraison du plus profond de son cœur, suppliant la sainte de se montrer à elle si elle n'était pas courroucée contre sa servante. Cette oraison était ainsi conçue:

« Je requiers Notre-Seigneur et Notre-Dame de m'envoyer conseil et confort sur ce qu'il leur plaît que je fasse, et cela par l'intermédiaire du bienheureux saint Michel et des bienheureuses sainte Catherine et sainte Marguerite. »

» Au dernier mot de cette prière, la nuée lumineuse s'abaissa ; seulement, cette fois, c'était l'ange Gabriel qui accompagnait les deux saintes. Alors Jehanne baissa la tête, et la voix habituelle se fit entendre :

» — D'où vient que tu doutes et que tu hésites, Jehanne, dit-elle ? D'où vient que tu demandes comment s'accompliront les choses que tu dois accomplir ? Tu ne sais pas le chemin qui conduit au roi, dis-tu ; les Hébreux non plus ne connaissaient pas le chemin qui pouvait les conduire à la terre promise, et cependant ils se mirent en route et la colonne de feu les guida.

» — Mais, dit Jehanne, quel est l'ennemi que je dois combattre, et quelle est la mission que je dois accomplir ?

» — L'ennemi que tu dois combattre, reprit la voix, est devers Orléans ; et pour que tu ne fasses plus de doute que nous te disons la vérité, sache qu'aujourd'hui son chef de guerre, le comte de Salisbury, a été tué. La mission que tu dois remplir est de faire lever le siége de la bonne ville du duc d'Orléans, qui est prisonnier en Angleterre, et de mener sacrer Charles VII à Reims ; car tant qu'il ne sera point sacré, il ne sera que dauphin et non pas roi.

» — Mais, continua Jehanne, je ne puis aller ainsi seule. A qui faut-il que je m'adresse pour avoir aide et secours ?

» — Tu as raison, Jehanne, reprit la voix ; va donc au lieu voisin, nommé Vaucouleurs, qui seul, dans la contrée de la Champagne, a conservé sa fidélité au roi, et là, demande à parler au bon chevalier Robert de Beaudricourt ; dis-lui hardiment de quelle part tu viens, et il te croira.

» — Et comment reconnaîtrai-je le chevalier de Baudricourt ?

» — Il ressemble à l'image que tu vas voir, répliqua la voix.

» Et, en effet, Jehanne distingua dans la nuit le visage d'un chevalier sans casque, sans épée et sans éperons.

» Quelques jours après, elle s'était rendue à Vaucouleurs, et elle voyait entrer dans une église de ce village un chevalier sans casque, sans épée et sans éperons, comme doit être un chevalier chrétien qui entre dans une église. Jehanne courut à lui et lui dit :

» — Messire, n'êtes-vous pas le chevalier Robert de Baudricourt ?

» — Oui, répondit le chevalier.

» — Alors elle lui raconta tout ce qui s'était passé. Baudricourt resta fort étonné, comme bien vous pensez, ma mère, et il crut à quelque diablerie, ainsi que le curé de Vaucouleurs, qu'il consulta. Mais le peuple ne doutait pas, lui qui, à défaut de la science, a l'inspiration et le pressentiment, et il cria à Baudricourt d'être convaincu.

» Jehanne ajouta :

» — Avant qu'il soit la mi-carême, il faut que je sois devers le roi, dussé-je, pour m'y rendre, user mes jambes jusqu'aux genoux ; car personne au monde, ni rois, ni ducs, ni fille du roi d'Écosse, ne peuvent reprendre le royaume de France, et il n'y a pour lui de secours que moi-même, quoique j'aimasse mieux rester à filer près de ma pauvre mère, car ce n'est pas là mon ouvrage ; mais il faut que j'aille, parce que mon Seigneur le veut.

» — Et quel est votre Seigneur? demanda le chevalier.

» — C'est Dieu ! répondit Jehanne.

» Baudricourt fut touché, et lui promit de la mener au roi après qu'il lui en aurait fait demander l'autorisation.

» Quand Jehanne annonça son départ à son père et à sa mère, ils tentèrent tous les moyens de l'en détourner ; mais la volonté du ciel était plus forte qu'eux : ils ne purent obtenir d'elle qu'elle ne partît pas.

» Pierre, son plus jeune frère, lui proposa de l'accompagner, et les gens du village s'étant cotisés, lui fournirent un équipement et un beau cheval noir.

» L'autorisation du roi arriva ; mais Baudricourt, brave et vaillant chevalier, eut honte de se faire le guide d'une femme et de reconnaître en elle une force qu'il n'avait pas en lui. Au moment de partir, il s'y refusa ; mais Jehan de Novelompont et Bertrand de Poulangy se chargèrent de la jeune inspirée, et leur petite troupe se mit en route au milieu des souhaits et des bénédictions de tous ceux qui avaient connu Jehanne.

» Voilà, chère et vénérée mère, la merveilleuse histoire de la jeune fille que j'ai rencontrée hier, et à laquelle je suis dévoué maintenant, car elle est sainte comme vous et belle comme Alix.

» Donnez ma lettre à notre vénérable chapelain, ma mère, afin qu'il la transcrive dans les Mémoires de notre famille. Je suis convaincu que cette vierge est bien l'envoyée de Dieu, et je veux que nos descendants sachent que j'ai été un des premiers à croire en elle.

» A l'heure où je vous écris cette lettre, elle dort tranquillement par terre dans la salle d'une chaumière, comme le plus humble de nos soldats.

» Demain, nous entrerons avec elle à Chinon, et je vous ferai part, ma bonne mère, de ce qu'ordonnera le roi. »

Le lendemain, en effet, Jehanne et ses compagnons se remirent en marche; mais, au moment du départ, Olivier voulut faire le compte de ses hommes, comme il le faisait tous les jours, pour s'assurer que personne ne manquait à l'appel.

Tristan seul n'était pas présent, lui qui, jusque-là, avait toujours été le premier prêt à partir.

On l'appela, on le chercha, mais en vain.

Olivier se mit en route cependant avec l'espérance ou que Tristan avait pris les devants, ou qu'il le rejoindrait en chemin, mais à la porte de Chinon, Tristan n'avait pas encore reparu.

XV

LE CHATEAU DE CHINON.

Je ne sais pas si de nos jours Chinon est une ville bien gaie, mais du temps que Charles VII y demeurait, c'était une ville assez triste. Ses remparts sombres et ses machines de guerre lui donnaient plutôt l'aspect d'une citadelle que d'une résidence royale; et cela devait être ainsi à une époque où le roi de France était chassé de province en province et traqué de ville en ville.

Quand Olivier et ses compagnons firent leur entrée à Chinon, la nuit s'approchait, et ils causèrent une grande rumeur. Mais lorsqu'on sut qu'ils étaient de fidèles serviteurs du dauphin, et qu'ils venaient à son secours, ce fut avec des acclamations de joie qu'on les accueillit, et ce fut à qui les logerait.

Olivier ne voulait pas quitter Jehanne. La mystérieuse fille exerçait sur lui l'influence qu'elle exerçait sur tous les cœurs enthousiastes et sur tous les esprits religieux. Puis, comme femme, elle pouvait courir des dangers au milieu de soldats brutaux, et il voulait être le plus près possible d'elle pour la défendre. Il logea donc dans la même hôtellerie que Jehanne, Jehan de Novelompont et Bertrand de Poulangy. Il ne garda avec lui que quelques hommes, et laissa les autres se disséminer, après leur avoir fait promettre de se réunir au premier signal qu'il donnerait.

Jehanne fut confiée à la femme de l'hôtelier, la dame Rabatheau, laquelle, émerveillée du récit que l'on fut bien forcé de lui faire, promit d'avoir d'elle le plus grand soin et se mit en devoir de raconter à toutes les commères de la ville l'étonnante histoire de la vierge de Domremy.

Olivier ne voulait pas perdre de temps, et il envoya dire au roi qu'il demandait à lui porter ses hommages et ses serments, en compagnie de Jehan de Novelompont et de Bertrand de Poulangy.

C'eût été une chose touchante à voir que les soins dont ces jeunes seigneurs entouraient Jehanne. Ces braves chevaliers, tout couverts de fer, hommes de guerre et de fatigue, avaient pour leur jeune compagne des prévenances presque maternelles. Ils s'inquiétèrent de sa chambre, ils la visitèrent pour s'assurer qu'elle n'avait rien à y craindre; et comme ils la savaient pieuse, ils coururent toute la maison jusqu'à ce qu'ils eussent trouvé un crucifix qu'ils vinrent accrocher à la tête de son lit.

Il fut convenu entre les gentilshommes que tout le temps que durerait le séjour de Jehanne dans la ville, chacun d'eux veillerait à son tour devant sa porte. Jehanne les remerciait avec des larmes de reconnaissance de tout le souci qu'ils prenaient d'elle.

Le messager qu'ils avaient envoyé au roi revint leur annoncer que le roi les attendait.

— Vous allez voir monseigneur le dauphin, leur dit Jehanne; essayez de le convaincre, car je crois qu'il aura grande défiance de moi. Faites que je le voie, surtout, et je réponds du reste, car j'ai à lui dire des choses que lui, Dieu et moi seuls pouvons savoir.

— Comptez sur nous, Jehanne, répondit Olivier.

Et les trois seigneurs quittèrent l'hôtellerie.

La jeune fille, après un court et frugal repas, monta dans sa chambre, et, à la lueur du foyer et d'une lampe déposée sur une table, se mit à penser profondément sans doute à son bonheur passé, auquel elle venait de dire adieu peut-être pour toujours, à sa mère qu'elle avait quittée sans l'embrasser, et qui, l'attendant le soir comme elle avait coutume de le faire, au lieu de sa fille n'avait vu venir que la lettre qui lui annonçait le départ de Jehanne, et que celle-ci lui avait fait écrire par le curé de Domremy, car, la sublime ignorante, elle ne savait pas écrire.

Pendant ce temps, Jehan, Bertrand et Olivier arrivaient au château qu'habitait le roi, espèce de forteresse carrée, triste et menaçante, flanquée d'une tour à chacun de ses angles, sentinelles de pierre qui, les yeux fixés sur l'est, l'ouest, le nord et le sud, devaient prévenir l'hôte royal de tout ce qu'elles y verraient venir.

Arrivés à la porte du château royal, ils trouvèrent sous la première voûte un jeune homme, nous devrions dire un enfant de dix-huit ans environ, aux grands yeux bleus, aux longs cheveux blonds, à la tournure élégante, à la mine éveillée et hardie.

— Messieurs, dit-il, le roi m'envoie vers vous pour que je vous conduise à lui. Veuillez me suivre.

Le jeune homme, précédé de deux valets portant des torches, fit traverser aux visiteurs la moitié d'une cour triste et solitaire, et après avoir monté un escalier de pierre froid e nu, il entra dans des chambres désertes, plongées dans l'obscurité avant qu'il y entrât, et sur les murs desquelles brillaient à la lueur des deux torches quelques armes polies et quelques rares dorures.

Les six personnages qui se rendaient chez le roi une fois passés, ces salles retombèrent dans leur silence et dans leur obscurité.

Les grandes cheminées vides et noires les glaçaient autant que le froid du dehors, qui pénétrait par les portes ouvertes et les fenêtres mal jointes. Quand on songeait que l'on était chez un roi, on ne pouvait voir pareille chose sans un grand sentiment de tristesse.

Arrivés près d'une portière à travers laquelle filtrait la lumière de la chambre sur laquelle elle se fermait, les deux valets s'arrêtèrent, et le jeune homme qui avait été chercher Olivier, Bertrand et Jehan à la porte, soulevant cette tapisserie, les fit entrer dans une salle où, entre une table garnie de deux couverts seulement et la haute cheminée où pétillait un grand feu, était assis un homme de vingt-six ans à peu près. Cet homme était vêtu d'une culotte blanche et d'un pourpoint de velours aux larges manches doublées d'hermine. Sur sa poitrine et passée à son cou, brillait une chaîne d'or et de pierreries. Il avait la tête nue, mais dans la position qu'il avait prise, on ne pouvait voir son visage. En effet, quand les trois gentilshommes entrèrent, il paraissait plongé dans une rêverie profonde, avait le coude gauche appuyé sur le bras de son large siége, la tête appuyée sur la main de ce bras, et tournant le dos à la porte par où Olivier et ses compagnons venaient d'entrer, il regardait brûler le feu et l'attisait du bout d'une mince épée.

— Le roi! Messieurs, dit le jeune introducteur en entrant et en faisant passer devant lui ceux qu'il amenait.

A ces mots, Charles VII, car c'était lui, releva la tête et montra, par ce mouvement, un visage intelligent, pensif et tin, qu'encadraient régulièrement des cheveux coupés carrément sur son front.

— Soyez les bien-venus, messieurs, dit le roi du ton d'un homme qui ne sait pas encore s'il est content ou fâché qu'on l'ait tiré de ses méditations et de sa solitude.

Ceux à qui il s'adressait s'inclinèrent, pendant que leur jeune introducteur s'approchait familièrement du feu et se chauffait.

Le roi se leva alors, et regardant avec attention les trois seigneurs qu'il avait devant lui, il leur dit d'une voix triste :

— Si vous ne saviez que vous êtes chez moi, messieurs, vous ne le devineriez point, n'est-ce pas? Ce château ressemble peu à un château royal.

— Le roi n'en est que plus grand à nos yeux, sire, répondit Olivier; et le roi n'eût-il plus qu'une ville en France, plus qu'une maison dans une ville, il aurait autour de lui assez de braves et loyaux sujets pour lui rendre un jour ce qu'il a perdu.

Jehan et Bertrand approuvèrent en s'inclinant de nouveau, ce que venait de dire Olivier.

— Et vous venez vous joindre à ces sujets-là, messire, fit le roi, et je ne l'oublierai jamais. Vous êtes le comte Olivier de Karnac?

— Oui, sire.

— Vous êtes le fils d'un fort et vaillant chevalier, Messire, et j'avais hâte de voir le fils pour le remercier des services du père. J'étais bien jeune quand le comte de Karnac fut tué, mais je me rappelle avoir entendu souvent mon père le roi Charles VI prononcer son nom avec respect. C'était un Breton, c'est tout dire; les Bretons sont de braves soldats.

— Dévoués à tout jamais, Sire, à la cause du roi de France, répondit Olivier, et les fils feront leur possible pour ne pas faire rougir leurs pères.

— Quand avez-vous quitté la Bretagne, messire?

— Il y a quinze jours à peine.

— Et qui vous a fait prendre cette résolution de venir à nous?

— N'étais-je pas en âge de porter les armes, sire, répondit Olivier, et ne devais-je pas me rendre avec bonheur à l'appel du comte de Richemont?

Le front du roi se rembrunit à ce nom; Olivier s'en aperçut et il ajouta :

— Du comte de Richemont, le plus brave et le plus dévoué de vos serviteurs, sire.

— C'est bien, messire, c'est bien, fit le roi avec une sorte d'impatience; nous connaissons la bravoure et le dévouement du connétable : dévouement si grand, continua le roi avec une sorte d'aigreur, qu'il nous sert presque malgré nous. Et vous, messieurs, reprit-il en se tournant vers les deux autres chevaliers, n'êtes-vous pas Jehan de Novelompont et Bertrand de Poulangy, deux fidèles encore!

— Oui, sire, dirent les deux chevaliers.

— Ne m'êtes-vous pas envoyés par Robert de Baudricourt?

— Par lui-même.

— Que signifie cette autorisation qu'il m'a fait demander de m'envoyer une jeune fille? quelle est cette jeune fille?

— C'est un miracle vivant, Sire.

— En vérité, fit le roi avec le ton de l'incrédulité, et vous avez amené ce miracle avec vous?

— Oui, sire.

— Ainsi vous avez foi en cette jeune fille?

— Complétement.

— Et vous l'appelez?

— Jehanne.

— Tout simplement?

— Tout simplement, sire.

— Et que promet Jehanne?

— Elle promet de faire lever le siége d'Orléans, sire, et de vous mener recevoir à Reims la couronne à laquelle vous avez droit et qui vous manque encore.

Le roi rougit légèrement.

— Ainsi, reprit-il, elle fera ce que personne n'a encore pu faire?

— Elle le promet

— Et vous croyez à cela, messieurs !

— Oui, sire, nous vous le répétons.

— Vous êtes fous, messieurs, permettez-moi de vous le dire. Comment, de nobles et preux chevaliers comme vous ont plus de confiance en une fille de dix-sept ans qu'en eux-mêmes ! Ils n'ont plus assez de leur épée il leur faut une houlette ! Que ne mettez-vous pas des jupons et des corsages de femmes au lieu de cottes de mailles et d'armures : votre costume répondrait à vos croyances.

— Si Jehanne l'ordonnait, répondit Bertrand, nous ferions ainsi.

— Vous feriez ce que bon vous semblerait, messieurs, répliqua le roi d'un ton sévère, comme moi je ferai ce que bon me semblera. Mon avis n'est pas qu'après les pertes et les dépenses que nous avons faites, je doive lever une nouvelle armée et m'exposer à de nouveaux désastres, parce qu'il plaît à une petite fille, folle peut-être, de se croire destinée à sauver la France. Comment voulez-vous, messieurs, que moi le roi, j'aille dire à mes vieux chevaliers, à Dunois, à Lahire, à Xaintrailles, à vous-mêmes : Je n'ai plus foi en votre courage, et vous allez suivre cette enfant ? C'est fou, messieurs, c'est insensé.

— C'est pour cela qu'il faudrait le faire, interrompit le jeune homme qui se chauffait, puisque jusqu'à présent ce qui est sensé n'a pas réussi.

— Tais-toi, Étienne, tais-toi, enfant, dit le roi d'une voix moitié douce moitié sévère, cela ne te regarde pas.

Étienne s'assit, et, croisant ses jambes, il se mit à regarder les dessins d'un gros volume de vénerie qui se trouvait là.

— Cependant, sire, hasarda Jehan, c'est sur votre ordre que nous nous sommes mis en route et que nous avons amené Jehanne.

— Je ne vous dis pas le contraire, messieurs, seulement j'ai réfléchi, et le royaume de France vaut bien une réflexion, je crois.

— L'ancien royaume de France, dit Étienne, peut-être, mais celui que vous avez, je doute qu'il vaille cela.

Et l'enfant mutin fit une moue de mépris tout en continuant de feuilleter son livre.

— Raison de plus pour que je ne compromette pas le peu qu'il en reste, fit le roi qui semblait avoir perdu l'habitude des irrévérencieuses interruptions d'Étienne.

— Si vous vouliez voir Jehanne, sire, vous seriez convaincu.

— Aussi ne veux-je pas la voir. Qui dit qu'elle n'est pas la créature du démon? C'est bien assez de perdre son royaume sans perdre encore son âme.

— Sire, nous croyez-vous dévoués à votre cause? demanda Novelompont.

— Oui, messieurs.

— Nous croyez-vous braves?

— Certes.

— Nous croyez-vous dignes de foi?

— Assurément.

— Eh bien! sire, voici ce que j'ai vu, de mes propres yeux vu. Lorsque Jehanne a été au moment de partir avec nous, on lui a amené le cheval dont ses compatriotes lui faisaient don, un superbe cheval noir. Jamais Jehanne n'avait monté à cheval; quand elle a voulu se mettre en selle, l'animal s'est cabré de telle sorte, que moi, qui suis bon cavalier, sire, je n'aurais pu arriver à mettre le pied dans l'étrier.

— Eh bien?

— Eh bien! elle a dit : Menez ce cheval près de cette croix (et elle montrait une croix de pierre à l'entrée du chemin), et il se laissera monter aussi facilement qu'un agneau par un enfant. On a mené le cheval où elle avait dit, et comme s'il eût été retenu par un invincible frein, il a courbé la tête et s'est laissé monter.

— Et moi, sire, ajouta Bertrand de Poulangy, j'ai assisté à un miracle non moins grand que celui que vient de raconter Jehan. A peine fûmes-nous en route, que les oiseaux des champs et des bois, qui par la neige qui était tombée, étaient privés de nourriture depuis la veille, accoururent autour de Jehanne comme pour lui demander du grain. Jehanne alors, qui en avait fait provision dans sa chaumière, jeta du chenevis et du blé autour d'elle, et pendant une demi-heure nous fûmes accompagnés d'un cortège d'oiseaux qui, s'arrêtant enfin sur un arbre de la route, chantèrent un dernier adieu à Jehanne et retournèrent au village.

— Hasard que tout cela, messieurs, fit le roi; d'ailleurs, à l'heure qu'il est, nous n'avons plus besoin ni de Jehanne ni de personne. J'ai assez de sang et de guerres autour de moi. J'ai entamé des négociations avec le roi d'Angleterre à propos de la ville d'Orléans. Je demande qu'elle soit abandonnée au duc de Bourgogne, qui y mettra un gouverneur de son choix. De cette façon, la ville sera sauvée et nous serons tranquilles. Après tout, le duc de Bourgogne n'est pas un méchant homme; il a voulu venger le meurtre de Jean-sans-Peur. C'est assez juste, à vrai dire.

— Il veut avoir Orléans maintenant, cela me paraît encore assez juste, fit Étienne avec ironie. D'ailleurs, cela plaît au La Trémouille, par conséquent cela doit plaire au roi...

— Étienne, Étienne, fit le roi avec colère, te tairas-tu? Le comte de la Trémouille est un sujet dévoué, un ami loyal, un conseiller probe. J'entends que tout le monde le respecte ici, quand ce ne serait que parce qu'il m'a été donné par le connétable de Richemont qui se connaît en probité, lui.

Cela fut dit d'un air étrange.

— Est-ce pour cela que vous ne voulez plus voir le connétable, sire? continua Étienne.

— Assez! fit Charles VII d'une voix tellement impérieuse qu'Étienne se tut cette fois.

En ce moment, deux valets soulevèrent la tapisserie et crièrent :

— Le dîner du roi!

Un troisième valet entra, tenant d'une main un plat sur lequel était un poulet, et de l'autre un plat sur lequel figurait une queue de mouton.

— Ah! le pauvre dîner! fit Étienne en considérant les deux plats et en se penchant dessus. Je serais bien étonné si demain le héraut criait du haut du perron : Le roi de France est mort d'indigestion hier.

Charles VII était devenu tout triste.

— C'est vrai, dit-il, qui croirait jamais que le roi Charles VII n'a pu inviter à dîner trois braves seigneurs qui lui faisaient visite. Vous le voyez, messieurs, voilà comment vit le roi.

— Heureusement, sire, fit Étienne en prenant place à table en face de Charles, heureusement que vous m'avez pour vous distraire et vous consoler, car sans moi je ne sais d'honneur pas ce que vous deviendriez.

— Je ne vous retiens plus, messieurs, fit le roi, allez prendre du repos et souper ; vous le pouvez, vous, et revenez me voir demain.

— Et que dirons-nous à Jehanne, sire ? demanda Olivier.

— Vous lui direz, messieurs, répondit Étienne, que l'irrésolution étant le caractère dominant du roi, il demande à réfléchir jusqu'à demain, pour savoir s'il la recevra.

— Non pas, messieurs, fit le roi d'un ton résolu, vous direz à Jehanne que je lui donnerai une escorte, et qu'elle retournera à son village quand elle sera reposée de sa route. En vérité, l'avenir rirait trop s'il savait que le roi de France a pu donner créance un instant à de pareilles folies.

Les trois jeunes gens prirent congé du roi et le quittèrent. Comme ils descendaient assez honteux du peu de succès de leur démarche, une femme s'approcha d'eux et leur dit :

— Est-ce vous, messieurs, qui avez amené à Chinon cette jeune fille de Vaucouleurs ?

— Oui, répondirent les compagnons de Jehanne.

— Le roi consent-il à la recevoir ? demanda cette femme.

— Non, et vous nous voyez tout tristes de son refus.

— Eh bien ! messieurs, veuillez me suivre chez la reine, ma maîtresse, et peut-être demain le roi aura-t-il changé de résolution, car l'avis de la reine, émerveillée des récits qu'on lui fait de Jehanne, est qu'il faut que le roi la reçoive.

— Allons, pensa Olivier, Dieu a décidé que le roi Charles VII ne serait sauvé que par les femmes.

Et les trois gentilshommes suivirent la messagère de Marie d'Anjou, la reine pieuse.

XVI

LES AMOURS

— Savez-vous, sire, dit Étienne tout en dépeçant lui-même le poulet que l'on venait d'apporter, car lorsque le roi dînait seul avec le jeune homme, il ne pouvait souffrir que les valets restassent autour de lui, ces dîners étant ses récréations; savez-vous, sire, que voilà des gentilshommes qui vont emporter de vous une bien mauvaise opinion.

— Ils vont surtout emporter de moi cette opinion qu'il faut que je sois un roi bien faible pour laisser à un enfant comme toi le droit de dire tout ce qu'il veut.

— Oh! le mal n'est pas là, sire. Si tous les rois avaient autour d'eux des enfants comme moi, tout n'en irait que mieux. Je disais donc que voilà des jeunes seigneurs qui viennent mettre leur épée, leur vie, leurs vassaux à votre service, et que vous les recevez de façon un peu leste; le premier, parce qu'il vous est envoyé par le connétable, les deux autres parce qu'ils vous amènent cette jeune fille que vous-même avez fait mander. Ils vont vous croire un roi sans reconnaissance, et c'est déjà assez d'être roi sans royaume. Que vous a fait le connétable de Richemont, je vous demande un peu?

— Il m'a été imposé par son frère, le duc de Bretagne, de l'alliance duquel j'avais besoin. En lui donnant l'épée de connétable, j'ai eu la main forcée, et les rois ne pardonnent jamais qu'on les ait contraints à quoi que ce soit, même pour leur bien.

— Mais, sire, il vous a rendu des services.
— Lesquels?
— Il a fait tuer le sire de Gyac, d'abord.

— Un homme que j'aimais.

— Et qui vous volait jusque dans votre poche.

— C'est vrai. Eh bien! admettons que je lui pardonne ce meurtre, puisqu'on assure qu'il a bien fait et que les rois ne sont pas libres d'aimer qui ils veulent; il y a autre chose.

— En effet, il a tué lui-même Camus de Beaulieu, votre second favori, qui vous volait encore plus que le premier. Ce sont là de ces services que l'on ne doit pas oublier, sire, fit Étienne en riant.

— Aussi je ne désespère pas de te voir massacrer un jour par ce tueur de favoris, toi que j'aime. Sera-ce encore un service qu'il me rendra?

— Merci de la comparaison, sire, mais je n'ai de ressemblance avec ceux que je viens de nommer que l'amitié que vous avez pour moi. Je ne vole pas les deniers de l'État et ce ne sont pas les dîners que vous me donnez qui vous ruineront.

Étienne avait dit cette dernière phrase avec une intonation si charmante et avec un geste si spirituel, que le roi ne put s'empêcher de rire.

— En effet, tu ne me ruines pas, toi; aussi, quand nous serons à Paris...

— Vous n'en prenez guère le chemin, sire.

— Que veux-tu que je fasse?

— Je veux que vous suiviez les bons conseils qu'on vous donne.

— Je suis ceux de La Trémouille.

— Et vous appelez cela suivre de bons conseils?

— N'est-ce pas ton connétable de Richemont qui l'a placé auprès de moi, et qui m'en a fait un ministre?

— Le connétable s'est trompé, mais patience.

— Que veux-tu dire?

— Je veux dire que le connétable est homme à prendre sa revanche et qu'il se pourrait bien qu'un de ces jours ce favori-là suivît les deux autres.

— Qui te fait supposer cela? dit le roi en fixant sur Étienne un regard où il y avait presque de l'espérance.

— Rien, sinon que le nombre trois plaît à Dieu.

Charles VII poussa un soupir.

— Ah! continua le jeune homme, vous aimeriez mieux une supposition plus fondée.

— Étienne!

— Oh! je lis dans votre âme ainsi que dans un livre ouvert, sire. Vous êtes jeune, vous êtes bon, mais vous êtes faible; avec le désir de faire le bien, vous laissez faire le mal, et cela pour avoir la paix, dites-vous. Si vous saviez à quel prix vous l'achetez, sire, vous aimeriez mieux la lutte et l'insomnie.

— Quel âge as-tu? Étienne.

— J'ai dix-huit ans, sire, vous le savez.

— Tu as donc, en moyenne, une quarantaine d'années à vivre encore?

— Pourquoi me dites-vous cela? monseigneur.

— Parce que cela m'attriste de voir un enfant de ton âge faire de la morale comme un vieillard. Que feras-tu donc quand tu auras cinquante ans? Garde cela pour plus tard, et parle maintenant d'amour et de tournois. Chaque chose en son temps. Allons, ouvre ce bahut, prends-y un flacon de vin de Chypre, verse-nous en à chacun plein notre coupe, buvons-le et parlons d'autre chose.

— Oh! je sais bien de quoi vous voulez parler, sire, fit Étienne en obéissant au roi et en versant dans les deux coupes une liqueur semblable à la topaze.

— Alors, si tu le sais, mauvais ami, pourquoi n'en parles-tu pas?

— Parce que je croyais qu'à cette heure il devait être question de choses plus sérieuses, monseigneur.

— Eh quoi de plus sérieux que l'amour, enfant? Si tu savais, je te dis cela à toi parce que tu es le seul être devant lequel j'ouvre librement mon cœur; si tu savais comme tout me paraît peu de chose à côté de cela. Certes, la gloire est belle; je comprends qu'on ait l'orgueil de vouloir soumettre des peuples, de faire répéter son nom par les échos de tous les rivages, et de s'appeler Annibal, César, Charlemagne ou saint

Louis ; mais que veux-tu, enfant, je trouve tout autre nom aussi beau quand il est prononcé par deux lèvres aimées, tout autre homme aussi roi quand il est au bras de la femme qu'il aime; car l'amour, c'est le royaume sans limites, c'est la couronne sans épines, c'est le rêve sans fin. Un jour, nous ne serons plus qu'une bien vile poussière et nous ne ferons plus au fond de nos tombes qu'une bien ridicule grimace, quoi que nous ayons été. N'usons donc pas en vaines ambitions les belles années de notre vie; au lieu d'arroser de sang notre royal chemin, couvrons-le de fleurs : cela fait moins de mal et c'est aussi beau. De là vient mon indifférence pour toutes ces choses qui m'entourent. Ils veulent mon royaume, qu'ils le prennent, qu'ils se le partagent; que m'importe ! Agnès m'aime, mon royaume est là-dedans. On me croit faible, indolent, sans énergie : on se trompe, Étienne. Si demain Agnès ne m'aimait plus, je conquerrais le monde pour regagner son amour; mais elle m'aime comme je suis; à quoi bon le reste? Que Dieu nous laisse un coin de terre assez grand pour que nous y soyons à côté l'un de l'autre, voilà tout ce que je lui demande.

En écoutant le roi, Étienne était devenu tout rêveur.

— Je t'ai fait de la peine? lui dit Charles.

— Non, sire. Vous savez que depuis longtemps j'ai imposé silence à mon cœur.

— Pardonne-moi, j'oublie toujours que tu as aimé Agnès.

— Et que je l'aimerai toujours, monseigneur. Pouvez-vous me faire un crime de ressentir ce que vous ressentez vous-même? D'ailleurs, j'aime madame Agnès pour elle et non pour moi. Madame Agnès ne m'aime pas autrement que comme un enfant qui a été élevé auprès d'elle, autrement que comme un ami des premières années. Pouvait-elle m'aimer d'une autre façon? Non. Au lieu de m'ensevelir dans ma douleur quand j'ai vu qu'elle vous aimait, Sire, j'ai voulu que mon amour lui servît à quelque chose et que le vôtre me donnât au moins une compensation. Je me suis fait votre messager et votre confident. Je la vois sourire quand elle lit vos lettres, je vous vois heureux quand vous lisez les siennes, quand vous me parlez d'elle, il me semble que j'entends parler mon propre cœur. Vous la voyez comme je la vois, sire; vous la comprenez, vous êtes digne d'elle : aussi mon amour pour elle est-il devenu du dévouement pour vous. Puis, si je n'ai pas la réalité, n'ai-je pas le rêve dont vous-même, sire, n'avez pas le droit d'être jaloux? Quand je suis seul, j'évoque son image et je lui fais des vers, que vous lui donnez quelquefois comme étant de vous. Une fois, vous avez laissé tomber une fleur qui venait d'elle. Je l'ai ramassée et l'ai gardée précieusement; comme un parasite, mon cœur vit des miettes du vôtre. N'ai-je pas bien fait de vous avouer tout cela, sire? D'abord, j'ai dû à cet aveu votre amitié pour moi, car votre âme comprend toutes les délicatesses; puis le droit de parler d'elle et le bonheur de l'entendre louer. Aimez madame Agnès, monseigneur, aimez-la comme elle vous aime; car si vous ne l'aimiez plus, elle vous aimant encore, j'en mourrais de chagrin.

Le roi sentait venir les larmes dans ses yeux en entendant peut-être pour la vingtième fois la naïve confidence de cet amour qui, sans égoïsme et sans jalousie, s'était fait si fidèlement l'esclave du sien. Aussi aimait-il Étienne comme il eût aimé son enfant, et avait-il en lui une confiance illimitée.

— Eh bien! Étienne, nous verrons Agnès ce soir, lui dit le roi.

— Vous allez la voir, monseigneur?

— Oui.

— Et vous m'emmenez avec vous?

— Si tu le veux.

— Si je le veux! je le crois bien, sire, s'écria Étienne avec une joie d'enfant.

— Mais je fais une réflexion.

— Laquelle? sire.

— Si un jour Agnès allait t'aimer.

— Moi?

— Tu es jeune, tu es beau, tu es amoureux, ces choses-là, les femmes les voient et les devinent, et une couronne est bien peu de chose dans le plateau de leur amour. Si Agnès allait t'aimer !

— Ah ! monseigneur, ce serait bien mal à elle, répondit sérieusement Étienne.

— Mais que ferais-tu, toi, si cela arrivait ?

— Je partirais, sire, pour la punir et vous venger.

— Viens que je t'embrasse, fit Charles avec expansion, car il n'y a pas de plus noble cœur que le tien.

En ce moment un valet entra.

— Que me veut-on ? demanda le roi.

— Sire, répondit cet homme, la reine vous fait demander un moment d'entretien, et si elle doit se rendre dans votre appartement ou vous attendre dans le sien.

— Dites à la reine que je descends auprès d'elle.

Le valet s'éloigna.

— Va trouver Agnès, Étienne, dit le roi au jeune page, et dis-lui que je te suis. C'est un quart d'heure de tête-à-tête que je t'accorde. Tu vois que je suis un bon prince.

— Je vous obéis, sire, fit le jeune homme, et s'enveloppant de son manteau, il disparut.

Alors le roi, pour lequel tout dérangement imprévu était ennui, fatigue même, quitta la chambre où il était et se rendit chez la reine, l'air d'autant plus maussade qu'elle l'avait fait demander juste au moment où il allait quitter le château pour aller voir Agnès

Il entra donc chez Marie d'Anjou avec la ferme résolution de n'avoir qu'un très-court entretien avec elle.

La reine était seule.

En voyant entrer le roi, elle se leva.

Marie d'Anjou, qui à cette époque pouvait avoir vingt-quatre ans environ, était dans tout l'éclat de sa sévère beauté.

— Pardonnez-moi, monseigneur, si malgré le désir que vous aviez exprimé de rester seul ce soir, j'ai voulu vous parler; mais outre que ce que j'ai à vous dire est de la plus grande importance, je ne vous retiendrai pas longtemps.

— Parlez, madame, répondit Charles en s'asseyant et en faisant signe à la reine de s'asseoir.

— Trois gentilshommes sont venus au château ce soir ? fit Marie.

— Cela est vrai.

— Deux d'entre eux venaient vous demander la permission de vous présenter une jeune fille qu'on nomme Jehanne d'Arc.

— En effet.

— Et vous avez refusé de la voir ?

— Oui.

— J'ai su cela, monseigneur, et l'on raconte des choses si merveilleuses sur cette jeune fille, que j'ai fait prier ces gentilshommes d'entrer chez moi, et je leur ai demandé des détails sur cette miraculeuse histoire. Ils me les ont donnés, et ma conviction est que cette jeune fille est bien réellement l'envoyée de Dieu et la vierge de la prophétie; car vous savez, monseigneur, qu'il y a une prophétie qui dit que la France sera sauvée par une vierge.

— Je le sais.

— J'ai donc promis à ces jeunes seigneurs d'avoir un entretien avec vous, sire, et d'employer toute mon influence à vous faire revenir sur votre décision.

— Malheureusement, cette décision est irrévocable, madame.

— Et pourquoi, monseigneur ?

— Parce que, comme je l'ai dit aux seigneurs que vous avez vus, et comme ils ont pu vous le répéter, ma conviction est toute contraire à la vôtre, et que je ne puis, moi, homme et roi, imposer à une armée de braves gens et de vaillants soldats une fille de campagne qui se dit inspirée.

— Ainsi, Jehanne !...

— Repartira demain.

— Irrévocablement ?

— Irrévocablement, madame.

— C'est bien, monseigneur, voilà tout ce que j'avais à vous dire, et vous pouvez vous retirer.

Charles prit la main de la reine et la baisa

— Vous ne m'en voulez pas, madame, lui dit-il, si je vous refuse ce que vous me demandez?

— Non, monseigneur, mais j'espère que vous changez d'avis avant demain, et que la nuit vous portera conseil.

— J'en doute, madame.

— Qui sait? dit la reine.

Le roi prit congé de Marie d'Anjou et remonta dans son appartement pour y prendre son manteau, car, outre qu'il faisait froid dehors, il ne voulait pas qu'on le reconnût quand il sortirait.

Mais avant même qu'il eût monté l'escalier qui séparait de l'appartement de la reine l'appartement où il se rendait, Marie d'Anjou s'était enveloppée d'une large mante noire qui lui couvrait presque entièrement le visage; elle avait quitté sa chambre, gagné la cour, quitté le château, et disparu à gauche dans l'obscurité d'une rue étroite, suivant le même chemin qu'avait suivi Étienne quelques minutes auparavant.

Enfin elle arriva à une petite maison dont le pignon élégant se dentelait dans l'ombre; et dont une seule des croisées était éclairée.

— C'est bien là, murmura Marie d'Anjou, et soulevant le marteau de la porte, elle frappa.

Une femme vint ouvrir.

— Qui demandez-vous? demanda cette femme.

— La demoiselle Agnès Sorel.

— C'est bien ici.

— Il faut que je lui parle, mais à elle seule.

— Quel est votre nom, madame?

La reine souleva sa mante.

— La reine! s'écria la vieille femme.

— Silence, fit Marie d'Anjou, et que nul ne sache que je suis ici excepté madame Agnès.

— Jésus Maria! marmotta la vieille femme en introduisant la reine dans une salle basse somptueusement ornée; la reine chez ma maîtresse! Qu'est-ce que cela veut dire et que va-t-il se passer?

XVII

AGNÈS ET MARIE

Il y avait quelques instants que la reine attendait dans la chambre où l'avait fait entrer une des suivantes d'Agnès, lorsque celle-ci entra. Marie d'Anjou était à ce point plongée dans ses réflexions, qu'elle n'entendit pas ouvrir la porte, et qu'elle tressaillit lorsqu'à côté d'elle une voix lui dit humblement :

— Me voici, madame.

Alors la reine retourna la tête, et vit agenouillée à ses pieds cette divine créature que l'on nommait la Dame de beauté. Le temps qu'Agnès avait fait attendre la reine, elle l'avait employé à dépouiller les colliers et les pierreries dont elle avait coutume de se parer quand le roi devait la venir voir, parce qu'elle savait combien le roi tenait à ce luxe, qu'il appelait le cadre de sa beauté. Agnès était une femme de trop d'esprit, de trop de goût, de trop de cœur pour vouloir paraître ainsi parée devant Marie d'Anjou, dont la modestie était devenue proverbiale.

La reine ne put s'empêcher de considérer quelques instants le gracieux visage qu'elle avait devant elle, ces beaux cheveux auxquels se mêlaient les perles, ces grands yeux, baissés en ce moment, et dont les longs cils jetaient une ombre douce sur le teint rose des joues; ce nez droit comme la ligne grecque, et cette bouche dont les dents étaient plus blanches que les perles qui s'enroulaient dans sa chevelure.

— Relevez-vous, Agnès, dit la reine à la jeune fille; asseyez-vous auprès de moi et causons. Quand nous sommes ensemble, c'est vous la reine; et la preuve, c'est que je viens vous adresser une requête.

— Que veut dire votre altesse?

— Écoutez, Agnès, je crois que la femme d'un roi, et surtout d'un roi comme Charles VII, a reçu du ciel une mission difficile, mais qu'elle peut faire sublime si elle la comprend bien. Une reine n'est plus une femme. Si elle est jeune, si elle est belle, si elle aime, jeunesse, amour, beauté, il faut qu'elle arrache tout au plus profond de son cœur, et qu'elle lasse à sa couronne le sacrifice de toutes ses impressions; c'est ce que j'ai fait. Mais, d'un autre côté, Dieu lui donne un devoir à remplir, et ce devoir compense pour elle ce qu'elle a perdu. Il faut qu'elle soit la protectrice du peuple et la conseillère de son royal époux. Il faut que son influence apparaisse au milieu des arides questions de la politique et des lois, afin que quelque chose de doux s'y mêle et en ressorte; il faut enfin que l'amour des sujets remplace pour elle l'amour du prince, quand cet amour lui échappe. C'est ce que j'ai essayé de faire, Agnès.

— Et vous avez réussi, madame, s'écria la jeune fille, car on vous aime et l'on vous respecte comme une sainte.

— Comme je vous le disais, Agnès, reprit Marie d'Anjou, quelquefois l'amour du roi manque à la reine, et elle voit son époux porter à une autre femme le trésor de ses affections et de sa confiance.

Agnès baissa les yeux à ce mot, et une rougeur ardente couvrit ses joues. La reine le remarqua, et elle se hâta d'ajouter:

— Non-seulement je comprends cet abandon, mais je l'excuse. Il y a dans la royauté un côté sérieux et grave qui éloigne l'amour. La reine n'en souffre pas moins, et il y a pour elle, sachez-le bien, Agnès, des heures longues et douloureuses. Elle ne peut faire à personne la confidence de sa peine. Elle doit puiser sa force en elle-même, et son cœur s'use vite à cette épreuve. Une consolation lui reste encore cependant, c'est lorsque son époux va porter son amour à une femme digne de le faire naître et de le ressentir. Tout n'est pas perdu pour la reine alors, et si elle comprend sa mission, c'est là qu'elle le prouve. Il lui faut seulement avoir assez d'empire sur elle-même pour pardonner à la femme qui la fait souffr pour venir à elle, et pour lui dire: Faisons à nous deux le bien que je ne peux faire seule.

— En effet, madame! s'écria Agnès avec des larmes de reconnaissance dans les yeux, car le bien qu'on fait excuse beaucoup de choses, n'est-ce pas?

— Le roi vous aime. Femme, je vous haïrais peut-être; reine, je viens tout simplement vous dire: Agnès, sauvons le roi!

— Oh! madame! fit la jeune fille en tombant à genoux de nouveau et en couvrant de baisers et de larmes les mains de la reine, vous me faites bien heureuse et bien malheureuse à la fois. Votre générosité est si grande et si noble, que j'ai l'âme pleine de joie et de honte.

— Relevez-vous, Agnès, votre cœur est bon, et si vous m'avez fait du mal, vous me l'avez fait sans le vouloir. Je n'ai pas attendu jusqu'aujourd'hui pour vous pardonner comme chrétienne d'abord, comme femme ensuite. Le roi vous aime, je vous le répète, et je comprends cet amour; vous êtes plus belle que moi et vous n'êtes pas la reine. Il faut que cet amour lui serve, il faut que là où il venait chercher le plaisir, il trouve le bien. Vous avez sur l'esprit du roi une influence très-grande, usez-en pour son bonheur et pour le bonheur de la France.

— Ordonnez, madame, et ce qu'il faudra faire, je le ferai, dussé-je dès ce soir me séparer du monde et m'enfermer dans un couvent.

— Vous savez, Agnès, dans quel état est la France

— Oui, madame, hélas!

— Vous savez avec quelle indifférence le roi voit prendre par les Anglais notre beau pays, à ce point que La Hire lui disait l'autre jour, avec sa rude franchise: Sire, on ne perd pas plus gaiement son royaume.

— Je le sais, madame.

— Vous n'êtes pas une des moindres causes de cette indifférence, Agnès. Qu'importe à un roi aimé de vous, une province de plus ou de moins! Toute à votre amour, vous n'avez pu jusqu'à présent donner au roi les conseils qu'il n'écouterait cependant que de vous. Votre esprit, développé par l'étude, n'est pas encore mûri par l'expérience. Cela tient à votre âge, au bonheur qui vous sourit encore, à l'amour que vous éprouvez, et dans lequel il n'y a ni ambition ni orgueil, car vous aimez le roi, je le crois, comme vous aimeriez le plus humble écolier de son royaume. Eh bien! Agnès, il faut que vous m'aidiez dans les efforts que je tente, car mon amour à moi est plein d'orgueil et d'ambition pour Charles. Il faut qu'il reconquière son royaume, il faut qu'il chasse les Anglais, il faut qu'il soit roi enfin, roi de la France de Charlemagne et de saint Louis.

— Et vous croyez, madame, que moi je puis faire cela?
— Peut-être.

Agnès secoua la tête en signe de doute.

— Vous voulez dire que le roi est trop faible, n'est-ce pas, pour entreprendre cette lutte. Je désespérerais de lui s'il n'aimait pas, mais il vous aime, et l'amour rend capable des plus grandes choses. La Providence, quand elle veut sauver un homme, se sert de tous les moyens, et elle peut bien faire pour un royaume ce qu'elle ferait pour un homme. Or, Dieu ne veut pas que la France de Louis IX, le saint conquérant, le royal martyr, soit aux Anglais, Dieu pour cela dût-il faire un miracle, et ou je me trompe fort, ou il en fera un.

— Que dites-vous, madame?
— La vérité. Ecoutez-moi. Dieu, voyant que le courage désertait les plus grands, l'a donné aux plus petits; voyant le roi sans énergie, il a donné l'énergie à une femme, à l'une des plus humbles personnes du royaume, comme il a donné sa science autrefois au plus humble enfant de Bethléem. Une jeune fille, une bergère de dix-sept ans, ne sachant ni lire ni écrire, se dit envoyée par Dieu pour chasser les Anglais et rendre le royaume au roi.

— Et cette jeune fille?
— Est à Chinon. Seulement le roi, qui l'avait fait demander ne veut plus la voir maintenant, et il a donné l'ordre qu'elle parte demain. Si cet enfant part, la France est perdue.

— Qui vous fait croire cela, madame?

— Je prie Dieu tous les jours, Agnès, c'est Dieu qui me l'a dit. J'ai demandé au roi de ne pas laisser partir Jehanne, il m'a refusé ce que je lui demandais; alors je suis venue à vous, pour que vous obteniez ce qu'il me refuse. Charles VII est un de ces rois que Dieu fait grands malgré eux. Les passions d'un prince peuvent parfois lui être plus utiles que ses vertus. Il s'agit seulement de les utiliser. Le roi doit venir vous voir ce soir.

Agnès hésita et baissa les yeux.

— Voyons, Agnès, est-ce que je ne mérite pas que vous soyez franche avec moi?

— Oui, madame, j'attends le roi.

— Eh bien! il faut que le premier ordre qu'il donnera en rentrant au château soit l'ordre qu'on lui ramène Jehanne.

— Il donnera cet ordre, madame.

— Oh! fit la reine en se levant, si le roi m'aimait comme il vous aime, que de grandes choses je lui ferais faire!

En ce moment on frappa à la porte de la rue.

— C'est lui, n'est-ce pas? fit la reine d'une voix émue.

— Oui, madame, répondit Agnès en baissant la tête et en baisant les mains de Marie d'Anjou.

— Allons, Agnès, continua la reine avec effort, souvenez-vous de votre promesse et allez recevoir le roi. Je vais attendre ici qu'il soit entré, car je ne veux pas qu'il me voie ni même qu'il soupçonne ma visite.

— Dites-moi encore que vous me pardonnez, madame, fit Agnès avec un regard suppliant.

— Oui, mon enfant, je vous pardonne et de grand cœur.

On frappa de nouveau.

— Allez, dit une seconde fois la reine à Agnès, qui quitta cette chambre et alla elle-même ouvrir la porte au roi, comme cela était son habitude.

— J'ai heurté deux fois, dit Charles en entrant; ne m'attendais-tu pas, Agnès?

— Si, monseigneur.

— Étienne est venu t'annoncer ma visite?

— Étienne est là, sire.

— Marie d'Anjou, dont l'oreille était collée à la porte, car en ce moment la femme dominait la reine, entendit Agnès et Charles passer à quelques pieds d'elle, et il lui sembla que le bruit d'un baiser arrivait jusqu'à son cœur et le brisait. Lorsqu'elle n'entendit plus rien, tremblante et pâle, elle ouvrit la porte de la salle où elle était et elle quitta la maison.

Quelques minutes après, elle était de retour au château.

— Eh bien, Étienne, que disais-tu à Agnès? fit le roi en entrant dans la salle où se trouvait le jeune page. Lui disais-tu que nous avions parlé d'elle et que je l'aime à en devenir fou?

— Non, monseigneur, je ne disais rien à madame Agnès, répondit Étienne, attendu que madame Agnès m'a laissé seul à peu près depuis que je suis ici.

— C'est vrai, Agnès? demanda le roi.

— Oui, monseigneur.

— Et que faisais-tu donc pendant ce temps? et en disant cela le roi se couchait aux pieds de la jeune fille.

— Vous vous rappelez, monseigneur, répondit Agnès, que je vous ai dit une fois combien j'ai confiance dans les astrologues et magiciens.

— Oui.

— Vous savez que cette confiance est légitime, puisque l'un d'eux m'a prédit, lorsque j'étais encore enfant, que je serais aimée du roi de France, et qu'il n'y a qu'un instant vous disiez, sire, que vous m'aimiez.

— Eh bien?

— Eh bien sire, il y avait tout à l'heure ici un astrologue.

— Et que t'a-t-il promis, celui-là?

— Rien pour moi, sire, beaucoup pour vous.

— Pouvait-il promettre plus que ce que j'ai? Est-il une seconde Agnès au monde?

— Il m'a promis, sire, qu'un jour vous seriez un grand ro si vous vouliez suivre mes conseils.

— Ah! vraiment! Et quel conseil as-tu à me donner?

— Un seul.

— Parle.

— Vous m'obéirez ?

— Tu le demandes !

— Eh bien ! sire, il faut que vous receviez et que vous entendiez une certaine enfant qu'on appelle Jehanne, je crois, et qui vient de bien loin pour vous servir.

— Toi aussi tu te mets du côté de cette pauvre fille ?

— Oui, sire.

— Tu le veux absolument ?

— Je le veux.

— Tu entends, Étienne, Agnès le veut. Va-t-en donc dire à messire Jehan de Novelompont et à messire Bertrand de Poulangy qu'ils peuvent se tenir prêts à m'amener Jehanne demain au soir. Es-tu contente, Agnès ?

— Oui, sire, plus que je ne saurais le dire, et plus que vous ne pouvez le soupçonner. Puis elle ajouta tout bas en se parlant à elle-même :

— Son altesse la reine avait raison, la faiblesse d'un roi peut être une vertu.

Étienne arriva à l'hôtellerie où étaient Jehanne et ses compagnons.

Olivier, Bertrand, Jehan et Jehanne étaient réunis dans la même salle et racontaient à la jeune fille leur entrevue avec le roi et l'opiniâtreté qu'il mettait à refuser de la voir.

— Avant demain il se repentira, disait Jehanne avec cette confiance merveilleuse qui ne l'abandonnait jamais, et il enverra chercher celle qu'il a repoussée aujourd'hui. Il faudra bien que le roi veuille, puisque Dieu veut.

Comme elle parlait ainsi, Étienne arrivait.

Avant qu'il eût dit une parole et que l'on eût pu savoir ce qu'il venait faire à l'hôtellerie de maître Rabatheau, Jehanne se leva et marchant au-devant de lui :

— Soyez le bienvenu, messire, lui dit-elle, vous que m'envoie monseigneur le dauphin.

Étienne regarda Jehanne d'un air étonné.

— Comment savez-vous, Jehanne, lui dit-il, que le roi m'envoie à vous ? Je ne vous ai pas encore parlé.

— Mes voix ne me trompent jamais, répondit Jehanne, et

je vous entendais de loin venir, porteur de cet heureux message.

— Ainsi, ce que dit Jehanne est vrai? demanda Olivier.

— Le roi consent à la recevoir? demanda la dame Rabatheau, qui avait introduit Étienne et qui était restée à écouter ce qu'il allait dire.

— Oui, messieurs, répondit Étienne, le roi vous recevra demain soir, et Jehanne avec vous.

— Quel bonheur pour notre maison! s'écria la dame Rabatheau, et elle courut porter à son mari cette heureuse nouvelle, pendant que Jehanne remerciait Dieu.

XVIII

UN MIRACLE

Le lendemain, le roi réunit tous ceux de la cour pour qu'ils eussent à se trouver le soir auprès de lui et à entendre Jehanne.

C'étaient La Trémouille, Charles de Bourbon, le comte de Vendôme, l'archevêque de Reims, Lahire, Xaintrailles, le frère Séguin, un des plus grands théologiens de l'époque, avec lequel Charles VII discutait souvent, et d'autres chevaliers et d'autres moines encore, plus savants et plus braves les uns que les autres.

— Vous voyez, madame, fit le roi en s'adressant à Marie d'Anjou, que la nuit a porté conseil et que j'ai fini par faire ce que vous demandiez.

La reine remercia Charles comme s'il elle eût ignoré la véritable cause de ses réflexions, et elle parut s'en attribuer tout le mérite.

— Sire, dit alors l'archevêque de Reims, il ne faut pas en cette occasion agir légèrement, et mon avis est qu'il fau questionner Jehanne de façon à la troubler et à lui faire avouer sa sorcellerie, si elle n'est pas, comme elle le dit, l'envoyée du Seigneur. Si elle répond à toutes nos questions, la victoire n'en sera que plus complète et la vérité que plus évidente. Que pense de cela Votre Altesse?

— Que vous ferez bien de faire ainsi, répondit Charles VII; puis se tournant vers le comte de Vendôme :

— Messire, lui dit-il, vous irez ce soir chercher vous-même Jehanne et l'amènerez ainsi que messire Olivier de Karnac, messire Jehan de Novelompont et messire Bertrand de Poulangy, qui l'accompagnent.

Le soir, quand tout le monde fut réuni et que le comte de Vendôme eut quitté la salle pour aller chercher Jehanne, La Trémouille dit au roi :

— Sire, il y aurait un moyen d'éprouver tout de suite s'il est vrai que cette fille ait le don de la divination.

— Quel moyen? demanda Charles VII.

— Que Votre Altesse se confonde avec les autres seigneurs, et qu'elle fasse asseoir sur son trône un de ses chevaliers.

— Vous peut-être, messire de La Trémouille? dit Étienne, qui se trouvait comme toujours à côté de Charles. Je ne sais pas pourquoi j'ai cette idée, que vous seriez content de vous asseoir sur le trône du roi.

La Trémouille ne répondit rien à cette raillerie du jeune homme, raillerie que le roi accueillit avec un sourire.

— En effet, reprit Charles, le moyen est bon, et la science de Jehanne n'en ressortira que mieux puisqu'elle ne m'a jamais vu, et que, pour venir à moi, elle sera forcée de me deviner. Ce sera donc vous, Messire, continua le roi en se tournant vers un des jeunes seigneurs de sa cour, qui vous mettrez à ma place; car vous êtes du même âge de moi, et vous êtes plus richement vêtu que je ne l'ai jamais été.

— Je suis aux ordres de Votre Altesse, répondit le jeune homme.

— Eh bien! prenez place tout de suite sur ce trône, et moi je vais me mêler à vous, messieurs.

A peine la substitution était-elle faite que la porte s'ouvrit et que Jehanne parut.

Un grand silence accueillit son entrée; mais la jeune fille ne se déconcerta point au milieu de toute cette noblesse qu'elle voyait pour la première fois, et après s'être inclinée avec toutes les marques du respect, elle marcha droit dans la direction de Charles VII.

Chacun s'écartait pour lui faire place, et elle arriva ainsi près du roi. Alors s'agenouillant devant lui :

— Dieu, lui dit-elle, vous donne bonne et longue vie, noble et gentil dauphin.

— Vous vous trompez, Jehanne, répondit le roi avec une émotion qu'il ne pouvait cacher, car l'épreuve était incontestable et la vérité resplendissait, ce n'est pas moi qui suis le roi, mais bien celui qui est assis sur le trône.

— Ah! ne cherchez point à me tromper, répondit Jehanne, car c'est bien vous qui êtes le dauphin et non un autre.

Alors un murmure d'étonnement et d'admiration courut dans l'assemblée.

— Gentil dauphin, reprit Jehanne, pourquoi ne me voulez-vous point croire? Je vous dis, monseigneur, et vous pouvez faire foi en mes paroles, que Dieu a pitié de vous, de votre royaume et de votre peuple, car saint Louis et Charlemagne sont à genoux devant lui, faisant prières pour Votre Altesse. D'ailleurs, je vous dirai, s'il vous plaît, telle chose qui vous prouvera bien que vous devez me croire.

— Et que me direz-vous, Jehanne? demanda le roi avec un reste d'incrédulité.

— Ce que j'ai à vous dire, monseigneur, répliqua la jeune fille, je ne puis le dire qu'à vous seul, car ce sont des choses si intimes que vous rougiriez de les entendre devant tous ces seigneurs qui nous écoutent. Veuillez passer avec moi dans votre oratoire et je vous le dirai.

Charles VII obéit et emmena Jehanne dans un oratoire qui se trouvait à côté de la salle où l'on était réuni.

— Eh bien! Jehanne, nous sommes seuls, fit le roi; parlez.

— Je le veux bien, monseigneur; mais lorsque je vous aurai dit des choses si secrètes qu'il n'y a que vous et Dieu qui puissiez les savoir, croirez-vous en moi? Croiriez-vous que je sois l'envoyée de Dieu?

— Oui.

— Et vous me jurez, monseigneur, de faire ensuite tout ce que je vous dirai de faire?

— Oui, Jehanne. Seulement, ajouta le roi, il faudra que vous répondiez aux prêtres qui sont là et qui veulent vous interroger, ce que je leur ai promis de leur laisser faire.

— Soyez tranquille, monseigneur, je leur répondrai, et ils croiront. Mais c'est votre foi qu'il me faut, parce que c'est vous que Dieu m'a dit de convaincre.

— Eh bien! parlez, Jehanne, et je croirai si ce que vous me dites est vrai.

— Monseigneur, fit la jeune fille en regardant fixement le roi, le jour de la Toussaint dernière, vous souvenez-vous vous être enfermé dans votre oratoire?

— Oui.

— Et avoir adressé à Dieu, non pas une prière ordinaire, mais une prière qui ne concernait que vous?

— En effet, répondit Charles, et vous pouvez me dire les mots de cette prière?

— Et je le ferai volontiers, mais quand vous m'aurez dit si vous avez révélé cette prière à quelqu'un.

— Je ne l'ai dite à personne qu'à Dieu.

— Il n'y a donc que Dieu qui ait pu me la dire. Eh bien! monseigneur, une pensée vous préoccupe continuellement, et cette pensée la voici : Vos ennemis disent que vous n'êtes pas le fils légitime du roi Charles VI, et vous en êtes arrivé, monseigneur, à en douter vous-même; car, malheureusement, Dieu s'était retiré de la reine Isabelle, votre mère, et elle a oublié parfois la fidélité due à l'époux.

— C'est vrai, Jehanne, dit le roi en pâlissant, continuez.

— Eh bien! monseigneur, le jour de la Toussaint dernière, vous vous êtes agenouillé là où nous sommes, et vous avez adressé à Dieu ces trois requêtes :

« Seigneur, s'il est vrai que je ne sois pas le véritable héritier du royaume de France, ôtez-moi le courage de poursuivre cette guerre qui coûte tant d'or et de sang à mon pauvre royaume.

» Seigneur, si le terrible fléau qui s'appesantit sur la France procède de mes péchés, je vous supplie de relever mon pauvre peuple d'une faute qui n'est pas la sienne, et d'en faire retomber sur ma tête tout le châtiment, ce châtiment fût-il une pénitence éternelle ou même la mort.

» Seigneur, si au contraire le péché vient de mon peuple, je vous supplie d'avoir pitié de lui, et de le recevoir dans votre miséricorde, afin que le royaume sorte enfin des calamités où il est plongé depuis douze ans. »

— Tout cela est vrai, murmura le roi en regardant Jehanne avec étonnement, presque avec effroi.

— Aussi, continua la jeune fille, Dieu, qui a entendu votre prière, l'a exaucée comme étant le vœu d'un cœur chrétien et d'un grand prince, et il m'a envoyée vers vous pour vous dire : Soyez sans crainte, monseigneur, et reprenez hardiment courage, car vous êtes bien l'héritier du roi Charles VI. Maintenant, monseigneur, rentrons dans la salle que nous venons de quitter, afin que tout le monde soit convaincu comme vous l'êtes.

Le roi et Jehanne rentrèrent dans la salle où la cour était réunie. Tous les yeux se tournèrent vers Charles, et chacun put voir, à la pâleur de son visage et à l'émotion de toute sa personne, que ce que venait de lui dire la jeune fille avait fait une profonde impression sur lui.

— Messieurs, dit le roi, il y a dans ce qui arrive un miracle évident. Cette jeune fille est bien réellement l'envoyée de Dieu.

Et, s'adressant à l'archevêque de Reims et à ses conseillers, il leur dit :

— Interrogez-la messieurs, et la vérité se fera pour vous comme pour moi.

L'archevêque questionna alors Jehanne sur son enfance, sur son pays, sur ses visions ; puis il lui dit :

— Vous nous avez promis, Jehanne de nous faire connaître la vérité de votre mission par un signe irrécusable. Quel est

9.

ce signe? Nous attendons qu'il se manifeste, et s'il est tel que vous nous le dites, nous sommes prêts à croire que vous êtes la véritable envoyée de Dieu.

— Agenouillez-vous tous, alors, fit Jehanne, et mettez-vous en prière comme moi.

Chacun s'agenouilla comme elle le voulait et elle dit d'une voix pleine de douceur et de foi, en joignant pieusement les mains :

— Mon très-doux Seigneur, je vous requiers en l'honneur de votre sainte passion, de permettre que le bienheureux archange Michel et les bienheureuses sainte Catherine et sainte Marguerite se manifestent à votre humble servante, s'il est toujours en votre intention que ce soit moi, pauvre fille, qui vienne en aide en votre nom au royaume de France.

A peine Jehanne eut-elle parlé, que le nuage s'abaissa, et que s'entr'ouvrant il laissa voir non-seulement ceux que la jeune fille venait d'invoquer, mais encore une foule d'autres anges qui battaient des ailes et chantaient les louanges du Seigneur.

— Bienheureux saint Michel, dit alors Jehanne baissant les yeux devant cette splendeur céleste, je vous ai appelé pour que vous donniez le signe à l'aide duquel je dois me faire reconnaître pour la véritable envoyée du Seigneur.

— Tu as foi en nous, Jehanne, dit la voix, et nous tiendrons la promesse que nous t'avons faite.

A ces mots, saint Michel fit un geste, et un ange, se détachant du chœur céleste, descendit en tenant à la main une couronne si resplendissante qu'à peine si des yeux humains en pouvaient supporter l'éclat.

— Voilà le signe promis, Jehanne, dit la voix : et quand les plus incrédules l'auront vu, à l'instant même ils cesseront de douter.

— Ainsi soit-il, dit Jehanne.

Alors le nuage se referma et remonta au ciel; mais l'ange qui portait la couronne resta sur la terre, et s'avançant vers le roi Charles VII, qui le voyant venir, se releva plein de surprise, il lui dit :

— Sire, je viens vous annoncer que vous êtes en la grâce du Seigneur, qui vous envoie cette jeune fille pour la délivrance du royaume. Mettez-la donc hardiment à la besogne en lui donnant des gens d'armes en aussi grande quantité que vous en pourrez réunir; et en preuve qu'elle doit vous faire sacrer à Reims, voici la couronne céleste que le Seigneur notre Dieu vous envoie. Ne doutez donc plus, car douter encore ce serait offenser le Seigneur.

L'ange déposa la couronne devant le roi, et il disparut.

Chacun se releva émerveillé.

Quant à Jehanne elle pleurait.

— Qu'avez-vous, Jehanne? lui dit le roi.

— J'ai, monseigneur répondit-elle, que je voudrais bien suivre ce bel ange qui s'en va, car à compter d'aujourd'hui ma mission commence, et j'aurai beaucoup à souffrir sur cette terre.

— Pas tant que je vivrai, Jehanne, lui dit le roi.

— Peut-être, monseigneur, répondit la blanche fille en essuyant ses larmes.

— Messieurs, dit alors le roi à voix haute, Dieu nous protége et le ciel est pour nous. N'irritons pas le Seigneur par une plus longue hésitation. Jehanne se mettra en route quand bon lui semblera, et nous lui conférons dès à présent tous nos pouvoirs, en lui donnant notre propre épée dont nous la prions de se servir.

— Merci, monseigneur, répondit Jehanne en s'inclinant, mais je ne puis me servir que d'une épée, celle que l'on trouvera dans l'église Sainte-Catherine de Fierbois, sur le tombeau d'un vieux chevalier. Tels sont les ordres de mes voix, sire. On reconnaîtra cette épée aux fleurs-de-lis qui en ornent la poignée, et je la prendrai moi-même en me rendant à Blois, où nous nous réunirons pour aller porter à Orléans les vivres dont la fidèle ville a besoin, jusqu'à ce qu'il plaise à Dieu que j'en fasse lever le siége. Et maintenant, continuat-elle en se tournant vers le frère Séguin, veuillez écrire, mon frère, ce que je vais vous dicter, car moi je ne le pourrais faire, ne sachant écrire même mon nom.

Le frère Séguin prit le parti que tout le monde avait pris, celui d'obéir à Jehanne, et celle-ci lui dicta d'une voix ferme le message suivant :

« *Jésus Maria*, roi d'Angleterre, faites raison au roi du
» ciel de son sang royal.

» Rendez à la Pucelle les clefs de toutes les bonnes villes
» que vous avez forcées; elle est venue de par Dieu pour
» réclamer le sang royal, et est toute prête à faire paix si
» vous voulez faire raison. Roi d'Angleterre, si vous ne faites
» ainsi, je suis chef de guerre, et en quelque lieu que j'attei-
» gne vos gens en France, je les en ferai sortir, qu'ils veuil-
» lent ou non. S'ils veulent obéir, je les prendrai à merci ;
» mais s'ils ne veulent, la Pucelle vient pour les occire. Elle
» vient de par le roi et le ciel, corps pour corps, vous chas-
» ser hors de France, et vous certifie qu'elle fera si grand car-
» nage, que depuis mille ans, en France, on n'en aura vu si
» grand, si vous ne lui faites raison. Et croyez bien que le
» roi du ciel lui enverra plus de force, à elle et à ses gens
» d'armes, que vous n'en sauriez avoir à cent assauts. Entre
» vous, archers, compagnons d'armes gentils et vaillants,
» qui êtes devant Orléans, allez-vous-en en votre pays, de
» par Dieu; et si vous ne le faites ainsi, donnez-vous garde
» de la Pucelle, et il vous souviendra de vos dommages. Ne
» croyez pas que vous tiendrez la France du roi du ciel, le
» fils de Sainte Marie; mais la tiendra le roi Charles, le vrai
» héritier à qui Dieu l'a donnée, et qui entrera à Paris en
» belle compagnie. Si vous ne croyez pas les nouvelles de
» Dieu et de la Pucelle, en quelque lieu que nous vous trou-
» vions, nous frapperons sur vous à grands coups, et l'on
» verra lesquels auront meilleur droit de Dieu ou de vous.

» Faites réponse si vous voulez faire paix à la cité d'Or-
» léans, car la Pucelle vous requiert, duc de Bedfort, qui
» vous dites régent de France pour le roi d'Angleterre, que
» vous ne vous fassiez point détruire. Si vous ne lui faites
» point raison, elle fera tant, que les Français feront le plus
» beau fait qui fût fait en la chrétienté. »

— Demain, dit Jehanne, quand elle eut fini de dicter cette

lettre, je donnerai cette lettre à l'un de mes hérauts pour qu'il la porte à Bedfort; nous attendrons ici la réponse du régent en faisant nos préparatifs de guerre, afin de ne point perdre de temps; et s'il refuse de quitter Orléans, nous nous mettrons en marche et le chasserons.

Puis elle signa ce message d'une croix, qui était à la fois la seule signature qu'elle pût faire et le signe de sa mission providentielle.

Cela fait, elle avança vers Lahire, Xaintrailles et tous ces braves chevaliers qui étaient là, et leur dit :

— Ne rougissez pas de me suivre, messieurs, car ce n'est pas à une femme, c'est au Seigneur que vous obéissez, et le Seigneur est le plus puissant roi du monde.

— Jehanne, répondit Lahire avec émotion, car c'était un brave cœur, ordonnez ce que bon vous semblera, car, de par Dieu, après ce que je viens de voir et d'entendre, je vous suivrai au bout du monde.

Tout le monde approuva les paroles de Lahire, et Jehanne, marchant alors vers la reine, mit un genou en terre et lui dit :

— Madame, c'est à vous que je dois d'avoir vu monseigneur le dauphin ; c'est à vous que la France devra d'être sauvée.

— Vous savez donc?... fit Marie d'Anjou.

— Je sais, continua Jehanne plus bas et avec un regard que la reine seule pouvait comprendre, je sais ce que vous avez consenti à faire pour le bien du royaume; mais je sais aussi que Dieu vous aime et qu'il récompense dans le ciel ceux qui ont souffert dans ce monde.

La reine embrassa Jehanne au front, et le roi dit à la jeune fille dont il n'avait pu entendre les dernières paroles :

— Vous pouvez vous retirer, Jehanne, car vous devez avoir besoin de repos. Dès demain, je vous donnerai l'état d'un chef de guerre, c'est-à-dire un écuyer, un page, deux hérauts et un chapelain.

— Merci, monseigneur, dit Jehanne. Et elle se retira au milieu des félicitations de tous ceux qui étaient là, et surtout du duc d'Alençon, lequel venait d'être forcé, pour payer sa rançon aux Anglais qui l'avaient fait prisonnier, de vendre sa seigneurie de Gourges, à laquelle il tenait tant, qu'il pleurait presque quand il la vendit :

— Agnès avait raison, fit le roi en regardant Jehanne s'éloigner.

— Allons, voilà une femme qui va vous faire riche et puissant, sire, dit Étienne en s'approchant du roi ; cela fera que nous ne nous en tiendrons plus aux poulets et aux queues de mouton.

Au même moment de grands cris arrivaient jusqu'au roi. C'était le peuple de Chinon, qui, informé par la femme de maître Rabatheau de la mission de la jeune fille, était venu l'attendre à sa sortie de chez le roi, et, apprenant le miracle qu'elle venait de faire, la reconduisait à la lueur des torches et l'accompagnait de ses acclamations.

XIX

TRISTAN CHEZ SA MÈRE

Comme nous l'avons dit, Tristan avait disparu au moment d'entrer à Chinon. Olivier ne le voyant plus, n'avait été bientôt ni inquiet, ni même étonné de cette disparition. Il était habitué au caractère de Tristan, et il supposa ou que son écuyer s'était mis en chasse, ou qu'il explorait le pays. Quant à la véritable supposition, le jeune comte était à cent lieues de la faire.

Son esprit, d'ailleurs, était vivement préoccupé par toutes les choses qu'il voyait. La pierre du tombeau levée sept cents ans après l'inhumation, ainsi que la prophétie l'annonçait ; cet entretien qu'il était bien sûr d'avoir eu avec son aïeul, l'étrange révélation que celui-ci lui avait faite, le Sarrasin disparu, et par là-dessus la rencontre de Jehanne, les scènes merveilleuses auxquelles la vierge de Domrémy l'avait fait assister, tout cela avait jeté Olivier dans de longues et sérieuses méditations dont sa mère et Alix étaient devenues les confidentes par les lettres qu'il leur avait écrites. Une chose, cependant, l'avait frappé, chose dont il n'avait parlé à personne, mais dont il s'entretenait incessamment avec lui-même : c'était l'explication qu'il voulait se donner de la prophétie et du fait ; c'était la corrélation qu'il voulait établir entre l'une et l'autre, et comment entre *Retz et Karnac ayant mêlé leur sang* et Tristan accomplissant la prédiction, il pouvait y avoir un rapport quelconque. Arrivée à ce point, la pensée d'Olivier ne trouvait plus de route à suiver et n'aboutissait à aucune conclusion. Quel fait avait eu lieu dans la vie de son écuyer où Retz et Karnac avaient pu être mêlés par le sang? Comment Tristan se trouvait-il l'exécuteur de cette prophétie ? Voilà ce qu'Olivier se demandait. Voilà ce à quoi il ne savait que répondre, voilà enfin la question qu'il avait faite ingénument à sa mère, dans la dernière lettre qu'il lui avait écrite, la priant de l'éclairer sur ce sujet, si cela lui était possible.

Il ne faut s'étonner en rien, hâtons-nous de le dire, de la préoccupation sérieuse dans laquelle ce fait jetait Olivier. Toute l'époque que nous essayons de peindre est pleine de ces sortes de détails, tellement acceptés, si bien reçus, qu'ils y passent à l'état de vérités. C'est après le XVe siècle que la lutte entre Dieu et Satan va cesser complétement. Jusque-là les hommes auront cru à cette lutte et aux deux pouvoirs figurés du bien et du mal se disputant le monde. Il y avait des hommes, et des hommes éclairés, qui croyaient à ce point à la puissance du diable, qu'ils se donnaient à lui entièrement ou particulièrement pour réussir dans leurs entreprises. Cette foi était exploitée par des gens qui, à l'aide des philtres et des moyens magiques, arrivaient à de certains résultats et parvenaient ainsi à étonner une raison mal assise. Depuis cette époque, d'autres hommes ont étudié sérieusement cette question de sorcellerie, en ont surpris le facile secret, et en la réduisant aux proportions humaines, en l'analysant, ils en ont fait une chose curieuse, intéressante même.

mais sans effet possible maintenant. Ils ont éteint cette lumière qui vient d'en bas au profit de celle qui venait d'en haut, et les générations en sont arrivées à rire de ces croyances, comme l'enfant devenu homme rit des fantômes qu'il voyait jadis autour de son berceau, et dont il avait si grande peur. Mais pour exister, ces croyances existaient fermement au XVe siècle; elles étaient admises, convenues par les esprits ignorants, ambitieux, matérialistes, qui avaient soif des biens de la terre, et qui étaient prêts à donner en échange les biens éternels, auxquels ils ne croyaient pas beaucoup, de sorte que, dans ce marché, ce qui les excusait presque de le faire, ils espéraient voler le diable.

Tristan repartit sur Baal, l'infatigable coursier, et repassa par le même chemin qu'il avait suivi, en compagnie du comte de Karnac; seulement il le traversa avec la rapidité de l'éclair et du vent. Il vit la plaine de Poitiers déserte et sombre; il passa auprès du tombeau silencieux et imposant, mais sans faire une halte d'une minute. Ce n'était pas un homme, c'était une volonté qui passait.

Tristan ne s'arrêta que dans le château de Karnac, si tranquille depuis le départ d'Olivier, qu'au bruit que fit Baal sur les dalles de la cour, tous ceux qui étaient restés au château accoururent pour voir ce qui se passait. La comtesse elle-même s'apprêtait à aller voir d'où venait ce tumulte et si c'était quelque messager de son fils qui en était cause; mais avant qu'elle eût fait un pas Tristan paraissait devant elle.

Il était tellement pâle, que la comtesse poussa un cri.

— Il est arrivé un malheur à Olivier! fut le premier mot de cette mère effrayée.

— Pas encore, répondit Tristan d'une voix sombre.

— Mais d'où vient que tu es ici, et pourquoi cette pâleur étrange? continua-t-elle.

— Vous allez le savoir, madame.

Alors seulement la dame de Karnac, rassurée sur son fils, commença à s'effrayer de l'attitude du jeune homme.

— Parlez, fit-elle.

— Nous sommes seuls, madame?
— Oui.
— Personne ne peut nous entendre?
— Personne. Pourquoi cette question?
— C'est par déférence pour vous, madame, car ce que je vais vous dire et ce que vous devez entendre seule en ce moment, tout le monde le connaîtra bientôt.
— Je vous écoute, messire.
— Asseyez-vous, madame.

La comtesse obéit.

— Qu'est-ce que cela signifie? murmura-t-elle.
— Je vais vous éclairer. Allons droit au fait. Il y a, vous le savez comme moi, dans ce château, une prophétie qui dit, car maintenant le sens de cette prophétie m'est connu, qu'un fils de Retz et Karnac soulèvera la pierre du tombeau de Poitiers.
— Oui, fit la comtesse en se reculant avec effroi, mais sans perdre des yeux le regard menaçant de Tristan.
— C'est donc bien là le sens de cette prophétie? demanda-t-il.
— Peut-être... continuez.
— C'est vous qui le voulez, madame, reprit le jeune homme avec un respect ironique; eh bien! nous avons traversé la plaine de Poitiers, et comme nul ne voulait ou n'osait soulever cette pierre, je l'ai soulevée, moi. Dans cette tombe, j'ai trouvé deux hommes, vivants tous les deux.
— Vivants! s'écria la comtesse en se levant pour secouer la frayeur qui s'emparait d'elle à ce récit.
— Vivants, répéta l'écuyer. Or, ce Sarrasin m'a tout dit, madame, car si le comte de Karnac, couché dans ce tombeau, est l'aïeul de votre fils Olivier, ce Sarrasin, ce mécréant, ce fils de Satan, est mon aïeul à moi, fils du crime, enfant du mal.

En disant cela, Tristan avançait les bras croisés vers la comtesse, qui reculait malgré elle.

— Donc je suis celui prévu par la prophétie, continua-t-il, et je viens vous demander, madame, d'où vient qu'étant fils d'un puissant seigneur et d'une noble dame, je ne porte le nom ni de l'un ni de l'autre.

Dans le premier moment de la stupeur que lui causait cette question, la comtesse baissa la tête sans répondre.

— Vous ne répondez pas, ma mère, dit Tristan.

— Que voulez-vous que je vous réponde, puisque vous savez tout.

— Alors vous devez comprendre ce que je veux, ce que j'exige maintenant.

— Ce que vous voulez, fit la comtesse, voyons, que voulez-vous?

— Je veux, puisque je suis votre fils, madame, être votre fils pour tout le monde; je veux que vous disiez à voix haute: Tristan est mon enfant, Tristan a droit au même nom, au même rang qu'Olivier, et je veux que vous me donniez ce nom et ce rang.

— Alors vous ne savez pas tout, Tristan, reprit la comtesse avec douceur, car si vous l'aviez su vous n'auriez pas dit ce que vous venez de dire, vous auriez compris que ce que vous demandez est impossible.

— Impossible! Oh! non.

— Impossible, je vous le répète. Vous n'êtes pas, comme Olivier, l'enfant d'une sainte union, vous êtes le fruit d'un crime sacrilége.

— Qu'importe, madame! je ne sais et ne veux savoir qu'une chose : c'est que vous êtes ma mère.

— Et voilà tout ce que ce nom éveille en toi, Tristan, fit la comtesse en regardant le jeune homme avec une tendresse étonnée. Tu apprends que toi qui te croyais orphelin, tu as une mère, et au lieu de venir te jeter dans ses bras, au lieu de remercier Dieu du bienfait qu'il t'accorde, tu ne songes qu'à la fortune et au rang que cette révélation peut te donner! C'est mal, enfant, c'est mal.

— Et vous, madame, vous qui saviez la vérité, m'avez-vous jamais appelé votre fils? Quelle reconnaissance dois-je à la femme qui, se sachant ma mère, a attendu que j'eusse surpris ce secret pour m'appeler son enfant?

— Pouvais-je faire plus que ce que j'ai fait, Tristan? répliqua la comtesse en s'asseyant et en prenant dans ses mains la main du jeune homme; et n'ai-je pas fait, au contraire, plus même que je ne devais? Il est vrai que je ne t'ai jamais appelé mon fils; mais ce mot qui n'était pas sur mes lèvres, était dans mon cœur, dans mon regard, dans mes moindres actions. T'appeler publiquement mon fils, c'était déshonorer le nom de mon époux, c'était désoler l'âme d'Olivier, car nul n'eût voulu croire la vérité, et tout le monde m'eût regardée comme la complice de ton père. Il fallait sauvegarder l'honneur traditionnel de la famille; j'ai été la première à en souffrir. Ne pouvais-je te traiter comme un étranger, t'abandonner complétement? Qui me forçait à t'admettre dans ce château? Rien, car personne dans le monde ne sait et ne peut prouver que tu es mon fils. Au lieu de cela, à la mort de mon époux, je t'ai adopté et je t'ai donné ici la place que mon cœur me disait de te donner. N'as-tu pas toujours été respecté comme l'enfant de la maison? Olivier ne s'est-il pas accoutumé à voir en toi un ami, un frère! Songe à cela, Tristan.

— J'y ai songé, madame, répliqua Tristan d'une voix sèche.

— Que faut-il encore? Veux-tu une fortune, un château, un titre! Je te donnerai, je te ferai obtenir tout cela; mais comprends que te donner le nom d'Olivier, c'est lui faire un vol d'abord, car tu n'es pas légitimement son frère, et c'est me déshonorer inutilement. D'ailleurs, aucune loi ne reconnaîtrait cette naissance que rien ne prouverait que le récit que j'en pourrais faire, et au milieu duquel je mourrais de honte. Demande-moi tout, Tristan, excepté la vie d'Olivier, le respect de sa mère et l'honneur de sa maison.

— Ma volonté est inébranlable, madame, fit Tristan en retirant sa main des mains de sa mère; je ne sais qu'une chose, c'est que je suis votre fils, et quoi qu'il puisse advenir, il faut à mes premières années, misérables et abandonnées, une éclatante réparation.

— Écoute, Tristan, je vais te dire une chose, reprit la comtesse, une chose que j'ai essayé de cacher à Dieu lui-même, car c'est presque un crime. Quand le comte mon mari est mort, je t'ai fait venir dans ce château. Le sentiment auquel j'obéissais est bien facile à comprendre. Tu n'étais mon fils que physiquement ; je pouvais, je devais te haïr, car tu étais un malheur dans mon passé, une tache dans ma vie. Cependant, tu n'étais pas cause du crime de ton père, et j'ai eu honte de te laisser errer à l'aventure comme un mendiant et un vagabond. Je t'ai appelé ici, non pas par affection pour toi, car je ne te connaissais point et ne pouvais t'aimer encore, mais par un sentiment de justice. Eh bien ! voici où est le crime, Tristan : ta nature sauvage, abrupte, étrange, a pris de l'empire sur moi ; mon âme s'est familiarisée avec l'idée que tu étais mon fils ; et l'instinct maternel, ce merveilleux instinct que Dieu a placé même dans le cœur des louves, s'est éveillé en moi à un tel point, que je t'ai aimé comme Olivier, et je te le dis bien bas, quelquefois plus qu'Olivier. Quand vous êtes partis tous deux dernièrement, quand je l'ai pressé sur mon cœur, la moitié du baiser que je lui donnais était pour toi, et quand vous eûtes disparu sans que j'eusse osé te presser sur mon sein, j'ai pleuré longtemps, et j'ai prié Dieu plus pour toi l'enfant abandonné que pour lui le fils heureux. Quand Alix que tu aimes m'a dit ton amour pour elle, un moment mon cœur eût voulu qu'elle t'aimât, au préjudice d'Olivier ; et maintenant encore, Tristan, vois s'il faut que je t'aime pour t'avouer de pareilles choses. Malgré le but que tu avais en revenant à ce château, malgré tout ce que tu viens de me dire, je suis heureuse de te voir, de te tenir entre mes bras, de t'appeler librement mon fils, et de t'embrasser à mon aise.

En parlant ainsi, la comtesse jetait ses mains autour du col de Tristan et cachait sa tête dans sa poitrine, en ajoutant d'une voix pleine d'émotion :

— Cette guerre finie, tu reviendras, mon Tristan, reprendre ta place au foyer et à la table. Maintenant que tu sais le secret de ta naissance, nous aurons de doux entretiens, nous épancherons nos cœurs l'un dans l'autre, tu me conteras toutes tes joies, je te dirai toutes mes pensées. Mon amour veillera mystérieusement sur toi comme un bon génie. Puis, plus tard, quand le temps aura passé sur les violentes impressions de la jeunesse, alors je dirai la vérité à Olivier, et nous nous ferons une famille à nous quatre, lui, toi, Alix et moi ; et si tu n'as pas eu toutes les satisfactions de l'orgueil, tu auras eu toutes les joies du cœur, et crois-moi, mon enfant, celles-ci valent mieux que celles-là.

— Bien joué, madame, fit Tristan d'un ton railleur et en repoussant sa main, mais je ne crois pas à votre amour et n'en veux rien accepter. Ce que je veux, je vous le répète, c'est mon nom, c'est mon rang, c'est Alix, dussé-je pour cela tuer frère et mère. Décidez-vous et hâtons-nous, car je suis pressé.

— Tristan, au nom du ciel, une dernière fois, je t'en supplie...

— Ah ! vous croyez, continua le jeune homme sachant bien qu'il mentait, mais avec ce besoin inhérent à sa nature de dire et de faire le mal ; ah ! vous croyez que vous aurez pu prendre mon père pour amant, vous livrer librement à lui, faire jeter dehors le fils de vos amours coupables et que tout sera fini ! Non pas, madame ; je ne suis pas votre fils, je suis votre punition ; et tâchez que Dieu vous protège contre ma colère mais je doute qu'il le puisse, car je vous hais étrangement, ma mère.

Vous avez quelquefois vu sur le bord de l'Océan une vague s'élancer sur un rocher, le couvrir de son humide baiser, puis, se reculant tout à coup et comme avec horreur, le laisser sombre, solitaire, inébranlable : c'est ainsi que la comtesse se recula de Tristan, c'est ainsi qu'elle le laissa, après l'avoir enlacé de son embrassement.

En un instant elle avait sondé cet homme, et elle était épouvantée de ce qu'elle y avait vu, comme serait épouvanté l'homme qui ayant cru voir des fleurs sur une route, s'en serait approché et se trouverait tout à coup au milieu de fange et de reptiles. Elle eut honte d'avoir laissé voir un coin de son âme à cet être sans cœur, et elle se reculait de lui, non plus avec effroi, mais avec mépris. Elle s'était tellement humiliée devant cet homme, qu'elle comprit qu'il lui fallait se relever plus grande et plus forte qu'elle n'était auparavant. La menace seule avait répondu à ses prières, l'insulte à ses aveux, l'ordre à son amour. L'orgueil de sa race domina tout en elle, et d'une voix ferme elle dit à Tristan :

— C'est bien, monsieur, je ne vous connais plus. Sortez!

— Madame, fit Tristan en avançant vers elle, l'écume à la bouche et les poings serrés, prenez garde; ce que j'aura voulu sera, quoi qu'il m'en coûte.

— Soit, fit la comtesse, il sera donc fait comme vous le voulez, et elle frappa violemment un timbre qui était auprès d'elle.

Un homme parut.

— Faites monter tous les gens du château, dit-elle, je les attends ici.

Un instant après la chambre était pleine de valets et d'archers commis à la garde du vieux manoir.

La comtesse était d'une pâleur de marbre.

— Vous voyez cet homme, dit-elle en montrant Tristan. C'était un enfant abandonné, un bâtard! que sais-je? Voilà treize ans que je l'ai accueilli dans ce château, que je l'ai fait asseoir à ma table, que je l'ai fait asseoir à mon foyer, lui dont l'âme tout entière ne vaut pas le dernier de mes chiens. Vous le connaissez, n'est-ce pas? Cet homme a profité de l'absence de mon fils pour revenir en ce château, pour tenter de déshonorer ma nièce et pour tenter de me tuer, moi qui lui ai servi de mère, et la comtesse regarda fièrement Tristan en appuyant sur ce mot. Jetez cet homme à la porte de ce château, levez le pont, baissez la herse, et si jamais il approche de vous à portée de trait, tuez-le comme une bête fauve.

Ceux à qui la comtesse s'adressait se ruèrent sur Tristan et l'emportèrent malgré les efforts qu'il fit, et quoiqu'il eût abattu à ses pieds quatre ou cinq d'entre eux.

Arrivé dans la cour, il appela Thor et Brinda à son aide. Les deux chiens, obéissant à la voix de leur maître, se mirent de la partie, et peut-être, grâce à sa force herculéenne et au secours des deux molosses, Tristan allait-il rester maître de la place, quand un des archers, le mettant en joue, lui décocha un trait qui lui traversa l'épaule.

La douleur fut violente, à ce qu'il paraît, car Tristan poussa un rugissement de lion blessé, et se sentant vaincu, il porta la main à son cor pour appeler le Sarrasin; mais avant qu'il eût pu approcher le cor de sa bouche, il se sentit garrotter et se vit jeter tout sanglant à la porte du château.

Quant à la comtesse, épuisée par tant d'émotions différentes, elle s'était évanouie.

XX

TRISTAN RÉDUIT A LUI-MÊME

Tristan aussi, vaincu par la fatigue, par la lutte, par la perte de son sang, s'était évanoui. Quant il reprit connaissance, Thor et Brinda léchaient sa blessure, qui avait cessé de saigner, et il lui sembla que toute douleur avait disparu.

Un autre eût caressé ses chiens pour les remercier de leurs soins, mais Tristan n'y songea même pas. La première pensée qui se réveilla en lui fut une pensée de haine. En effet, c'était la première fois que dans une lutte quelconque, lutte de force et de volonté, il était le moins fort. Il eut bientôt fait de recueillir ses souvenirs, et quand tous les détails de la scène qui avait eu lieu entre lui et sa mère se représentèrent à son esprit, il devint plus pâle encore qu'il n'était en s'évanouissant, et ses yeux s'injectèrent. Alors, se voyant seul et dans l'obscurité, car pendant ce temps la nuit était venue, il voulut appeler le Sarrasin pour lui demander compte de cette défaite.

Mais il était garrotté, et les liens qui lui retenaient les mains derrière le dos étaient si violemment serrés, que quelques efforts que fit Tristan, il ne put parvenir à les rompre. Il lui fallut avoir recours à ses chiens, qui, couchés à côté de lui et le regardant, semblaient attendre que leur maître eût besoin d'eux. Tristan se coucha sur le ventre, et les appelant par leur nom, il leur montra ses mains liées. Les bêtes intelligentes se mirent aussitôt à la besogne, et à grand effort de crocs parvinrent à dénouer les cordes.

Tristan se releva d'un seul bond, et, s'adossant à l'une des pierres celtiques au milieu desquelles on l'avait porté, il souffla bruyamment dans son cor.

A peine le son était-il éteint, que le Sarrasin parut adossé à la pierre qui faisait face à celle sur laquelle s'appuyait Tristan.

— Sais-tu ce qui vient de se passer? lui dit celui-ci.
— Oui, répondit le Sarrasin.
— Ma mère m'a fait chasser.
— Je le sais bien.
— J'ai été blessé.
— Je l'ai vu.
— Garrotté, jeté à la porte, moi, Tristan.
— C'est vrai. Eh bien ?
— Eh bien! sont-ce là nos conventions?
— Quelles conventions? et que m'as-tu demandé que je n'aie fait? Tu as voulu savoir le nom de ta mère, tu l'as appris; tu as voulu une famille, je t'ai montré la tienne; tu as voulu la preuve que je ne mentais pas, la comtesse t'a appelé son fils. Qu'avais-tu demandé?
— Maintenant il faut que je me venge.
— C'est juste, tu te vengeras.
— Tout de suite.
— Non, c'est impossible.
— Impossible, dis-tu?
— Impossible, je te le répète.
— Tu m'as donc trompé, tout ne t'est donc pas possible? Tu ne m'as donc pas acheté, mais volé mon âme?
— Si tout m'était possible, répondit le Sarrasin d'une voix calme, je n'aurais pas eu besoin de toi. D'ailleurs, qu'appelles-tu te venger?
— Que sais-je, moi? Faire autant de mal qu'on m'en a fait:

verser le sang, donner la mort, jeter la honte, me venger enfin !

— A cette heure cela ne se peut pas.
— Pourquoi.
— Je t'ai dit qu'il y avait des êtres tellement purs, que je ne pouvais rien contre eux. Regarde.

Et le Sarrasin, étendant la main dans la direction du château de Karnac, faisait voir à Tristan la comtesse agenouillée devant son prie-Dieu, et Alix priant à côté d'elle.

Tristan voulut s'élancer vers les femmes, croyant que là où son regard passait, il pourrait passer lui-même; mais au premier mouvement qu'il fit, la muraille se referma, et il ne vit plus rien.

— La comtesse et Alix sont en état de grâce, reprit le Sarrasin; nous ne pouvons rien contre elles. Pour que tu puisses les punir, l'une de ce qu'elle est ta mère, fit le Sarrasin avec un rire presque ironique, l'autre de ce qu'elle ne veut pas être ta maîtresse, il faut attendre qu'elles soient en état de péché, à moins que ce ne soit qu'à leurs corps que tu en veuilles. Veux-tu les tuer? La mort est-elle une punition? Le calme du sommeil, le repos de l'éternité donnés à ceux qui vous ont fait souffrir, et qui vous lèguent en mourant toute une vie de chagrins et de remords, est-ce là une vengeance digne de toi? Le vulgaire seul croit à ces moyens-là. Ton âme sera-t-elle plus tranquille, tes désirs seront-ils moins grands, parce que celle que tu aimes et celle que tu hais dormiront côte à côte, pures dans leur mort comme elles auront été pures dans leur vie? Ce qu'il te faut, n'est-ce pas, c'est une mauvaise pensée qui les rapproche de toi, et qui leur fasse perdre en un instant le bénéfice de toute leur vie? Oh! quand tu verras ou que tu sauras l'une de ces deux femmes avec une mauvaise action à faire ou un remords à calmer, frappe hardiment, car mourant en cet état, elle nous appartiendra, au lieu d'appartenir à Dieu; et sois tranquille, je te réponds de la vengeance; mais jusque-là attends, car je te répète, il n'y a rien à faire dans ce moment-ci.

— Mais ce que tu me conseilles de faire, répondit Tristan,

je pouvais et je puis encore le faire sans toi. Avais-je besoin de vendre mon âme à Satan pour des conseils de patience? N'es-tu qu'un esprit trompeur et voudrais-tu m'égarer? N'es-tu qu'un auxiliaire déloyal, et en me promettant de m'obéir, ne voulais-tu qu'avoir le droit de me commander? Prends-y garde, Sarrasin, car je te préviens que je ne crains rien au monde, ni toi ni d'autres, et que je me vengerai des esprits comme des corps, de Satan comme des hommes.

Et en disant cela, Tristan s'avançait vers le fantôme de bronze d'un air menaçant.

— Tu es fou, répondit le Sarrasin d'un ton railleur, et tu es plus que fou même, tu es ingrat. Tu t'étonnes que je parle de patience, moi, qui ai combattu sept cents ans pour revoir le jour! Comment veux-tu que nous triomphions de la puissance de Dieu sans la patience? Ce n'est que par là que nous pouvons reconquérir la nature; ce n'est qu'en suivant l'homme pas à pas, en épiant les moindres actions de sa vie, que nous pouvons arriver à nous emparer de son âme. Ce que je fais pour toi maintenant, je veux bien le faire, car c'est toi qui m'appartiens et non moi qui suis ton esclave. Contente-toi donc des moyens que je t'offre, et crois-en ma parole : un jour tu seras vengé, soit que tu arrives à ce que tu veux, soit que tu détruises le bonheur de ceux qui auront détruit le tien.

Quels services nous as-tu rendus jusqu'à présent? Aucun. Tu as reçu et tu n'as rien donné. J'ai donc raison de dire que tu es un ingrat. D'où te viennent tes chiens, d'où te vient ton cheval, d'où te vient ce cor à l'aide duquel tu peux évoquer une puissance supérieure quand ta force ne te suffit plus? D'où te vient la connaissance du secret de ta famille, connaissance qui est pour toi le premier jalon de l'avenir, et grâce à laquelle tu feras faire à ta mère tout ce que tu voudras? Tout cela te vient de moi. Et qu'ai-je reçu en échange? Rien. Tu vois bien que l'auxiliaire déloyal ce serait toi, s'il pouvait y avoir déloyauté dans ces sortes d'alliances. Tu vois bien que ce serait moi qui aurais le droit de me plaindre, et que c'est moi le meilleur de nous deux, puisque je ne me plains pas. Allons, donne-moi ta main et causons.

— Non, fit Tristan en baissant la tête.

— Tu me gardes rancune?

— Oui, j'ai la tête en feu, mes idées se heurtent : tout me dit de ne plus croire à toi.

— Veux-tu te faire moine? fit le Sarrasin en riant aux éclats. Voilà un bon moyen de te venger. Tu passeras tes jours dans le jeûne et dans les prières, les nuits dans le silence et la méditation. Fais-toi moine, Tristan, fais-toi moine. Il en est temps encore.

Et le Sarrasin continua de rire.

— Peux-tu me donner le moyen de me venger de ma mère? reprit le jeune homme.

— Non, pas aujourd'hui.

— Peux-tu me donner le moyen de me venger d'Olivier?

— Plus tard.

— Peux-tu me donner le moyen d'être aimé d'Alix?

— Peut-être cela se pourra-t-il un jour.

— Ainsi, tu ne peux rien pour moi maintenant?

— Rien de plus que ce que j'ai fait.

— Alors, je n'ai plus besoin de toi, et je ferai bien le reste tout seul.

— A ton aise. Tu me congédies?

— Va-t-en.

— Tu ne veux plus de moi?

— Va-t-en.

— Avant demain, tu me rappelleras.

— Va-t-en, te dis-je.

— Mais je te préviens que si tu me rappelles, fit le Sarrasin, ce n'est plus moi qui recevrai les ordres, c'est moi qui les donnerai.

Tristan tira son épée et courut sur l'ombre, mais l'ombre avait disparu et son épée se brisa sur la pierre.

C'était un avertissement, mais il n'en profita pas, et s'en remettant du soin de sa vengeance, il revint vers le château, cherchant comment il pourrait y pénétrer sans être vu ; mais cette masse impassible de pierre jeta un imposant défi à toutes ses tentatives, et il vit bientôt qu'il y userait ses ongles et sa force inutilement.

Puis, comme si ce n'eût pas été assez, la voix de l'archer en sentinelle lui cria de s'éloigner; et comme il ne s'éloignait pas assez rapidement, il entendit une flèche siffler à son oreille, et il n'eut que le temps de se perdre dans l'obscurité.

Ce qui se passa alors dans l'esprit de Tristan est impossible à décrire.

— Allons rejoindre Olivier, se dit-il; celui-là ne se doute de rien, et il n'a ni château ni archers qui le gardent.

En même temps Tristan appela Baal.

Baal accourut.

Tristan respira. Il avait craint un instant que l'animal ne répondît pas à sa voix.

Tristan sauta sur son cheval, et le lança dans la direction qu'il lui fallait suivre. Baal y fit quelques pas; mais tout à coup, comme s'il eût obéi à une invisible main qui se serait glissée entre celles de son cavalier, il se retourna et partit à fond de train dans la direction opposée. Tristan, voyant cela, rassembla les rênes, et les faisant jouer de droite à gauche, il commença à scier la bouche de son cheval pour l'arrêter, mais la bête n'obéissait plus au frein. Alors Tristan prit Baal aux crins, et serrant les genoux de toute sa force, il tenta de l'étouffer comme, étant plus jeune, il avait étouffé un cheval qui l'emportait; mais cette puissante pression, au lieu de calmer le cheval, ne fit que l'exciter, et sa vitesse s'en augmenta à ce point que ses pieds ne touchaient plus la terre. Jamais Baal n'avait couru si rapidement : les montagnes, les plaines disparaissaient comme par enchantement, et il semblait à Tristan que le vertige le prenait. Cependant il n'était pas homme à abandonner la lutte. Il poussa un rugissement de colère auquel il crut qu'un immense éclat de rire répondait, et se courbant sur le cou de son cheval, il lui saisit les naseaux dans ses deux mains et les tourna de façon à l'empêcher de respirer; mais l'animal baissa la tête jusqu'à ce que son cavalier eut été forcé de lâcher prise, et libre de cette nouvelle entrave, dépassa le vent dans sa course.

Tristan, le cavalier sans pareil, le dompteur sans rival, fut forcé, pour ne pas tomber, de saisir le cou de Baal dans ses deux bras et de se prendre aux crins pour reprendre l'équilibre. Voyant qu'il était impossible d'arrêter ce cheval emporté, Tristan se résolut à sauter à terre; mais au moment où il s'y apprêtait, il lui sembla que la terre était à des centaines de lieues de lui, qu'il voyageait dans les airs, et que s'il sautait il se briserait le front sur les villes qu'il voyait passer au-dessous de lui. Au lieu donc de se précipiter en bas de son cheval, il se cramponna à lui, et il sentit une sueur froide couler de son front. Baal courait toujours et Tristan était, sans aucun doute, la dupe d'une hallucination, car il entendait parfaitement les pieds de son cheval frapper le sol, et son imagination seule augmentait la distance qui l'en séparait. Il avait peur pour la première fois de sa vie, mais il faut dire aussi que cette course étrange, qui n'avait pas de but, promettait de ne pas avoir de fin. Joignez à cela que Thor et Brinda suivaient Baal, non plus comme des chiens fidèles qui suivent leur maître, mais comme des bêtes fauves qui poursuivent une proie. Leurs hurlements étaient pleins de menaces, et Tristan comprenait que s'il échappait au cheval, il aurait les chiens à combattre. Il reconnut dans ce qui lui arrivait la main du Sarrasin, de la fatale puissance à laquelle il s'était donné. Il se rappela alors qu'il avait juré au mécréant de lutter contre lui, et, dans un dernier moment d'énergie, saisissant sa dague à deux mains, il la plongea de toute la force de ses deux bras et de toute la longueur de la lame dans le poitrail du cheval.

Celui-ci poussa un cri de douleur et s'abattit presque aussitôt, entraînant Tristan dans sa chute; mais avant que le jeune homme se fût relevé, Thor et Brinda, qui ne le reconnaissaient plus pour leur maître, lui sautèrent à la gorge, et tandis que de la main gauche il contenait l'un, il parait l'assaut de l'autre avec la main droite et sentait les dents de l'animal furieux lui pénétrer dans le bras. Mais Tristan se releva comme mû par un ressort, et levant au-dessus de sa tête les deux animaux qu'il tenait, l'un par la peau du ventre, l'autre par la peau du cou, il les jeta si violemment contre terre, qu'ils restèrent sur place, râlant leurs derniers soupirs.

— Allons, je suis toujours Tristan le fort, l'indomptable! s'écria le jeune homme au milieu de la solitude et avec l'accent du triomphe. Malheur à ceux qui se mettront sur mon passage!

Et promenant avec fierté son regard autour de lui, il sembla donner un défi à tous ses ennemis visibles et invisibles.

Mais ce n'était pas le tout que d'avoir abattu Raal et de s'être débarrassé de ses chiens, il fallait se remettre en chemin et refaire à pied la route qu'il venait de parcourir à cheval, c'est-à-dire, quelle que fût sa force, mettre des journées à faire ce qu'il avait fait en quelques minutes. Cependant, tranquillisé par ce premier succès, Tristan ne désespéra pas, et il fit hardiment le premier pas de ce long et fatigant voyage.

En vain il regardait autour de lui, il ne reconnaissait rien. Le pays qu'il traversait lui était complétement étranger, et il ne pouvait guider sa marche sur aucune indication. C'était une plaine immense, déserte, infranchissable. Tristan marchait à grands pas, et lorsqu'il se retournait pour voir la distance parcourue, il s'apercevait qu'il était à peu près à la même place; car, soit qu'il n'avançât pas, soit qu'ils se traînassent derrière lui, son cheval et ses chiens étaient toujours à portée de sa vue et dans la même immobilité apparente. Tristan voyant cela, se promit de prendre le premier cheval qui passerait, que ce cheval fût libre ou monté, et de continuer son chemin dessus; mais ni hommes ni chevaux ne troublaient le silence de la plaine, et l'horizon continuait à s'éloigner devant le marcheur nocturne, sans varier d'une ligne et sans que la moindre sinuosité promit le moindre changement. Joignez à cela que rien ne prouvait à Tristan qu'il fût dans la bonne voie, et qu'il se pouvait très-bien qu'en arrivant, si toutefois il arrivait quelque part, il s'aperçût qu'il avait fait jusqu'alors un chemin inutile.

De grosses gouttes de sueur coulaient sur le front de notre héros et une grande lassitude commençait à s'emparer de lui, si bien que ses jambes ne se mouvaient plus que par saccades fébriles. Dans la lutte qu'il avait soutenue contre Baal et contre Thor et Brinda, sa blessure s'était rouverte, et son sang, qui coulait abondamment, l'épuisait à ce point que plusieurs fois il avait été forcé de s'arrêter, de s'essuyer le visage et d'étancher avec son mouchoir le sang de cette blessure, cherchant s'il ne verrait pas un ruisseau près de lui pour s'y désaltérer et y apaiser sa fièvre, et voyant avec un commencement de désespoir qu'il n'était entouré que de pierres et d'arbres morts.

— Le Sarrasin avait-il raison, murmura Tristan, et ma force ne me venait-elle en effet que de lui?

— Le Sarrasin avait raison, répondit une voix qui fit retourner brusquement le jeune homme. Tu t'es donné à lui, tu ne pourras rien sans lui maintenant. Appelle-le si tu veux, il en est temps encore. Au premier rayon du jour, il sera trop tard.

— Non, répondit Tristan avec rage, et il reprit sa marche sans avoir pu découvrir d'où venait cette voix qui lui avait parlé, et si elle était apportée par le vent ou née de sa fièvre.

Tristan marcha silencieusement pendant une heure, et certes il eût été impossible au meilleur coureur de courir plus vite qu'il marchait, et cependant rien ne changeait d'aspect autour de lui. Seulement, surexcité par cette marche, fatigué par sa blessure, il sentait son sang bouillir dans sa tête, et un cercle de fer étreindre son front. Il n'était déjà plus maître de sa pensée. Il chancelait sur ses pieds, et aspirant avec force l'air de la nuit, il tentait d'étancher ainsi l'ardente soif qui brûlait sa poitrine. Mais on eût dit qu'il aspirait du feu, car son haleine brûlait; et sa langue, séchée, se collait à sa bouche. Il fit encore quelques pas ainsi, c'est-à-dire vacillant comme un arbre ébranlé dans sa racine et que secouerait un vent d'orage; puis il tourna deux ou trois fois sur lui-même, semblable à un homme pris de vertige, et il

alla tomber de toute sa longueur sur les pierres du chemin.
Décidément, Tristan n'était plus qu'un homme.

Si brusque qu'eût été sa chute, il avait eu le temps cependant de comprendre que c'était pour lui la mort, la mort sans vengeance; et par un mouvement plus rapide que la pensée et devenu presque machinal, tant sa faiblesse était grande, il porta son cor à sa bouche et souffla dedans le peu de force qui lui restait.

Mais le cor ne rendit aucun son. Pas plus que Baal, Thor et Brinda, le cor n'obéissait à Tristan.

Le jeune homme pâlit, et voyant qu'une seconde tentative ne lui réussissait pas plus que la première, il cria de toutes ses forces :

— A moi, Satan, je le veux !

L'écho répéta ce cri, qui s'en allait mourir dans les profondeurs de l'horizon, mais n'éveilla pas l'ombre attendue.

Alors, Tristan sentant ses forces qui diminuaient, fit un dernier effort sur son orgueil et murmura d'une voix mourante :

— A moi, Satan, je t'en prie !

Et il jeta un regard inquiet autour de lui.

Cette fois une ombre apparut dans la plaine, marchant vers le moribond d'un pas lent et mesuré.

— Il était temps, dit le Sarrasin, car c'était bien lui, et du doigt il montrait la première lueur de l'aube qui entr'ouvrait les ombres de la nuit.

XXI

SAINTE-CATHERINE DE FIERBOIS

— Eh bien ! continua le Sarrasin d'un ton railleur, cela n'a pas été long ce que tu pouvais faire sans moi. Je t'en donnerai des chiens et des chevaux pour que tu les mettes en l'état où ils sont. C'est plaisir de voir comme tu es reconnaissant à ceux qui te servent.

— Un cheval qui m'emportait, des chiens qui voulaient me dévorer, répondit Tristan. Oh! si je n'avais pas été blessé, je ne t'aurais pas fait venir encore.

— Veux-tu que je m'en retourne? ne te gêne pas, je m'en retournerai, et tu te tireras de là comme tu pourras.

— Reste, répliqua Tristan d'une voix sourde et en jetant ur le Sarrasin un regard d'ennemi vaincu; reste, puisque je ne peux faire autrement.

— Quel mauvais caractère tu as, fit le Sarrasin en riant d'un rire métallique et froid; tu ne peux jamais faire les choses de bon cœur. Tu as besoin de moi et tu me maltraites. C'est une maladresse. Puisque nous sommes destinés à vivre ensemble, vivons en bonne intelligence, que diable! Si l'un de nous deux avait le droit de maltraiter l'autre, ce serait moi, car enfin tu me déranges à chaque instant, et d'après nos dernières conventions, c'est toi qui m'appartiens maintenant, et ce n'est plus moi qui dois t'obéir. Ce que je ferai pour toi, ce sera par pure bonne volonté. Traite-moi donc bien et comme un maître à ménager. Ah! tu crois que l'on se donne comme cela au diable, qu'on prend l'habitude d'être invulnérable, de franchir des centaines de lieues par jour sur un cheval infatigable, de combattre tous les dangers avec des chiens invincibles! Ah! tu crois que par un traité de sang on aura quadruplé les facultés humaines, et qu'on pourra ensuite vivre dans les conditions ordinaires de l'homme et dans les proportions de force et d'énergie où l'on était auparavant? Tu te trompes; tu es à nous, bien à nous. Résigne-toi ou meurs, et encore ce ne sera pas une façon de nous échapper, car au défaut de ta vie nous aurons ton éternité.

— A moins que je me repente, répondit Tristan.

— Oh! cela n'est pas à craindre; tu n'es pas d'une nature à te repentir jamais. Si tu avais dû retourner à Dieu, tu y serais retourné il y a dix minutes, quand tu es tombé râlant sur cette pierre où tu es encore. Mais hâtons-nous, car je n'ai pas le temps de rester beaucoup avec toi, j'ai d'autres affaires.

— D'autres affaires?

— Oui. Crois-tu donc qu'il n'y a que toi dans ce monde qui me serves et qui aies besoin de moi? Ce ne serait pas la peine de se déranger pour si peu. Oh! j'ai retrouvé le monde comme je l'avais laissé. Je t'en remercie, du reste, car c'est à toi que je dois cela. Depuis que je suis sorti de cet affreux tombeau, je ne me sens pas de joie. Satan soit loué, le monde est toujours mauvais. Mais occupons-nous de ce qui nous regarde, nous deux. Tu m'as tiré de mon tombeau, je t'ai tiré de ton obscurité en te révélant ta naissance. Cela ne t'a encore servi qu'à te faire recevoir un coup d'arbalète dans l'épaule, mais je fermerai ta blessure et il n'en sera plus question. Tu as éventré ton cheval et tes chiens, je vais te les rendre. Ton cor est muet, il retrouvera la voix, mais seulement quand tu auras un secours à me demander; car il n'aurait plus de son maintenant si tu m'appelais pour me donner un ordre. Moi seul, je te le répète, ai le droit de commander. Ce que j'en fais est pour te punir de ton doute. Notre religion est aussi sérieuse que celle de Dieu. Sans discipline nous n'arriverions à rien.

— Tu me trompes, Sarrasin, tu me leurres. Tu ne peux pas me donner ce que je veux, et tu veux te servir de moi. Quand j'aurai réussi, tu m'abandonneras.

— Encore! fit l'ombre d'une voix courroucée. Adieu!

— Non, reste, puisqu'il le faut.

— Nos affaires, comprends-le donc, sont plus pressées que les tiennes. C'est tout un peuple que nous avons à perdre. Ce n'est que d'une femme et d'un enfant que tu as à te venger. Nous avons à peine une année devant nous pour accomplir notre œuvre; tandis que tu as toute ta vie pour venir à bout de la tienne. En bonne justice, c'est donc par nous qu'il faut commencer; mais sois tranquille; ce que tu auras voulu, après notre œuvre faite, s'exécutera à ta guise. Nous ne te demandons qu'un an de patience, et ensuite, vainqueurs ou vaincus, si tu as combattu loyalement pour nous, nous venons à toi. Peut-on dire mieux? Tu es l'homme de la fatalité, résigne-toi, et tire de ta position le meilleur parti que tu pourras.

— Parle donc, j'obéirai.
— Baal! Thor! Brinda! cria le Sarrasin.

A cette voix, les trois animaux accoururent : le cheval avec une plaie saignante au poitrail, les deux chiens avec une plaie saignante au front.

— Tu n'y vas pas de main morte, fit le Sarrasin en caressant les trois bêtes qui tournaient autour de lui et le flattaient, mais à l'avenir ne recommence plus. Ce sont de bonnes bêtes qui, pour te rappeler combien tu as été ingrat envers elles, garderont sur leur corps la tache de la blessure que tu leur as faite. Cette marque de sang rouge sur le poitrail de Baal lui va à merveille, et ton coursier n'en sera que plus original. Maintenant, voici la position : Jehanne est partie de Chinon pour aller prendre à Sainte-Catherine de Fierbois cette épée fleurdelisée que lui ont indiquée ses visions. C'est une arme terrible que tu ne pourras lui ravir ni par force ni par surprise; cependant cette arme se brisera entre ses mains le jour où elle commettra un péché, et elle commencera à nous appartenir. C'est donc à toi de lui faire commettre ce péché nécessaire. Tous les moyens que tu pourras employer pour la faire douter, emploie-les, car, je te le répète, c'est moins son corps que son âme qu'il me faut, et cela avant qu'elle ait pu faire sacrer le roi à Reims comme elle le lui a promis. C'est la dernière partie que nous puissions jouer contre le bon génie de la France; rappelle-toi cela. Jehanne victorieuse, ce grand pays qui nous a vaincus à Poitiers, ce pays des croisades et de la foi, retourne à Dieu, devient le phare du monde et nous rejette dans les ténèbres éternelles. Tu vois que c'est plus sérieux que tes vengeances particulières, et que tu devrais être fier d'avoir été choisi pour mener à bonne fin cette importante mission.

— Par quoi dois-je commencer? demanda Tristan.

— Remonte sur Baal, et ne t'arrête que lorsqu'il s'arrêtera lui-même. Ce sera près d'une église; car tu comprends bien que lorsque Baal trouve une église sur son chemin, il s'arrête tout court. Tu entreras dans cette église et tu verras ce qui s'y passera. Tu prendras conseil des circonstances pour savoir si tu dois retourner au camp français ou passer à l'ennemi, ce que je te conseillerais plutôt. Tu n'en es plus à discuter la trahison, je pense, quand cette trahison peut te servir à quelque chose. En passant aux Anglais, avec le courage que tu as et les occasions que je te fournirai, tu feras vite ta fortune et tu trouveras moyen d'avoir un autre nom que ce nom roturier de Tristan le Roux. Puis tu pourras mieux surveiller Jehanne, d'autant plus que, lorsque tu croiras la chose nécessaire, il te sera facile de te mêler aux gens de sa suite sans crainte d'être reconnu. Tu tiens toujours à être riche et puissant, n'est-ce pas?

— Oui.

— Eh bien! je te le répète, passe aux Anglais, c'est un peuple généreux et qui récompense mieux qu'aucun autre les mauvaises actions. Toute sa politique est là-dedans et elle est bonne. Mais attends pour passer à eux le moment le plus opportun et l'occasion la plus favorable à leurs intérêts. Tout est bien convenu, n'est-ce pas?

— Oui.

— Dévouement sans limite à notre cause.

— Oui.

— Obéissance sans discussion à nos ordres.

— Oui.

— Poursuite sans relâche de cette Jehanne maudite.

— Oui.

— Tu le jures?

— Je le jure. Et en échange?

— Dans un an, tout ce que tu me demanderas.

— Tu le jures?

— Oui, et sois tranquille, mon serment vaut le tien. Et maintenant, pars, et comme il te faut une épée pour remplacer celle que tu as brisée contre moi et pour combattre cette Jehanne, le cas échéant, prends la mienne; elle est lourde, mais elle est bonne. Va.

Tristan sauta sur Baal et partit.

Le jour parut.

Quand Baal s'arrêta, il pouvait être midi environ, et le soleil était éclatant. On eût dit qu'il y avait fête au ciel. Tristan vit, à cent pas environ du lieu où il s'arrêtait, les flèches d'une église, comme le lui avait prédit le Sarrasin ; mais cette église était entourée d'une foule si compacte, qu'il était impossible de la traverser à cheval. Tristan confia Baal et ses chiens à un maître tavernier qui regardait passer le monde du seuil de sa porte, et il se dirigea à pied vers l'église.

Au moment où il arrivait, il vit s'avancer un cortége étincelant, dont les armures, les cuirasses, les caparaçons et les bannières brillaient au soleil de toutes les couleurs éclatantes de l'arc-en-ciel. Devant ce cortége, marchaient les hérauts, le poing gauche sur la hanche et soufflant à tue-tête dans leurs longues trompettes de cuivre pavoisées aux armes de leurs seigneurs. Puis venaient les comtes, les barons et les chevaliers à cheval, et, au milieu d'eux, sur un magnifique cheval blanc qui lui avait été donné par la duchesse d'Alençon, en reconnaissance de la promesse que Jehanne lui avait faite de lui ramener sain et sauf le duc nouvellement revenu de la prison anglaise, s'avançait Jehanne, ayant La Hire à sa droite, Xaintrailles à sa gauche, et derrière elle son page, son chapelain, son écuyer et un seul de ses deux hérauts ; car, comme on se le rappelle, Jehanne en avait envoyé un porter à Bedfort la lettre qu'elle avait écrite chez le roi, et ce héraut ne devait la retrouver qu'à Blois.

L'écuyer, c'était Jehan Daulon ; le page, Louis de Comtes, dit Imerget ; le héraut, Ambleville ; l'autre s'appelait Guyenne, et le chapelain, frère Pasquerel, tous hommes de cœur et de religion choisis par le roi lui-même.

Derrière cette première suite venaient les sires de la Maison, de Poton, d'Ambroise de Loré, l'amiral de Ceilant, et deux cent cinquante à trois cents hommes d'armes à peu près, en tête desquels marchaient Olivier de Karnac causant avec Étienne, notre ancienne connaissance, qui avait demandé au roi la permission d'être de cette fête, car sa nature d'enthousiaste s'était passionnée pour Jehanne, et il faisait la route à côté d'Olivier, le jeune homme à l'âme naïve, avec lequel son âme devait le mieux sympathiser.

L'église vers laquelle cette troupe d'hommes s'avançait au milieu des acclamations du peuple était l'église Sainte-Catherine de Fierbois, et ce pèlerinage n'avait d'autre but que de prendre aux yeux du plus grand nombre possible l'épée que Jehanne, quoiqu'elle ne fût jamais venue à Fierbois, avait annoncé devoir être sous la pierre qui recouvrait, au milieu de la nef, le tombeau d'un vieux chevalier.

Tristan entra dans l'église, et ne voulant pas être reconnu de son frère, il se plaça derrière une colonne d'où il pouvait tout voir et ne pas être vu.

Les cavaliers descendirent de leurs chevaux, qu'ils remirent aux mains de leurs écuyers, ôtèrent leurs éperons, leur casque et leur épée, qu'ils confièrent à leurs pages, et le cortège entra dans l'église au milieu du plus religieux silence et avec le plus grand recueillement. Le peuple y entra ensuite; et comme cette petite église ne pouvait contenir ce grand concours de gens, on laissa les portes ouvertes, afin que du dehors même on pût voir ce qui allait se passer.

Jehanne s'agenouilla tout d'abord, et, après une courte prière, elle se releva et montrant un tombeau couvert par une statue de marbre couchée les mains jointes et la tête posée sur un coussin, statue qui était l'effigie du chevalier que ce tombeau renfermait, elle dit à voix haute :

— Levez cette pierre, qui n'a jamais été levée depuis le jour où elle a été posée sur le corps du brave chevalier qui repose dans cette tombe; levez la, c'est Dieu qui le veut, car ce n'est que par son ordre que je trouble le repos d'un mort; et sous cette pierre nous trouverons une épée avec cinq fleurs-de-lis sur la lame et sur la poignée. Vous me donnerez cette épée, dont la découverte sera un témoignage de plus que Dieu permet que je donne de ma sainte mission, car cette épée est celle avec laquelle je dois chasser devant moi les ennemis de la France, comme le berger chasse son troupeau craintif avec une branche d'aubépine.

Un rayon de soleil qui filtrait à travers les vitraux de l'ééglise éclairait le visage illuminé de la jeune fille, et ceux qui étaient là voyaient luire une auréole à son front.

Quelques hommes s'avancèrent alors vers le tombeau, et soulevèrent la table de marbre qui le recouvrait.

Quand cette table eut été déposée à terre, quand le prêtre qui officiait eut béni la tombe ouverte, Jehanne s'agenouilla de nouveau, et, plongeant la main dans le sépulcre béant, elle en retira l'épée prédite et la montra à la foule, qui l'acclama par mille cris d'enthousiasme.

Jehanne alors pressant cette épée contre son sein, dit :

— Nobles et bourgeois, chevaliers et manants, je jure devant vous de ne remettre cette épée au fourreau que lorsque j'aurai fait lever le siége de la bonne ville d'Orléans, qui tient toujours pour monseigneur le dauphin, et que lorsque j'aurai fait sacrer à Reims le véritable héritier du trône de France, le roi Charles VII, demandant ici à Dieu qu'une fois ma mission remplie, je puisse retourner à ma chaumière, à ma famille qui me pleure, et à mon troupeau blanc qui m'attend encore autour du grand arbre sous lequel je m'asseyais.

— Ainsi soit-il ! répondit unanimement la foule, et un chant religieux éclata de toutes parts.

— Et maintenant, dit Jehanne, quand le chant eut cessé, à Orléans!

— A Orléans! répétèrent toutes les poitrines avec enthousiasme, et les femmes s'approchèrent de Jehanne pour baiser ses mains, et les vieillards s'agenouillaient devant elle, et les enfants touchaient son armure, et chacun regardait avec une noble admiration dans le cœur et des larmes d'attendrissement dans les yeux, cette belle vierge, simple comme une bergère, forte comme un apôtre.

Le cortége se remit en route, se dirigeant vers Blois, où l'on avait donné rendez-vous aux derniers renforts que l'on devait recevoir avant de se rendre à Orléans. Tous les assistants avaient quitté l'église, et suivaient la jeune fille en criant : Gloire à Dieu!

Un seul homme était resté dans l'église, pensif et rêveur.

Cet homme c'était Tristan.

Tristan était le fils de la comtesse de Karnac, c'est-à-dire qu'il avait dans les veines du sang noble et généreux. Ce qu'il venait de voir l'avait impressionné à ce point, que deux ou trois fois ses genoux s'étaient pliés malgré lui comme pour le forcer à une prière. C'est ainsi que Dieu montre de temps en temps aux êtres les plus égarés un chemin qui les ramènerait directement et sans fatigue à lui. Mais Tristan avait aperçu Olivier heureux, riche et triomphant, et la haine s'était réveillée en lui.

— Le sort en est jeté, avait-il dit tout à coup en passant la main sur son front, allons!

Et quand il avait été sûr que personne ne pourrait le reconnaître, il avait quitté l'église Sainte-Catherine de Fierbois, et tournant le dos au cortége joyeux qui s'éloignait au milieu des fanfares, il avait repris, morne et fatal, une route longue et solitaire.

XXII

ORLÉANS

Jehanne resta quelques jours à Blois, attendant les compagnies qui devaient l'y rejoindre, quoiqu'elle eût dit que si peu nombreux que fussent les soldats du roi de France, comme Dieu combattait pour eux, ils remporteraient la victoire. Mais les chefs de l'expédition, tout confiants qu'ils étaient dans la parole de Jehanne, avaient préféré attendre les renforts nécessaires, disant que c'était toujours plus prudent. Elle avait consenti à ce qu'ils voulaient, pour qu'une autre fois ils se rangeassent à son opinion, et elle avait attendu.

Or, un assez long temps s'était écoulé depuis son arrivée à Chinon jusqu'à son arrivée à Blois, temps qui avait été employé en préparatifs, en réunions, en approvisionnements de toutes sortes, et le messager qu'Olivier avait envoyé à sa mère avait pu voir la comtesse et revenir auprès du jeune comte qu'il avait retrouvé à Blois.

Quand ce messager d'un fils bien-aimé et d'un fiancé auquel on pensait tous les jours arriva au château de Karnac il fut traité comme l'ambassadeur d'un roi. Quand il remit à la comtesse la lettre où se trouvait le récit de la merveilleuse mission de Jehanne, les deux femmes remercièrent le ciel d'avoir permis qu'Olivier se trouvât à faire partie d'une si miraculeuse expédition, et les questions de la dame de Karnac et de sa nièce commencèrent. Alors il vint à Alix, la vierge pure, la chaste fiancée, l'âme chrétienne, cette bonne et sainte pensée de faire quelque chose pour la mystérieuse envoyée de Dieu, pour la sublime bergère, d'autant plus que dans son esprit superstitieux elle comptait que le Seigneur récompenserait son amant de ce qu'elle aurait fait; car, pour elle, la récompense devait être accordée à celui des deux qui courait le plus de dangers. Elle pria donc le messager d'attendre quelques jours, et elle se mit à faire, travaillant jour et nuit, une belle bannière de soie blanche, toute parsemée de fleurs-de-lis d'or, avec Notre-Seigneur au milieu, tenant le monde dans sa main, et, à sa droite et à sa gauche, deux anges à genoux et en prières. Puis, du côté où n'étaient point peintes les saintes images, elle broda ces deux mots en lettres d'or : *Jesus, Maria.*

Cet ouvrage fini, elle le rendit au messager avec une lettre dans laquelle elle priait Olivier de faire accepter cette bannière à Jehanne, et de lui dire qu'il y avait loin d'elle, une jeune fille de son âge que Dieu n'avait pas cru, comme elle, digne d'une mission, mais qui avait voulu lui donner une preuve de sa croyance et de sa sympathie, et qui priait le ciel de la faire réussir

En même temps que cette bannière et que cette lettre, le messager rapportait à Olivier une lettre de la comtesse effrayée qui écrivait ces seuls mots à son fils :

« Garde-toi de Tristan. »

En effet, c'était pendant le séjour du messager au château que la scène que nous avons décrite précédemment avait eu lieu, sans qu'Alix en eût rien, retenue qu'elle était au fond de sa chambre par son pieux travail. Quand, après avoir entendu le bruit qu'avait fait la lutte de Tristan contre les gens du château, la jeune fille en avait demandé la cause, sa tante, pour ne pas l'alarmer, lui avait répondu que ce bruit venait d'une querelle qui avait eu lieu entre des archers, querelle qui ne se renouvellerait plus, et la douce enfant, sans méfiance, s'était contentée de cette réponse.

Le messager revint donc trouver le comte à Blois, et lui remit les deux lettres et la bannière.

La joie d'Olivier fut grande en lisant celle d'Alix, son étonnement fut grand en lisant celle de sa mère.

Il questionna à ce sujet le messager, et celui-ci raconta ce qu'il avait vu, c'est-à-dire que Tristan avait eu avec la comtesse un entretien, à la suite duquel elle avait ordonné qu'on le jetât hors du château, ce que l'on avait fait avec beaucoup de peine, ajoutant que depuis ce moment jusqu'à son départ, c'est-à-dire deux ou trois jours après encore, on n'avait plus entendu parler de Tristan.

— Voilà qui est étrange, se dit Olivier, qui ne s'était pas encore expliqué la cause de la disparition de Tristan, et auquel la lettre brève de sa mère ne révélait rien qu'un soupçon à avoir et un danger à courir.

— Et Tristan n'a pas reparu au château? demanda Olivier en relisant la lettre de sa mère pour tâcher d'y découvrir un sens caché.

— Non, monseigneur.

— Et ma mère est en sûreté ainsi que sa nièce?

— Le pont est levé, on a baissé la herse, l'archer est dans sa tour, le soir même du jour où messire Tristan s'est présenté, la sentinelle a tiré dans les ombres de la nuit sur un homme qui rôdait autour du château.

— C'est bien; le reste me regarde.

Et de là, se rendant auprès de Jehanne, Olivier dit à la vierge de Domremy :

— Jehanne, j'ai une fiancée que j'aime, et qui m'aime. Quand vous aurez délivré Orléans et fait sacrer monseigneur le dauphin à Reims, je compte retourner auprès d'elle, si Dieu me prête vie, et devenir son époux. Je lui ai écrit votre touchante histoire, et je lui ai fait part de votre belle mission ; alors elle s'est enfermée en sa chambre et a fait la bannière que voici, me priant de vous la faire accepter, car elle cr... que ce don portera bonheur à nos chastes amours. Voulez-vous prendre cette bannière, Jehanne ? j'en serai bien heureux, et mon dévouement pour vous ne fera que s'en augmenter.

Et en disant cela, le pieux jeune homme, qui regardait Jehanne comme une sainte, s'agenouillait devant elle et lui remettait la bannière d'Alix.

— Merci, gentil sire, répondit Jehanne avec émotion, car les marques de déférence qu'on lui donnait la touchaient jusqu'aux larmes ; merci de votre offrande. Je l'accepte de grand cœur, et ce sera à l'ombre de cet étendard que nous combattrons tous deux, car vous combattrez à côté de moi. Mais dites-moi, messire, n'avez-vous reçu aujourd'hui que des nouvelles heureuses ?

— Non, Jehanne, au contraire ; un avis douloureux s'est mêlé à ma joie.

— Quelque ami qui vous trompe, n'est-ce pas ; un cœur qui vous manque, une main aimée qui vous trahit ? demanda Jehanne.

— Cela est vrai. Comment savez-vous cela ?

— Dieu ne permet-il pas que je lise dans les cœurs et que je préserve ceux qu'il aime.

— C'est juste. Eh bien ! Jehanne, dois-je craindre ou avoir confiance ?

— Ayez confiance, car il ne faut jamais désespérer quand on a Dieu pour soi. Seulement je dois un cadeau à votre fiancée en échange de celui qu'elle me fait ; malheureusement je suis pauvre, moi, mais peut-être ce que je lui donnerai lui sera-t-il plus utile que les plus riches présents. Voici deux médailles bénies toutes deux par le vieux curé de mon village. Envoyez-en une à votre fiancée et gardez l'autre pour vous, messire ; ayez tous deux la foi et je vous promets, au nom de Notre-Seigneur, que vous reverrez heureux et triomphant le seuil de votre château.

Olivier baisa en pleurant les mains de Jehanne, et remettant au messager une des deux médailles qu'il venait de recevoir, il lui dit :

— Retourne vite auprès de ma mère et de ma fiancée, et répète-leur seulement ce que tu viens d'entendre. Tout sera dit.

Le messager s'éloigna, et Jehanne et Olivier restèrent seuls.

— C'est le même ennemi que nous avons, dit-elle tout à coup au comte après avoir réfléchi pendant quelques instants Qu'ai-je fait à cet homme qu'il me veuille du mal ?

— Vous connaissez celui dont ma mère me dit de me méfier.

— N'est-ce pas un jeune homme qui vous accompagnait quand vous nous avez rencontrés ?

— En effet.

— J'ai tressailli en le voyant pour la première fois.

— Est-il donc si dangereux ?

— Oui. C'est l'incarnation du doute, le plus grand ennemi de l'homme. Mais Dieu est plus fort que lui. Cependant il fera bien du mal.

— Mais vous me disiez tout à l'heure, Jehanne, que nous n'avions rien à craindre de lui.

— Vous ; mais moi, c'est autre chose.

— Vous, Jehanne, et que peut-il vous faire ?

— Je l'ignore. Tout ce que je sais, c'est qu'il me fera du mal. Mais après tout, qu'importe, continua la jeune fille en souriant. Je recevrai avec joie toutes les douleurs qu'il plaira à Dieu de m'envoyer. Son divin fils n'a-t-il pas souffert pour les hommes ? Est-il une plus belle mission que celles des martyrs ? Allons, messire, ne pensons plus à cela, c'est mal ; ne nous souvenons que d'une chose, c'est qu'il faut secourir nos frères d'Orléans et obéir à Notre-Seigneur, qui veut le bonheur du royaume de France.

Et Jehanne sourit à Olivier avec cette douce confiance qui faisait sa force.

En ce moment frère Pasquerel, son chapelain, entrait.

— Mon père, lui dit Jehanne, voici une bannière que m'envoie une noble jeune fille ; il faut que cette bannière soit en de saintes mains, je vous la confie, vous la porterez devant nous dans les marches, dans les fêtes, dans les processions et dans la route que nous allons suivre jusqu'à Orléans, car, si je ne me trompe, le maréchal de Saint-Sévère, le sire de Gaucourt et beaucoup d'autres nobles hommes d'armes que nous attendons arrivent en ce moment à Blois.

Et Jehanne, pour prouver ce qu'elle disait, s'approcha de la croisée et montra du doigt une troupe d'hommes qui se dirigeait vers la maison où elle était.

Quelques instants après, tous les chefs de l'expédition étaient autour de la jeune fille, qui leur disait :

— Messieurs, le temps presse. Demain, dès l'aube, nous nous mettrons en chemin en suivant la rive droite et en traversant la Beauce.

— Mais, fit observer Xaintrailles, c'est de ce côté qu'est toute la puissance des Anglais.

— Qu'importe répondit Jehanne, notre triomphe n'en sera que plus grand et leur faiblesse que plus évidente. D'ailleurs, Dieu le veut.

Les chefs se regardèrent et n'osèrent rien dire en ce moment. Mais quand Jehanne eut pris congé d'eux, ils décidèrent que sans lui en rien dire on ferait suivre au convoi la rive gauche en passant par la Sologne.

Le lendemain, dès le matin, on se disposa à partir.

Jehanne ordonna avant toutes choses que tous les gens de guerre se confessassent. Pour elle, la prière, la pureté de l'âme, étaient les premières armes et les plus invincibles.

Ce devoir de religion accompli, on mit ordre au convoi de vivres, qui se composait d'un grand nombre de bœufs, de vaches, de moutons, de brebis et de pourceaux que l'on plaça entre deux corps d'armée, et l'on partit.

Cette marche ressemblait plutôt à une fête religieuse qu'à une expédition de guerre. Frère Pasquerel venait le premier, portant la bannière que Jehanne lui avait remise la veille, et chantant des hymnes sacrés avec les autres prêtres qui accompagnaient l'armée. Jehanne marchait au milieu des chefs, qu'elle réprimandait sur la liberté de leurs propos, et se tenant le plus souvent à côté de La Hire, qu'elle avait pris en grande amitié, malgré ses éternels jurements, et qui, de temps en temps, pour la faire enrager, lui disait :

— Jehanne, je renie...

— Taisez-vous, lui disait Jehanne.

— Ma lance, disait alors La Hire en riant et en baisant la main de Jehanne ainsi qu'il eût fait pour une duchesse.

N'était-ce pas curieux, en effet, de voir tous ces vieux généraux rompus à la fatigue, habitués à la vie des camps, suivre galamment cette timide paysanne au combat, comme des lions qui suivraient une blanche brebis. Les soldats eux-mêmes ne se rendaient pas compte de l'empire que ce chef étrange exerçait sur eux, et eux qui jusqu'alors n'avaient marché à la guerre qu'avec des cris de pillage, qu'escortés de filles de joie, qu'accompagnés de la luxure et de l'ivrognerie, ils y allaient maintenant comme on va à une messe, l'âme recueillie, les yeux au ciel, et parlant bien bas dans la crainte d'être entendus de Jehanne, quand l'un d'eux voulait tenir à son camarade quelques-uns des propos d'autrefois. Ce grand changement moral n'était-il pas déjà une preuve de l'intervention céleste, et la puissance que cette pauvre fille, venue des bords de la Meuse, exerçait sur tant d'hommes indisciplinés jusqu'alors, ne montrait-elle pas jusqu'à l'évidence que le ciel avait mis en elle une force inconnue aux plus vaillants, et capable de dominer les plus braves !

Le troisième jour, on arriva devant Orléans, et là seulement Jehanne s'aperçut qu'on l'avait trompée, car elle vit la rivière entre elle et la ville. Elle faillit se mettre en colère, mais elle demanda pardon à Dieu de ce péché avant de l'avoir commis, et elle songea à tirer de la position le meilleur parti possible.

Une bastille occupée par les Anglais se trouvait à deux cents pas en ? de l'endroit où Jehanne venait de faire faire halte à son armée ; elle ordonna qu'on s'en emparât, et comme les soldats préparaient leurs armes :

— C'est inutile, leur dit-elle, il n'y aura coup à férir. Les Anglais ont déjà si grand'peur de nous que ceux qui occupent cette bastille vont se sauver en nous voyant venir.

A peine Jehanne avait-elle dit cela, que l'on vit en effet la garnison de cette bastille se disperser dans la campagne avant même qu'on lui eût fait sommation de se rendre.

On pénétra donc dans la bastille sans difficulté, et cette preuve de l'effroi qu'inspirait la seule vue de Jehanne augmenta encore le courage de ses soldats.

Jehanne resta sur la rive, elle, et voyant une barque se diriger vers l'endroit où elle était :

— Voici Dunois qui vient à nous, dit-elle; dans deux heures nous serons à Orléans; puis touchant d'une main le bras d'Olivier, et lui montrant de l'autre, à mille pas environ, une bastille sur laquelle flottait un étendard noir et sans légende :

— C'est là qu'est notre ennemi, messire, lui dit-elle; c'est là qu'est notre ancien compagnon, l'âme sans reconnaissance, le cœur sans loyauté. S'il m'arrive jamais malheur, c'est de là que ce malheur viendra.

XXIII

TRISTAN SE MET A L'ŒUVRE

Deux heures après, un spectacle étrange frappait les Orléanais, accourus sur les remparts de leur ville et montés sur les toits de leurs maisons. Des barques sans le secours des voiles ni des rames, remontaient le fleuve, et ceux qui eussent dû les conduire, au lieu de manœuvrer comme des mariniers, étaient agenouillés et chantaient un immense *Te Deum*, dont la douce musique arrivait jusqu'aux assiégés, qui le répétaient en chœur. Dans la première de ces barques se trouvaient Jehanne, Dunois et La Hire; les autres portaient les munitions, les grains et les animaux. Ce n'était pas le vent de la terre, c'était le souffle de Dieu qui poussait cette flotte.

Le convoi s'arrêta tout seul devant Orléans, et Jehanne, mettant pied à terre, ordonna qu'on introduisît les vivres dans la ville. On eût dit que jamais les Anglais n'avaient occupé les bords de la Loire, car aucun d'eux ne sortait des bastilles, excepté pour fuir.

Le miracle était évident. Jehanne fut reçue comme une libératrice, et, accompagnée de deux cents lances, tandis que le reste de la compagnie retournait à Blois pour y préparer un autre convoi, elle entra dans la ville, et se rendit d'abord à l'église pour y remercier publiquement Dieu.

La foule était accourue sur les pas de la jeune fille. Là, comme à Fierbois, on baisait ses mains et l'on touchait son étendard. Les malades voyaient en elle la guérison, comme les Orléanais voyaient la liberté. C'était à qui offrirait sa demeure à l'envoyée de Dieu, car on était convaincu que les bénédictions du ciel tomberaient sur la maison qui aurait le bonheur de l'abriter.

— Merci, braves gens, répondit-elle avec émotion à tous ceux qui lui faisaient cette offre; mais je sais d'avance où je dois aller.

— Dites-le, Jehanne, et nous vous conduirons.

— Où demeure le trésorier du duc d'Orléans?

— Jacques Boucher?

— Oui.

— Oh! c'est un digne homme, sa femme une sainte femme, sa fille une pieuse fille.

— C'est chez lui que je veux aller.

— C'est moi! Jehanne, dit un vieillard en fendant la foule au milieu de laquelle il se trouvait, et en s'agenouillant devant la sublime bergère, c'est moi! D'où me viennent l'honneur et la grâce que vous me faites?

— Cet honneur et cette grâce, messire, vous viennent de vos vertus et de votre respect pour Dieu, et c'est Dieu qui m'envoie chez vous.

— Suivez-moi donc, Jehanne, car nulle maison, fût-ce celle du roi de France, ne vous sera plus hospitalière que la mienne.

Jehanne suivit le trésorier, et si quelqu'un envia ce bonheur à Jacques, nul n'en blâma Jehanne, car Jacques était le plus honnête qu'on pût voir.

Toute la ville suivait, en chantant et en jetant des fleurs sur le passage de la Pucelle.

Pendant ce temps, on achevait d'entrer dans Orléans le premier convoi de vivres.

— Femme, dit Jacques Boucher en montrant Jehanne à sa femme, Dieu a envoyé un ange sur la terre, et cet ange a choisi notre maison pour s'y reposer un instant.

— Mon enfant, dit Jehanne à la fille de Jacques Boucher, voudrez-vous me donner la moitié de votre chambre et la moitié de votre lit?

Pour toute réponse, la jeune fille baisa la main de Jehanne avec des larmes de reconnaissance et d'émotion.

— Dites-moi votre nom, mon enfant, reprit la bergère.

— Haumette, répondit la jeune fille.

— Haumette, fit Jehanne avec un soupir, c'est le nom de ma première amie; c'est avec Haumette que je courais dans la plaine et que je cueillais des fleurs pour sainte Marguerite quand j'avais dix ans. Haumette! tu es bien heureuse de n'avoir pas quitté la chaumière paternelle et de vivre loin des camps et de la guerre sous les tranquilles ombrages du bois chenu.

— Regrettez-vous donc la mission que vous accomplissez? demanda Jacques Boucher.

— Non, mon père, car mon devoir est de l'accomplir; mais je regrette ma mère que j'ai laissée pleurant, mon père qui n'a que sa prière pour se consoler, mon frère et mes amis d'enfance, que je ne reverrai peut-être plus.

Jehanne était ainsi faite. Chaque fois qu'elle venait de triompher d'un obstacle ou de remporter une victoire, le souvenir de sa vie tranquille passait sur l'éclat de sa vie nouvelle, et tout en étant fière de celle-ci, elle ne pouvait s'empêcher de regretter l'autre.

— Oh! il y a beaucoup de la femme, mes amis, continuat-elle en voyant que ceux à qui elle parlait étaient tout étonnés de la voir triste une heure après avoir accompli sa première promesse, accomplissement qui mettait tout un peuple dans la joie et qui allait émerveiller le monde ; oh ! il y a beaucoup de la femme dans celle que vous appelez un ange. Tu le verras, Haumette, toi qui me verras de près, toi à qui je ne cacherai ni mes faiblesses passées ni mes faiblesses présentes.

Et en disant cela, Jehanne pressait la tête de la jeune fille dans ses mains et l'embrassait à plusieurs reprises.

— Allons, Jehanne, chassez cette tristesse, dit Olivier, qui, comme toujours, n'avait pas quitté la Pucelle. Tous nous avons laissé ce que nous aimions pour servir le roi de France et sauver le pays. Dieu nous tiendra compte de ce que nous avons fait, et nous reverrons un jour, vous les bords de la Meuse, moi les plaines de Karnac. N'est-ce pas, Étienne ?

— J'y compte bien, répliqua le bel enfant, le silencieux amant d'Agnès, j'y compte bien. J'aurais pu, moi, ne pas quitter ce que j'aimais, car rien ne me forçait à vous suivre, car je ne suis pas un homme de guerre, moi, car j'ai jusqu'à présent passé ma vie à chanter des ballades et à composer des vers ; eh bien ! je vous ai suivie, Jehanne, sans savoir pourquoi, parce que vous êtes jeune, parce que vous êtes bonne, et que, comme ma destinée est de donner ma vie à quelqu'un, je vous l'abandonnerai à vous, si elle peut vous être bonne à quelque chose.

Haumette regarda celui qui venait de parler ainsi, et le voyant jeune, beau, faible comme elle, ayant reconnu dans ses paroles un écho de ses propres pensées, elle se dit, presque malgré elle, que ce cœur était le frère du sien, et qu'il y aurait peut-être un bonheur à tirer de la réunion de deux âmes si semblables ; car Haumette était une charmante vierge, aussi belle sous sa robe de lin que la plus belle sous sa robe de velours, aussi blanche et aussi sainte que les plus aimées du Seigneur.

Mais elle fut troublée dans ses pensées par un grand bruit qui se fit à la porte, et par l'entrée des chefs qui étaient venus à Orléans avec Jehanne. C'étaient Dunois, Xaintrailles, le sire de Gamaches et le sire d'Illiers, qui venaient tenir conseil afin de savoir ce qu'il y aurait à faire, maintenant qu'on était entré à Orléans.

— Jehanne, dit Dunois, vous avez si miraculeusement tenu votre promesse aujourd'hui, que nous n'avons voulu rien décider sans avoir pris d'abord votre avis.

— Merci, merci, répondit Jehanne, mais mon avis est bien simple. Seulement rappelez-vous qu'il faut le suivre aveuglément si vous voulez triompher, car il ne vient pas de moi, mais de Dieu.

Les chefs s'inclinèrent en signe d'adhésion, quoique quelques-uns d'entre eux, sceptiques comme de véritables soldats, ne fussent pas encore bien convaincus de la réalité de sa mission.

— Voici donc ce que j'ordonne, répéta Jehanne.
— Ce que vous ordonnez? fit le sire de Gamaches.
— Oui, messire.
— Et de quel droit ordonnez-vous ici?
— Du droit que je tiens de Dieu d'abord, je vous le répète, et du roi ensuite, vous le savez aussi bien que moi, messire. Obéissez-moi donc, car, encore une fois, vous ne chasserez l'Anglais qu'à cette condition.
— Voyons vos projets.
— Messire, fit Jehanne en se retournant vers Dunois, vous partirez demain pour renforcer les troupes qui sont parties pour Blois ce soir. Quant à nous, nous étudierons demain et après-demain l'état de la ville et les positions des assiégeants, et dans trois jours nous attaquerons les Anglais à la Bastille des Tournelles.
— Je m'oppose à ce projet, fit le sire de Gamaches.
— Et moi aussi, fit La Hire.
— Et pourquoi?
— Parce que nos troupes sont en trop petit nombre, et qu'il vaut mieux attendre que Dunois soit revenu avec son renfort.
— Ce n'est ni le nombre des soldats, ni le courage du corps qu'il faut pour vaincre, c'est l'énergie de l'âme.

— Tout cela est bon à dire, mais moi je ne combattrai pas, reprit le sire de Gamaches.

— Eh bien! quoique cela me peine, je combattrai sans vous, messire, et vous aurez la douleur de n'avoir pas participé à la victoire et de ne pouvoir point participer à l'honneur.

— Moi, je suis de l'avis de Jehanne, fit Dunois.

— Et moi je suis de l'avis de Dunois, fit Xaintrailles.

— Et moi je pense comme Xaintrailles, Dunois et Jehanne, ajouta le sire d'Iliers.

— Alors on me donne tort? s'écria le sire de Gamaches qui n'était pas habitué à ce que son avis ne prévalût point.

— Non, messire, répliqua Jehanne, on me donne raison.

— Fort bien! Puisqu'il en est ainsi, puisqu'on écoute l'avis d'une péronnelle de bas lieu mieux que celui d'un chevalier tel que moi, je ne me rebifferai plus. En temps et lieu ce sera ma bonne épée qui parlera. Mais le roi et mon honneur le veulent, à partir d'aujourd'hui, je défais la bannière et ne suis plus qu'un pauvre écuyer. J'aime mieux être le soldat d'un noble homme que d'obéir à une fille qui vient on ne sait d'où et qui a fait on ne sait quoi.

— Oui, messire, fit Jehanne avec émotion et en faisant signe à ses amis qui voulaient répondre à Gamaches, de se taire et de la laisser dire; oui, je comprends votre colère et qu'il vous soit dur, après vingt années de hauts faits, d'obéir à une pauvre paysanne comme moi. Mais la soumission vous serait facile et l'obéissance vous serait douce, messire, si vous vouliez bien vous pénétrer une fois pour toutes que je ne suis pas une femme, mais la vivante volonté du Seigneur, et que devant le chef de tous les mondes, les plus grands capitaines peuvent se courber sans honte et obéir sans affront. Rien ne pourra m'arrêter dans la voie que j'ai prise, et ma résolution dépassera les vôtres, quand les vôtres ne seront pas dans les desseins de Dieu. Or, je vous le dis de nouveau, Dieu ne veut pas ce que vous voulez aujourd'hui; et ce que je veux s'accomplira. Donnez-moi la main et laissez-vous convaincre.

Dunois se leva, prit la main de Gamaches et la mit dans la main de Jehanne.

— Allons, n'en parlons plus, dit le chevalier; je ferai ce que les autres feront.

— Voilà qui est parler, messire, dit Jehanne avec joie ; parlez toujours ainsi, et le Seigneur bénira vos armes. Maintenant, messieurs, faisons une dernière sommation à nos ennemis, afin que, si cela est possible, ils se retirent sans qu'il y ait de sang de répandu.

Et Jehanne appela :

— Ambleville !

Ambleville était, comme on se le rappelle, le second héraut de Jehanne.

— Tu vas porter à Talbot, lui dit-elle, la lettre que je vais dicter à Messire Olivier de Karnac, et tu lui diras que c'est la dernière sommation que je lui ferai.

Et Jehanne dicta à Olivier une lettre qu'elle signa de sa croix, et qui ordonnait aux Anglais de se retirer, s'ils voulaient éviter de grands malheurs.

Ambleville hésita s'il prendrait la lettre.

— Pourquoi hésites-tu? lui dit Jehanne.

— Si Talbot allait me retenir prisonnier?

— Il n'a garde.

— Cependant il a menacé Guyenne de le faire périr s'il revenait avec une lettre de vous.

— Tu as donc peur de la mort? fit Dunois.

— J'ai peur d'une mort obscure et inutile. Puis, j'ai ma mère qui a soixante ans et qui n'a que moi.

— Alors donne-moi cette lettre, fit Étienne en se levant.

— Vous allez la porter! s'écria Haumette, qui avait assisté à toute cette scène ainsi que son père, scène pendant laquelle Jehanne, assise à côté d'elle, lui avait tenu la main comme à une sœur.

— Oui, répondit Étienne. Je n'ai jamais vu un Anglais de près, et je ne serais pas fâché d'en voir un.

— Mais si l'on vous tue?

— Jehanne n'a-t-elle pas dit qu'il n'y avait pas de danger?

et d'ailleurs je suis orphelin, moi, ce n'est pas comme Ambleville.

En disant cela le jeune homme prenait la lettre.

Jehanne, à qui rien n'échappait, serra la main de Haumette et lui dit tout bas :

— Rassurez-vous, enfant, c'est un message sans danger. Du reste, nous allons gagner les remparts pour étudier les environs, et nous le suivrons des yeux.

Comme elle disait cela, Étienne, avec son insouciance ordinaire et comme un véritable écolier, quittait en chantant l'hôtel de Jacques Boucher et prenait sa course vers la porte de la ville.

Les capitaines qui se trouvaient là, le trésorier et sa fille, s'acheminèrent vers les remparts, d'où l'on aperçut le jeune homme qui se rendait à la Bastille Saint-Laurent, que commandait Talbot.

— Messire, dit Étienne au capitaine anglais, à côté duquel un homme était assis, la tête appuyée sur sa main et le visage caché par cette main, messire, voici une lettre de Jehanne la Pucelle qui demande prompte réponse.

Et en disant cela, le jeune homme qui remettait la lettre à Talbot regardait curieusement autour de lui.

Talbot, après avoir lu cette lettre, la passa à son compagnon, lequel releva la tête, si bien que le page put voir un homme de vingt ans environ, pâle, les cheveux et la barbe rouges, et vêtu d'une armure du huitième siècle.

— Je pense, répondit cet homme, qui n'était autre que Tristan, qu'il ne faut rien répondre à cette fille et qu'il faut pendre son messager.

— Alors, voilà votre opinion, messire, fit Étienne en riant. Savez-vous qu'elle n'est ni chrétienne ni hospitalière ! Mais on ne pend pas comme cela un ami du roi de France et un ambassadeur de la Pucelle, car je suis l'un et l'autre.

— Et qui nous en empêcherait si nous le voulions ? demanda Talbot.

— Oh ! personne. Seulement, vous auriez le chagrin, si cela arrivait, de voir les deux cents prisonniers anglais que nous avons se balancer au vent sur les remparts d'Orléans, pendus chacun à une potence pareille à la mienne, sans compter qu'avant deux ou trois jours vous pourriez bien vous balancer tous les deux de la même façon, attendu que Jehanne n'aurait de cesse qu'elle ne m'eût vengé.

— Ainsi, Jehanne compte livrer bataille si nous refusons de nous retirer?

— Oui.

— Et peut-on savoir quand elle donnera le combat?

— Elle n'en fait pas mystère : dans trois jours.

— Eh bien! dites-lui, beau messager, que dans trois jours nous serons prêts à la combattre.

— Voilà toute votre réponse?

— Et tu ajouteras que si elle nous envoie encore des hérauts comme toi, nous ne lui en renverrons que des morceaux.

— A charge de revanche, messire, et soyez tranquille, nous ne bouderons pas. Quant à vous, l'homme rouge, je me rappellerai votre figure, et, par sainte Agnès, en attendant qu'on vous pende en réalité, je vais vous pendre en effigie, dès que je vais être rentré à Orléans.

Tristan se leva et courut sur Étienne; mais avant qu'il eût pu l'atteindre, l'étrange ambassadeur avait sauté par la fenêtre et s'était mis à courir à travers la campagne, dans la direction d'Orléans.

— Eh bien! cria Jehanne à Étienne quand elle le vit aux pieds du rempart.

— Eh bien! ils ont voulu me pendre, répondit Étienne en riant; puis ils ont voulu m'assommer, mais j'ai sauté par la fenêtre et me voilà.

— Ainsi, ils refusent de quitter la place?

— Oui.

— Oui, nous refusons, ribaude, s'écria un soldat anglais qui passait près des remparts avec une petite troupe d'hommes; oui, nous refusons d'obéir à une sorcière comme toi, à la prostituée des Armagnacs, qui se dit une envoyée de Dieu, et qui n'est qu'une messagère du diable.

— Malheureux! s'écria Jehanne, peux-tu bien blasphémer ainsi, quand tu es si près de la mort!

— Que voulez-vous dire, Jehanne? demanda La Hire à la jeune fille.

— Je veux dire qu'avant une heure ce malheureux aura rendu son âme à Dieu qu'il insulte.

Le soldat et ses compagnons continuèrent leur chemin, ceux-ci silencieux, celui-ci continuant à insulter Jehanne; mais à peine avait-il fait cinquante pas, que son cheval, effrayé, se cabra et l'emporta dans la direction de la rivière.

— Voyez, dit Jehanne en étendant la main; voyez la justice de Dieu : cet homme va mourir.

Tous les yeux se fixèrent sur le cavalier impie, et à travers le tourbillon de poussière que soulevait son cheval, on le vit osciller de droite à gauche, frappé qu'il était sans doute de la prédiction de celle qu'il avait insultée, et on l'entendit pousser des cris de terreur; puis bientôt on n'aperçut plus que le cheval, et l'on se demandait ce que l'homme était devenu, quand on vit le cheval traînant quelque chose dans sa fuite : c'était le cadavre du soldat dont un des pieds était resté pris dans l'étrier, et que les pierres du chemin déchiraient en lambeaux. Tous ceux qui étaient là regardèrent Jehanne avec admiration, et comme on dut regarder le Christ quand il ressuscita d'un mot la fille de Jaïre.

— Oh! vous qui lisez ainsi dans l'avenir, dit tout bas Haumette à Jehanne, pourriez-vous lire ce qui se passe en moi depuis que vous êtes à Orléans?

— Oui, mon enfant, répondit la Pucelle, et si vous le voulez, un soir nous en causerons; car il y a ici bien des oreilles qui pourraient entendre ce qui ne regarde que vous moi, et une troisième personne, ajouta Jehanne en désignant Étienne qui venait de remonter sur les remparts et qui s'approchait d'elle.

XXIV

HAUMETTE

Les journées du lendemain et du surlendemain se passèrent pour Jehanne en réceptions et en promenades. Elle recevait les notabilités d'Orléans qui la venaient visiter, et sortait pour se montrer au peuple enthousiaste qui ne se lassait pas de la voir.

Le soir du deuxième jour, elle se retira avec sa jeune compagne dans la chambre qu'elles habitaient ensemble.

C'eût été alors un spectacle curieux que celui des deux jeunes filles assises sur leur lit comme deux enfants, ayant dépouillé, l'une sa robe, l'autre son vêtement de guerre, et causant entre elles avec la douce confiance de leur âge.

Nul, en ce moment, n'eût pu reconnaître dans Jehanne l'amazone chrétienne, la guerrière sublime qui allait en quelques jours délivrer un peuple et pousser devant elle une armée victorieuse depuis cent ans. Oubliant sa mission, les luttes qu'elle avait déjà soutenues, celles qu'il lui restait encore à soutenir, elle en revenait à sa nature primitive, elle redevenait la Jehanne d'autrefois, et, comme une simple paysanne, elle écoutait ce que lui disait Haumette, plus instruite qu'elle ; car la science de Jehanne était la science de l'avenir et non celle du passé ; car sa science c'était la foi !

Elles étaient donc belles ainsi, et d'une beauté toute différente. L'une, la fille du trésorier, était mince et pâle, l'autre était une ferme et ronde fille des champs, à qui la nature prévoyante avait accordé la force nécessaire pour endosser le harnais de bataille et la vigueur du corps, comme Dieu lui avait donné l'énergie de l'âme.

Un livre était posé à côté d'elles, livre dans lequel Haumette avait lu tout le soir, tandis que Jehanne, qui ne savait pas lire, écoutait les douces et consolantes paroles de ce livre pieux. Une lampe posée sur une table, dont la lumière caressait les épaules des deux vierges, des sièges de bois noir, des murs blancs avec un Christ et des images de piété, tel était le cadre de ce charmant tableau.

— Voyons, Haumette, nous sommes seules, disait Jehanne à la jeune fille en lui prenant les mains et en la regardant avec intérêt, qu'avais-tu à me dire que tu n'as pas osé me dire hier, et dont tu m'as promis la confidence pour aujourd'hui. Sur quoi voulais-tu me consulter ? A quoi enfin puis-je t'être bonne ?

— Comment, Jehanne, au milieu des grands intérêts qui vous préoccupent, vous consentez à vous intéresser à moi et à distraire un instant votre pensée de la grande mission que vous êtes en train d'accomplir ?

— Ma mission n'est-elle pas de faire le bien partout où je trouverai l'occasion de le faire ?

— Que vous êtes bonne !

— Oui, je suis une bonne fille, va.

— Une sainte fille, vous voulez dire. Parlez de vous avec plus de respect, Jehanne, car vous seriez la seule qui ne vous admireriez pas, et douter de vous ce serait douter de Dieu.

— Je veux dire, Haumette, que je n'avais aucun droit à être choisie par le Seigneur que d'avoir été toujours une bonne fille. Je ne suis et ne sais rien. J'obéis à la volonté qui me pousse, et ma force ne vient pas de mon esprit.

— Elle vous vient de votre cœur, Jehanne. De quelle autre science avez-vous besoin, vous qui avez Dieu avec vous ? Quand Jésus a choisi ses apôtres, est-ce parmi les savants de la terre qu'il a été les prendre ? Non, c'est parmi les esprits les plus humbles, parmi ceux qui ne savaient rien. C'est que Dieu écarte de la science de la vérité ceux qui veulent y être initiés par la discussion, tandis qu'il en rapproche ceux qui se présentent avec la foi

— Que de choses tu dis et que je ne saurais dire, et qui sont vraies, cependant ! Les paroles que tu viens de prononcer, je les entends en moi, mais je ne les pourrais peut-être pas répéter.

— Depuis deux jours que je vous connais, Jehanne, je vous étudie sans cesse, car je suis fière d'être votre compagne, et vous êtes tellement pure et tellement vraie, que vous n'avez pas besoin de paroles pour convaincre. Vous êtes un fait. L'étoile que le marin suit a-t-elle besoin de dire qu'elle est une étoile? Elle est, cela suffit.

Jehanne posa sa tête dans ses mains et se mit à réfléchir profondément.

— Quelle étrange chose! dit-elle tout à coup. Quand je suis seule; quand, comme cette nuit, tout repose autour de moi; quand je n'entends que le murmure de ma pensée intérieure, je me demande presque avec effroi si je faiblirai; si, dans le cas où de dures épreuves me seraient réservées, car j'ai la conviction que je souffrirai et que je mourrai jeune, si la matière l'emportera sur l'esprit, ou si, comme notre maître le divin Jésus, j'aurai la force de dominer la douleur et de dépouiller sans regrets et sans larmes mon enveloppe terrestre. C'est dans ces moments-là que je pense à ma mère, à mon père, à mes frères aînés que je ne reverrai peut-être plus. Heureux, vois-tu, ceux qui ne quittent pas l'humble foyer de leur enfance, ceux qui marchent dans la vie escortés des tranquilles habitudes de leurs premières années! Quand je me souviens de ce que j'étais et quand je vois ce que je suis, et surtout ce que je veux faire, puisque je suis à la veille d'entreprendre ce que les plus vaillants capitaines n'ont pu accomplir depuis bien des années, je fais un retour sur moi-même, et je demande à Dieu de permettre surtout que, mon œuvre accomplie, il me laisse retourner là d'où je viens, m'asseoir de nouveau aux genoux de ma mère et mener encore mon troupeau sous l'ombre de l'arbre des fées! Oh! le bonheur est là pour moi! Mais ce bonheur, continua Jehanne avec un soupir, je crains bien qu'il ne se réalise jamais.

— Ainsi, quand vous aurez sauvé votre pays, si le roi reconnaissant veut vous retenir, s'il veut vous donner la récompense que vous aurez méritée, vous ne l'accepterez pas?

— Ma récompense sera la joie d'avoir obéi au Seigneur. Retourner à Domremy, voilà tout ce que je demanderai ; mais le roi ne le voudra pas, et je serai bien malheureuse.

Et malgré elle Jehanne laissa tomber deux larmes. Cet admirable mélange de force et de faiblesse qui composait cette fille ; cette lutte perpétuelle de l'élue contre la femme ; cette créature merveilleuse qui, avec un cri, entraînait des milliers d'hommes au combat, et qui pleurait en voyant le sang, qui au milieu d'une charge arrêtait son cheval et descendait pour panser ou consoler un mourant ; cette âme forte entre toutes les âmes, et chez laquelle la sensibilité de la femme se révélait dans toutes les occasions, autant pour elle-même que pour les autres, est une des plus curieuses études que nous ait léguées le passé.

Croire que Jehanne accomplissait volontairement la mission dont elle s'était chargée, ce serait retirer à cette belle figure son caractère le plus frappant ; ce serait nier le triomphe de l'âme sur le corps, de l'esprit sur la matière, du créateur sur la créature. Si Jehanne eût pu ne consulter qu'elle ; si elle n'eût pas été poussée par une volonté supérieure à la sienne, Jehanne n'eût jamais quitté son village. Ce qu'il y a de beau dans son mystère, ce qui prouve l'intervention de la Providence dans l'iliade de cette vierge, c'est l'hésitation de la pauvre fille avant de se soumettre aux ordres reçus ; c'est la lutte qu'elle soutient contre cette impulsion qui n'est pas la sienne ; c'est sa nature de femme timide, ignorante et obscure qui réagit continuellement contre la violence que lui fait la main divine. Une fois partie, elle n'a pas reculé, mais elle eût bien voulu ne pas partir, et la rapidité qu'elle met à remplir sa mission prouve combien elle avait hâte de la voir accomplie.

Des écrivains matérialistes ont essayé de prouver que Jehanne avait obéi à un accès de folie périodique. S'il n'y avait eu que folie en elle, les accès passés elle fût tombée dans un affaissement profond et fût revenue sur ses pas. Et cependant, pour arriver au résultat qu'il voulait, Dieu s'est servi de moyens humains, car Dieu ne peut et ne veut procéder que par des moyens qui puissent permettre la discussion à l'esprit des hommes ; car Dieu, c'est-à-dire la vérité, ne sortira que du choc des électricités. Oui, une perturbation physique qui n'existe pas chez les autres femmes existait dans Jehanne, et suivant la belle expression de M. Nicholet, elle avait reçu du ciel ce don précieux de rester enfant d'âme et de corps. Dieu préparait ainsi cette âme à recevoir sa volonté, et voulant opérer un miracle, il le manifestait déjà par une exception. Tout, esprit et matière, était et devait être si pur en Jehanne, que la nature n'avait pas voulu la soumettre aux règles ordinaires de la vie des autres femmes. Cela explique peut-être mieux encore les larmes qu'elle a versées le jour où Dieu l'a avertie que pour la première fois elle verrait couler son sang.

— Pauvre chère Jehanne, reprit Haumette, qui croirait qu'à l'heure où nous sommes vous avez presque besoin d'être consolée, vous dont bientôt le monde entier répétera le nom?

— Mais ne parlons plus de moi, Haumette, fit brusquement Jehanne, parlons de toi, au contraire, car c'est de toi qu'il devait être question quand nous nous sommes retirées ce soir.

Haumette baissa les yeux sans répondre.

— Qu'as-tu? fit Jehanne en lui prenant les mains, et pourquoi baisses-tu ainsi les yeux?

— C'est que je ne sais comment vous faire la confidence que je vous ai promise.

— Pourquoi ? Y a-t-il du mal dans cette confidence?

— Non; mais vous êtes tellement au-dessus des choses qui préoccupent les autres femmes, que j'ai honte de vous montrer combien je suis peu de chose auprès de vous.

— Enfant ! en obéissant à son cœur, n'obéit-on pas toujours à Dieu ? Le Seigneur ne demande pas à tout le monde le même sacrifice qu'à moi, et il te fera heureuse si ce que tu souhaites est pur. Voyons, parle, dis-moi tes secrets de jeune fille, à moins que tu n'aimes mieux que je les devine.

— Vous les devineriez donc?

— Peut-être. Tes yeux ne sont-ils pas le cristal transparent à travers lequel ton âme se laisse voir dans toute sa pureté? N'as-tu pas l'âge où le cœur s'ouvre comme une fleur et chante comme un oiseau? Pourquoi échapperais-tu à la loi commune? pourquoi n'aimerais-tu pas?

Haumette rougit à ce mot.

— Le ciel m'a refusé la joie qu'il te donne, continua Jehanne; car mon cœur à moi n'est accessible qu'à Dieu, et cependant je suis convaincue qu'il doit y avoir de grands bonheurs dans le mariage de deux sympathies. Ce que je te dis là t'encourage-t-il un peu, ou faut-il que je prononce encore un nom pour t'enhardir tout à fait? Allons, conte-moi comment cela te vint, car je suis pleine de curiosité pour ce miracle quotidien que je ne connaîtrai jamais par moi-même, et qu'on nomme l'amour.

— Ce qui me fait espérer, Jehanne, c'est que c'est auprès de toi que cet amour a pris naissance, et que, par conséquent, Dieu le protégera, qu'il protége tout ce qui t'entoure.

— Je t'écoute.

— Ah! mon Dieu, c'est bien simple : j'aime Étienne.

— Et que ressens-tu quand tu le vois? demanda Jehanne avec une curiosité d'enfant.

— Mon cœur bat, mes yeux se troublent, il me semble que mon cœur sort de ma poitrine et va se joindre au sien. Si je ne me retenais pas, je crois que je suivrais mon cœur et que j'avouerais à Étienne que je l'aime.

— Et pourquoi ne fais-tu pas cela?

Haumette regarda Jehanne.

— Parce que c'est mal, dit-elle.

— Quoi! c'est mal, fit Jehanne, de dire qu'on aime? Si j'aimais un homme, je le lui dirais, moi.

— Mais s'il ne m'aime pas, lui.

— Et pourquoi ne t'aimerait-il pas?

— Le sais-je? Il aime peut-être une autre femme.

— Ah! c'est juste. Mais s'il en est ainsi, que feras-tu?

— Je mourrai de chagrin.

— Tu mourras! s'écria Jehanne. On meurt donc de cela?

— Oh! oui, on en meurt.

— Et ton père qui t'aime tant, que deviendra-t-il après ta mort?

— Oh! vous ne pouvez pas comprendre, Jehanne, ce que c'est que l'amour que je ressens, vous qui n'aimez que Dieu.

— Le seul amour qui ne trompe pas, enfant; car Dieu qui est éternel peut aimer tous ceux qui l'aiment, et l'amour qu'on a pour lui ne peut ni changer, ni vieillir, ni se lasser. Si Étienne ne t'aime pas, amie, il te restera donc Dieu à aimer; mais sois tranquille, Étienne t'aimera.

— Vous le croyez, Jehanne?

— J'en suis sûre, et d'ailleurs je le questionnerai.

— Vous?

— Moi. Ne m'as-tu pas dit que ton bonheur était dans cet amour?

— En effet.

— Eh bien! il faut que tu deviennes la femme d'Étienne.

— Oh! que vous êtes bonne! Et quand lui parlerez-vous de cela?

— Demain.

Haumette prit les mains de Jehanne et les porta à ses lèvres.

— Pauvre enfant! murmura Jehanne, comme si elle eût eu tout à coup le pressentiment d'une douleur pour sa compagne.

En ce moment, le crieur de nuit annonçait une heure du matin.

— Maintenant, reprit Jehanne, il est tard, il faut dormir. Le sommeil est fils de la conscience et de l'espoir. Tu es sainte et tu espères. Dors bien, Haumette. Quant à moi, j'ai besoin de prendre quelques heures de repos, car je ne dormirai pas la nuit prochaine; c'est après-demain à dix heures que nous livrons bataille.

En disant cela, Jehanne embrassait sa compagne sur le front; et, quelques minutes après, toutes deux dormaient, l'une souriante dans son amour, l'autre calme dans sa prière.

XXV

LA BASTILLE DE SAINT-LOUP

Pendant ce temps, Tristan avait été à la rencontre du comte de Richemont, qu'il avait trouvé non loin d'Angers et se dirigeant vers Orléans, en compagnie de tous les braves seigneurs qui étaient venus se joindre à lui à Parthenay.

Tristan arriva la nuit à l'endroit où le comte et sa troupe avaient campé, et il fit demander tout de suite Bretagne, le héraut que nous connaissons.

— Ah! c'est vous, messire! dit Bretagne avec joie en reconnaissant l'un de ses deux sauveurs.

— Oui, maître Bretagne, c'est moi.

— Et monseigneur le comte Olivier de Karnac, où est-il?

— A Orléans.

— Avec la Pucelle?

— Oui.

— Ah çà! cette Pucelle s'est donc fait des partisans?

— Beaucoup.

— Vous l'avez vue?

— Certes.

— Eh bien, qu'en pensez-vous?

— Je pense qu'elle vient du diable et non pas de Dieu. Voilà pourquoi je veux voir monseigneur le connétable.

— Et vous avez compté sur moi pour vous introduire près de lui?

— Certes.

— Vous avez bien fait, messire, et je vais vous mener à mon maître. Sans indiscrétion, puis-je vous demander ce que sont devenus vos chiens.

— Les voici.

Tristan appela Thor et Brinda.

— Vous les avez amenés avec vous ?
— Oui.
— Sont-ils donc dressés pour la guerre comme pour la chasse ?
— La même chose. Vous les verrez à l'œuvre. Ils descendent de ces fameux chiens qui combattaient pour les Celtes nos aïeux contre les Romains. Maintenant, à mon tour de vous faire une question.
— Dites.
— Quand je vous ai rencontré allant chez le seigneur de Retz, l'avez-vous trouvé ?
— Oui.
— Et il s'est rendu à l'appel du connétable ?
— Parfaitement.
— De sorte ?
— De sorte qu'il est ici et que voilà sa tente là-bas. Le voulez-vous voir ?
— Oui, tout à l'heure; mais avant tout, voyons le connétable.
— Qui vous envoie à lui, messire ?
— Xaintrailles, La Hire et d'autres braves seigneurs qui sont à Orléans, et qui, las d'obéir à une femme, demandent à servir un homme.
— Mais comment cette fille a-t-elle convaincu le roi ?
— C'est La Trémouille qui a fait tout cela.
— Vraiment ?
— Oui.

C'était l'habitude à cette époque du règne de Charles VII, quand on croyait ou quand on voulait faire croire que le roi avait fait une faute, de dire que c'était La Trémouille qui en était cause. C'était quelquefois vrai; mais comme on l'a vu, on n'avait pas à lui reprocher d'avoir protégé Jeanne.

Tout en causant, Bretagne et Tristan étaient arrivés à la tente du connétable.

Bretagne passa le premier.

Le connétable dictait à son secrétaire la relation de la route qu'il avait faite, ainsi que cela était son habitude, et celle, du reste, de presque tous les grands hommes de guerre.

— Monseigneur, fit le héraut en montrant Tristan, je vous ai parlé à mon retour d'un brave jeune homme qui m'avait sauvé la vie à Karnac, et qui étouffait les loups entre ses bras, j'ai l'honneur de vous le présenter, monseigneur, et vous prie de l'entendre, car il ne peut avoir que de bonnes choses à vous dire.

— De quoi avez-vous à m'entretenir, messire? demanda le comte.

— Du siége d'Orléans, monseigneur.

— Laisse-nous, Bretagne, fit Arthus, et du même geste il invitait son secrétaire à se retirer.

Le connétable et Tristan restèrent seuls.

— Monseigneur, fit Tristan, vous savez ce qui se passe dans l'armée du roi de France?

— Oui.

— C'est une fille qui la commande.

— Je le sais, et l'on raconte même sur cette fille des choses merveilleuses.

— Que vous croyez, monseigneur?

— Que je suis disposé à croire.

— Ainsi vous comptez faire alliance avec elle?

— Oui, si elle peut être utile à la cause du roi.

— Ainsi, vous, monseigneur, duc de Bretagne, connétable de France, vous qui êtes aussi noble que le roi, vous obéirez à une jeune fille qui vient je ne sais d'où et qui n'est peut-être qu'une sorcière?

— Le roi a bien remis son royaume entre ses mains, pourquoi ne lui obéirais-je pas? Obéir à Jehanne, c'est obéir au roi.

— Tout le monde n'est malheureusement pas de votre avis, monseigneur, et c'est pour cela même que j'ai l'honneur d'être ici.

— Que voulez-vous dire?

— Avez-vous confiance en moi?

— J'ai confiance en Bretagne, qui m'a dit que vous étiez un brave cœur.

— Et vous pouvez avoir confiance dans le comte de Karnac, dont le père est mort pour vous, et dont je suis l'écuyer.

— Certes.

— Eh bien! monseigneur, c'est lui qui m'envoie à vous, non pas d'après sa seule opinion, mais d'après les opinions réunies des différents chefs au milieu desquels il se trouve.

— Ainsi, Dunois, Xaintrailles, La Hire, le duc d'Alençon...

— Sont d'avis qu'il ne faut pas donner à rire aux Anglais, et qu'il faut se débarrasser de Jehanne.

— La tuer?

— Non, mais l'empêcher d'agir; ils vous veulent pour chef, monseigneur.

Une rougeur de vanité naturelle éclaira le visage du comte.

— Jehanne est mal disposée contre vous, monseigneur, reprit Tristan.

— Ah! vraiment!

— Oui. Elle a dit que si vous veniez à Orléans, vous seriez le premier ennemi qu'elle combattrait, car elle sait que le roi ne vous aime pas, et le roi lui a défendu d'accepter votre secours.

— Et cependant il a accepté les gentilshommes qui sont venus avec Olivier de Karnac?

— Oui, monseigneur, mais parce qu'en venant à lui, ils faisaient pour ainsi dire acte de soumission à la France, ce que ne font pas les seigneurs qui vous accompagnent, et qui, avant de se rendre à Orléans, n'ont pas été faire hommage au roi.

— C'est juste.

— Voici donc ce qui vient d'être décidé ce soir. Jehanne voulait attaquer les Anglais dès demain.

— Eh bien?

— Eh bien! les autres chefs s'y sont opposés.

— Pourquoi?

— Parce que vous n'êtes pas encore en vue d'Orléans. Vous comprenez, monseigneur, que si le hasard faisait que

Jehanne remportât cette victoire, il n'y aurait plus moyen de nier sa mission, et il faudrait se soumettre à une femme, ce qui est humiliant pour de bons et braves guerriers comme vous; tandis que si on remporte la première victoire sans son secours, il sera évident qu'on n'a pas besoin d'elle, et tout l'honneur en restera à qui de droit.

— C'est juste.

- Ce n'est donc que dans trois jours qu'on doit livrer bataille, et je suis venu vers vous, monseigneur, pour vous prévenir de cette résolution. Faites diligence, campez à un quart de lieue d'Orléans et faites dire que le jour où l'on doit faire une sortie, au lieu d'attendre dix heures comme cela est convenu, on sorte à six heures du matin, sans prévenir Jehanne qui dormira encore. On fermera les portes de la ville de façon qu'elle ne puisse la quitter, on rejoindra votre corps d'armée, on attaquera la bastille de Saint-Loup, et ce sera fini des prétentions de cette fille. On la renverra dans son village, et l'on ne se laissera pas mener par une houlette ou par une quenouille.

— Oui, reprit le connétable, on m'avait déjà dit que l'intention de Jehanne était de me combattre. Eh bien! nous lui ferons voir que nous n'avons pas besoin d'elle, et comme vous le dites, que notre épée vaut mieux que sa houlette. Je ne sais, en vérité, de quelle sotte superstition j'avais été pris, moi, qui avais hâte d'arriver à Orléans et de faire ma paix avec elle.

— Ainsi, monseigneur, c'est convenu?

— Oui.

— Vous vous remettez en route?

— Cette nuit même.

— Vous campez à un quart de lieue d'Orléans?

— A un quart de lieue.

— Vous faites dire à Xaintrailles, La Hire et Dunois, de faire une sortie à six heures, au lieu de la faire à dix, et vous vous joignez à eux?

— C'est bien cela. Vous laissez des gardiens aux portes,

avec ordre de ne pas laisser sortir Jehanne, et nous attaquerons la bastille de Saint-Loup.

— Oui, monseigneur. Moi, je repars tout de suite.

— Allez, messire, allez.

— Mais, monseigneur, il me faut un ordre écrit de votre main, sans quoi on n'aura aucune confiance en moi, qui ne suis qu'un pauvre écuyer, ni en mon maître Olivier, qui est le plus jeune de cette armée.

— Vous avez raison; vous leur remettrez ceci alors.

Et le comte écrivit ces mots :

« Mes chers compagnons d'armes Dunois, La Hire, Xain-
» trailles et autres, à l'aide desquels je viens avec une armée
» entière, peuvent avoir confiance en celui qui lui remettra
» ce message et croire aux paroles qu'il leur dira.

» ARTHUS, comte de RICHEMONT. »

— Merci, monseigneur, tout ira bien.

Tristan prit congé du comte, en se disant :

— Cette fois, je crois que je tiens Jehanne. Voyons maintenant Gilles de Retz, car celui-là peut nous être utile, et deux pièges valent mieux qu'un.

Comme il disait cela, Tristan se trouva en face de Bretagne, qui l'attendait à la porte de la tente du comte.

— Conduisez-moi vers le seigneur de Retz, dit Tristan.

— Je venais pour cela.

— Vous avez vu messire Gilles?

— Oui, et il vous attend.

Tristan trouva Gilles seul et lisant.

Il s'arrêta à considérer cet homme, au visage pâle, à l'œil ardent, aux dents blanches. Toutes les passions violentes qui habitaient cette âme se laissaient lire sur ce visage en laissant transparaître la teinte rêveuse que l'imagination et l'étude donnent aux physionomies humaines.

— C'est moi! fit Tristan en touchant du doigt le sombre lecteur, si attentivement plongé dans sa lecture qu'il n'avait pas entendu venir le jeune homme.

— Soyez le bienvenu, messire, dit Gilles en se retournant et en reconnaissant Tristan.

— J'ai suivi vos conseils.

— Et vous en êtes content, sans doute?

— Jusqu'à présent, non ; mais cela viendra, je l'espère.

— Puis-je encore vous être bon à quelque chose?

— C'est moi, à mon tour, qui veux faire quelque chose pour vous.

— Dites

— Je vous sais curieux d'amours étranges et nouvelles.

— En effet.

— Et vous devez posséder quelque philtre qui inspire l'amour que vous ressentez.

— Naturellement.

— Je connais une belle fille, monseigneur, qui donnerait à celui qui la posséderait des émotions inconnues et comme vous les aimez.

— Et cette jeune fille?

— C'est Jehanne d'Arc.

— Oui, j'ai pensé à elle souvent ; je la hais, cette femme.

— Et pourquoi la haïssez-vous?

— Parce que de toutes les passions que j'ai, celle qui domine en moi est celle de la gloire et du nom, et que nous disparaissons tous dans le rayonnement que jette déjà cette fille de Dieu.

— Vous pensez en cela comme tous les capitaines du roi de France. Aussi un amour qui servirait votre haine serait-il justement ce qu'il vous faudrait.

— Tu as raison, mais comment faire?

— Chargez-vous de la mission que vient de me donner le connétable. Et Tristan expliqua à Gilles ce dont il s'agissait.

— Ensuite?

— Une fois à Orléans, introduisez-vous auprès de Jehanne. Avec le nom que vous portez, nom qui est un des plus illustres parmi nos noms de guerre, la chose vous sera facile. Faites-lui prendre ce philtre dont je vous parlais tout à l'heure, un narcotique aux habitants de la maison; le soir, au lieu de quitter l'hôtel du trésorier, cachez-vous quelque part, et quand tout le monde dormira, entrez chez Jehanne et passez la nuit avec elle. Le lendemain on livrera la bataille à six heures, comme cela est convenu, au lieu de la livrer à dix; et quand la bataille sera gagnée on trouvera Jehanne endormie dans vos bras, et l'on dira que pour un amour sacrilége elle a oublié sa mission divine. Elle sera perdue.

— Et pourquoi ce conseil que vous me donnez ne le suivez-vous pas vous-même? demanda Gilles; car vous me paraissez haïr Jehanne plus encore que je ne la hais.

— Pourquoi? Parce qu'une de mes tentatives a déjà échoué et que Jehanne me connaît maintenant, tandis qu'elle ne se défiera pas de vous. Seulement ne dites pas à Jehanne de quelle mission vous êtes chargé pour les chefs français, et cachez bien à ceux-ci vos projets contre Jehanne. Réussissez, monseigneur, et si jamais vous avez besoin de la moitié de mon sang, demandez-la moi, je vous la donnerai. Vous avez bien un cheval aussi rapide que Baal, puisque c'est à vous que je dois le mien.

— Oui.

— Eh bien! ne perdez pas de temps alors, et tout ira bien.

Gilles, qui était l'homme des résolutions promptes, jeta son manteau sur ses épaules, et, sautant sur son cheval, il disparut dans les ombres de la nuit après avoir fait un geste d'adieu à Tristan.

Celui-ci revint près du sire Talbot lui rendre compte de ce qu'il avait fait, et lui dire qu'il fallait concentrer toutes les forces sur la bastille de Saint-Loup, parce que c'était cette bastille-là qui serait attaquée.

Grâce à la combinaison de Tristan, Jehanne ne devait pas combattre; elle devait être déshonorée et les Français devaient être vaincus, car il leur serait impossible de résister au nombre des Anglais.

Tristan dormit donc cette nuit-là du sommeil d'un Titus satisfait.

A l'aube, il alla faire une reconnaissance, comme c'était

son habitude, et la première chose qu'il aperçut sur les remparts d'Orléans, fut son effigie, haute de quinze pieds environ, et qui se balançait à une potence gigantesque.

Étienne avait tenu parole.

Ceci se passait la veille du jour où l'attaque devait commencer.

Le lendemain du jour où Jehanne et Haumette avaient causé si avant dans la nuit se trouvait donc être la veille de celui où l'assaut devait être livré.

Un chef ordinaire eût ordonné à ses soldats de préparer leurs armes et de faire des reconnaissances.

Jehanne ordonna que tout le monde se confessât, ainsi que devait le faire une armée qui combattait au nom du Seigneur; puis elle somma une dernière fois les Anglais de se rendre, sommation à laquelle ils répondirent par de nouvelles injures.

Toutes choses étant réglées pour le lendemain, Jehanne se souvint qu'elle avait promis à Haumette de s'occuper d'elle, et, prenant Étienne à part, elle lui dit :

— Étienne, il faut que je vous parle.

— Qu'avez-vous à me dire, Jehanne? demanda le jeune homme. Est-ce un service que vous avez à me demander? Dites vite alors, car vous le savez, ma vie est à vous.

Et le doux enfant, avec une câlinerie toute féminine et toute charmante, s'agenouillait devant Jehanne et portait à ses lèvres les mains de la jeune fille.

— Non, Étienne, je n'ai rien à vous demander, mais j'ai à vous faire part d'un conseil qu'il faut que je vous donne et d'une confidence qu'on m'a faite.

— Voyons le conseil d'abord, continua Étienne sans changer de position.

— Vous avez offensé un homme dangereux.

— Qui donc?

— Cet Anglais dont vous avez pendu l'effigie sur le rempart.

— N'est-ce pas que c'est ressemblant?

— Oui, mais cet homme se vengera.

— Quel mal peut-il me faire?

— Il peut vous en faire beaucoup, Étienne. Il a entre les mains des ressources mystérieuses, et il me faut la protection que Dieu m'accorde pour pouvoir le combattre et triompher de lui. Je vous le répète, Étienne, si vous tenez à la vie, évitez cet homme.

— Et pourquoi tiendrais-je à la vie, Jehanne? Ne croyez-vous pas que le bonheur qui nous attend dans l'autre monde est préférable à celui que nous goûtons ici? Je n'ai pas peur de la mort. Je mourrai en riant, comme j'aurai vécu. Rien ne m'attache à la terre. Mes parents sont morts et personne ne m'aime.

— Vous vous trompez, Étienne, et voilà justement pourquoi je vous conseille de quitter les lieux où vous avez quelque chose à redouter, car quelqu'un vous aime.

— Moi?

— Vous. N'aimez-vous donc personne?

— Si; mais celle-là que j'aime, Jehanne, je lui ai voué mon cœur et elle a gardé le sien.

— Je ne comprends rien à toutes ces choses. Étienne, ce que je pense et ce que je désire, je le dis naïvement, car en moi rien ne saurait feindre ni tromper. J'ai reçu la confidence d'un cœur jeune et franc, je voudrais vous voir heureux, et je voudrais voir heureuse celle qui vous aime. Demain, nous entrons en campagne. Qui sait si, au milieu des grands intérêts de la guerre, il m'eût été possible de vous dire ce que je vous dis aujourd'hui? Vous êtes un enfant rêveur, vous êtes un poëte, Étienne; il faut une compagne à votre vie, une sœur à votre âme, une incarnation vivante de la poésie que vous aimez. Eh bien! il y a une jeune fille, belle, chaste, confiante, qui vous aime, et je ne crois pas offenser Dieu en essayant d'unir deux cœurs qui me semblent si bien faits l'un pour l'autre. Je voudrais avoir servi à donner un bonheur que je ne connaîtrai jamais.

Étienne, en écoutant Jehanne, s'était mis à songer profondément. Une teinte de tristesse voilait son visage à chaque parole nouvelle que lui disait la jeune fille.

— C'est d'Haumette que vous parlez, n'est-ce pas, Jehanne? demanda-t-il en relevant la tête.

— Oui.

— Je m'en doutais.

— Qui a pu vous avertir de cela?

— J'ai surpris certains de ses regards arrêtés sur moi, et j'ai plaint cette pauvre enfant.

— Pourquoi?

— Parce que l'amour qu'elle ressent est un malheur pour elle.

— Vous ne l'aimerez donc jamais?

— Jamais.

— Alors, que va-t-elle devenir?

— C'est vous qui le demandez, Jehanne, vous qui puisez votre force dans l'amour du Seigneur? Haumette puisera sa consolation où vous puisez votre force.

— Oh! quoique je ne les éprouve pas, je comprends les passions des autres femmes, car les passions sont dans les volontés de Dieu, et je sens bien que si j'étais à la place d'Haumette, votre dédain me rendrait bien malheureuse.

— Ce n'est pas du dédain, Jehanne. Je trouve cette jeune fille digne d'être aimée; mais je ne l'aime pas. Je voudrais qu'elle eût besoin de moi, je voudrais courir un danger pour elle; mais je ne l'aime pas. Pourquoi Dieu a-t-il permis que ma destinée fût liée à une femme qui ne m'aimera jamais, pas plus que je n'aimerai Haumette; pourquoi ne permet-il pas que les deux amours que nous ressentons, Haumette et moi, nous les ressentions l'un pour l'autre? Alors nous serions heureux, bien heureux; mais il n'en est pas ainsi. Vous me voyez gai, insoucieux, et vous me croyez le cœur libre et content. Vous vous trompez, Jehanne, cette gaieté n'est qu'un masque, cette insouciance n'est qu'extérieure. Mes nuits, je les passe dans la contemplation d'un portrait, dans le souvenir d'un visage. En venant ici, ce n'est pas vous que je suivais. Je fuyais une pensée, et cette pensée m'a suivi. Vous ne pouvez rien sur ma destinée, Jehanne, vous qui en subissez une merveilleuse et qui n'a jamais eu d'exemple. Où cela me mènera-t-il? je l'ignore. Mon rêve, mon amour ne se réaliseront pas plus que ne se réaliseraient le rêve et l'amour d'un fou amoureux d'une étoile. Il la regarderait de loin, et tout le jour, c'est-à-dire pendant le temps qu'il ne pourrait la voir, il ferait mille folies pour se distraire et tuer le temps. Voilà où j'en suis, Jehanne. Quant à la mort, je vous le répète, qu'elle me frappe jeune, au milieu de mes illusions et de mes croyances, que je m'endorme dans les premières fleurs de ma vie, c'est tout ce que je demande à Dieu. Mon âme ne mourra pas, je le sais bien, et l'eussé-je cru, vous m'auriez détrompé, vous, âme vivante. Donc, si la volonté du Seigneur est que ce rustre me tue, je ne chercherai en aucune façon à esquiver cette volonté ; seulement, pour plus de précaution, je prierai tous les matins pour mourir en état de grâce.

Jehanne considéra quelques instants Étienne.

— Oui, je comprends qu'on vous aime, dit-elle ; mais je suis contente qu'Haumette ne vous entende pas parler ainsi ; car elle vous aimerait davantage encore.

— Pauvre petite !

— Vous la plaignez ?

— Oui, car je sais qu'on souffre à n'être point aimé.

— Qu'allez-vous faire, Étienne ?

— Que voulez-vous que je fasse ?

— Quittez Orléans.

— Où irai-je ?

— Où est celle à qui vous pensez.

— A quoi bon ?

— Partez, Étienne.

— Non Jehanne, je reste auprès de vous.

— Partez, vous dis-je.

— Non, je veux voir votre victoire, je partirai après.

— Partez aujourd'hui. Il y a un danger pour vous dans la journée de demain.

— Tant mieux. Si je vous disais qu'il y a un danger à courir, fuiriez-vous devant ce danger, Jehanne ? pourquoi voulez-vous que je fasse, moi qui suis un homme, ce que vous ne feriez pas, vous qui êtes une femme ?

— Alors vous ne me quitterez pas pendant l'assaut.
— Si vous le permettez, je resterai auprès de vous.
— Si vous êtes blessé, vous m'appellerez.
— Oui.
— En tous cas, Étienne, priez Dieu ce soir.

Jehanne se retira et alla rejoindre Haumette, se demandant ce qu'elle allait dire à la pauvre enfant pour qu'elle n'eût pas trop grande peine.

— Vous l'avez vu? dit Haumette à Jehanne.
— Oui, mon enfant.
— Eh bien?

Jehanne hésita.

— Eh bien, il vous aime, dit-elle tout à coup.
— Il m'aime! s'écria la jeune fille avec joie.
— Oui.
— Ainsi je pourrai être sa femme?
— Sans aucun doute.
— Oh! merci, Jehanne, merci!

Et la pieuse jeune fille, tombant à genoux, rendit grâce à Dieu, pendant que Jehanne la contemplait en se disant :

— Puisqu'elle doit éprouver une grande douleur demain, épargnons-lui celle qu'elle devait éprouver aujourd'hui.

En ce moment, on vint annoncer à Jehanne que le seigneur Gilles de Retz lui faisait demander l'honneur de la voir.

— Laisse-moi seul avec cet homme, dit Jehanne à Haumette, et si tu rencontres Étienne, silence, car c'est sous le sceau du secret qu'il m'a fait l'aveu de cet amour.

Haumette quitta la salle au moment où Gilles de Retz y entrait.

— Encore un ennemi, murmura Jehanne en voyant paraître le sire de Retz. Mon Dieu, donnez-moi la force de combattre celui-là comme les autres?

Gilles n'était point un méchant homme, c'était un homme curieux de science, et qui malheureusement s'était trompé de route, si bien que son esprit, au lieu de rechercher la vérité dans le bien, avait recherché l'étrangeté dans le mal. Doué d'une nature violente, d'une force exceptionnelle, il s'était jeté à corps perdu dans les jouissances physiques et dans les voluptés sensuelles. Il avait fini par ne plus connaître de bornes à ses désirs et par ne pouvoir limiter la dépravation de ses goûts, de sorte que pour donner satisfaction à ses sens épuisés, il en était arrivé aux monstruosités les plus incroyables. De là ce teint pâle, ces joues creuses, cet air sombre, ces yeux cerclés de noir; de là cette face de génie du mal que nous avons essayé de peindre.

Au milieu de toutes ces dégradations, une chose était restée pure dans Gilles; cette chose, c'était l'honneur du soldat, le dévouement à la patrie, le respect du serment fait au roi. Lisez la vie de cet homme depuis ses premières armes jusqu'à sa mort, vous verrez qu'il n'a pas abandonné un seul instant ce sentiment pieux, et que le jour où il a été condamné, le souvenir de cette fidélité a pesé d'un grand poids dans l'hésitation du roi à prononcer la condamnation. Or, quand il avait promis à Tristan de faire ce que celui-ci lui demandait, c'était à ce sentiment même qu'il obéissait, car il n'avait rien juré à Jehanne, et il était convaincu qu'en croyant à elle, Charles VII ne faisait que subir encore la pernicieuse influence de la Trémouille, le conseiller éternel. Il était donc venu à Orléans, ainsi que cela avait été convenu entre Tristan et lui; il s'était rendu auprès de Xaintrailles, de La Hire, du sire de Gamaches, du duc d'Alençon et de Dunois, qui était déjà revenu de Blois avec son convoi de vivres, et il leur avait remis la lettre du connétable en leur disant qu'ils avaient à choisir entre le comte de Richemont, soldat éprouvé, et Jehanne, fille peut-être folle, et à laquelle il était dur d'obéir quand on portait des noms comme les leurs.

Sa mission première s'était donc facilement accomplie, et il avait été convenu que, sans prévenir Jehanne de cette décision nouvelle, on attaquerait les Anglais à six heures du matin, le lendemain, au lieu de les attaquer à dix.

Lisez la vie de la Pucelle, et vous verrez l'obstination que mettent ceux-là mêmes qui lui sont le plus dévoués à ne pas croire en elle et à essayer sans cesse de la tromper, quelques preuves qu'elle leur donne de la sincérité de sa mission et de la réalité de son but. Ce n'est que par cette opposition continuelle que le miracle devait devenir plus évident. Jehanne avait donc non-seulement les Anglais, c'est-à-dire des ennemis à combattre, mais elle avait autour d'elle, dans ses amis, des aveugles qu'il fallait éclairer ou conduire de force.

Il y eut un grand étonnement pour Gilles quand, se présentant devant Jehanne, il entendit celle-ci lui dire tout d'abord :

— Messire, vous venez ici faire une lâcheté indigne du nom que vous portez et de l'honneur de votre maison. Dieu déjouera, je vous en préviens, les combinaisons de mes ennemis. Vous déviez de votre véritable route, messire, vous étiez né pour le bien et vous faites le mal. La science que Dieu vous a donnée, vous la tournez contre lui ; mais elle retombera sur vous et elle vous écrasera.

Puis elle ajouta tout bas :

— Le jour où l'on fouillera les caveaux de vos châteaux, messire, savez-vous ce qu'on trouvera dedans ?

Gilles pâlit.

— On y trouvera, continua Jehanne, des ossements d'enfants, tués pour vos exécrables sacrifices, des femmes tuées par vous après vos sanglantes orgies, et toutes ces voix éteintes se ranimeront alors pour crier vengeance et pour demander votre châtiment au Seigneur irrité.

— Comment savez-vous tout cela ? balbutia Gilles.

— Dieu m'éclaire, messire, dans le chemin qu'il m'a dit de parcourir, et nul ne se présente devant moi dont je ne puisse lire l'âme comme un livre ouvert.

— Ainsi vous savez ?

— Je sais ce que vous venez faire ici ; vous venez pour me perdre. Au moment où tout à l'heure votre nom retentissait à mon oreille, une voix secrète me disait de me défier de vous et m'avertissait de vos projets odieux. On vous trompe, messire. Cet homme, ce Tristan que vous avez vu cette nuit, qui vous a remis le message que vous venez de remettre à mes compagnons auxquels je réserve une preuve éclatante du besoin qu'ils ont de moi, cet homme n'est pas parmi nous, et vous le trouverez demain au premier rang parmi ceux que nous allons combattre.

— Tristan est aux Anglais !

— Oui. Une chose noble vit encore en vous, messire, et quoique vous soyez au plus profond de l'abîme, cette chose pourra vous aider à en sortir, car Dieu laisse toujours aux hommes une route pour revenir à lui, route étroite, couverte de pierres, bordée de ronces, et qu'on nomme le repentir. Vous êtes un brave soldat, messire, capable de tous les crimes, vous êtes incapable d'une lâcheté. Je ne vous laisserai donc pas accomplir votre projet. Vous voulez me déshonorer et jeter mon nom en risée au peuple qui croit en moi. Insensé que vous êtes, vous qui me croyez une femme semblable aux autres, et qui n'avez que ces pauvres moyens de déjouer les volontés de Dieu !

— Jehanne ! Jehanne ! vous m'éblouissez, murmura Gilles près de tomber à genoux devant la jeune fille.

— Au lieu donc de me perdre, vous allez me servir. Dieu veut faire éclater cette nouvelle preuve de la force qu'il me donne.

— Que faut-il faire ? Jehanne ; parlez, je vous obéirai.

— Allons, messire, donnez-moi la main et recevez mon pardon, en attendant que le Seigneur vous donne le sien. Un jour peut-être vous expierez vos crimes passés, mais je me porte garant que vous mourrez avec le repentir et la foi. Écoutez, maintenant. Ils ont résolu d'attaquer sans moi

— Oui.

— La Bastille de Saint-Loup ?

— Oui.

— Savez-vous ce que font les Anglais à cette heure ?

— Non.

— Ils renforcent cette bastille. Tristan les avait prévenus que ce serait celle qu'on attaquerait et que je ne serais pas de l'attaque, ce qui double le courage de nos ennemis ; car ils ne doutent pas de ma mission, eux. Voici donc ce qu'il faut faire.

— Parlez, Jehanne, parlez.

— Retournez dans le camp français.
— Ensuite?
— Dites que rien n'est changé, et qu'on livrera l'assaut sans moi.
— Après?
— Après, mettez bonne garde à la porte de la ville et donnez l'ordre qu'on ne me laisse pas sortir, et demain, à six heures du matin, commencez la bataille. A sept heures vous serez vaincus; à huit heures vous serez vainqueurs, car à nuit heures, je serai arrivée. Mais je veux que tous ces braves capitaines combattent deux heures sans moi, et s'ils ne m'accueillent pas avec des cris de joie quand je paraîtrai, s'ils ne reconnaissent pas que leur salut est en moi, je veux retourner à mes troupeaux et perdre mon nom de Jehanne.
— Il sera fait comme vous le voulez. Est-ce tout, Jehanne?
— Non, deux choses encore. Le sire de Lude est parmi les capitaines que vous allez retrouver?
— Oui.
— Conseillez-lui de se confesser ce soir.
— Pourquoi?
— Parce qu'il sera tué demain.
— Qui vous a dit cela, Jehanne?
— Je le sais; que cela vous suffise.
— Et la seconde chose?
— Vous avez avec vous un narcotique?
— Oui.
— Qui est sans danger, n'est-ce pas?
— Sans aucun danger, et le sommeil qu'il procure est le plus doux des sommeils.
— Vous l'êtes-vous procuré par magie?
— Non, il est fait d'herbes simples.
— Donnez-le moi.
Gilles tira un flacon de sa poche et le remit à Jehanne.
— Et maintenant, allez, lui dit celle-ci, et rappelez-vous que vous m'avez promis de vous repentir.
Gilles se retira avec des larmes dans les yeux.
C'était la première fois de sa vie qu'il pleurait.

Jehanne convoqua de nouveau les chefs de son armée, et de nouveau ils lui dirent qu'on ne livrerait l'assaut que le lendemain, à dix heures du matin.

— A demain donc, messieurs, leur dit Jehanne.

Le soir elle fit mander Gilles de Retz.

— Avez-vous fait ce que je vous ai dit? lui demanda-t-elle.

— Oui.

— Les portes seront gardées?

— Par deux cents hommes.

— Avec défense de me laisser sortir?

— N'est-ce pas l'ordre que vous m'avez donné?

— Si fait.

— C'est l'ordre qu'ils ont reçu.

— Vous pouvez vous retirer maintenant, messire; mais en vous retirant veuillez dire à Olivier de Karnac de venir me parler.

Quelques instants après, le jeune homme paraissait devant Jehanne, qui lui disait :

— Messire, vous allez passer la nuit dans la chambre voisine et vous ne prendrez les armes demain que lorsque je vous le dirai. Gardez Étienne auprès de vous, j'aurai besoin de vous deux, et priez fermement, car demain vous aurez besoin d'une grande force.

Il est bien entendu qu'Olivier ignorait le complot tramé contre Jehanne, car il s'y serait opposé ou serait venu prévenir la jeune fille.

Enfin Jehanne resta seule avec Haumette, et les deux jeunes filles se mirent à souper.

Haumette, qui avait le cœur joyeux, soupa gaiement.

Jehanne était un peu triste et ne voulut prendre qu'un peu de vin et qu'un morceau de pain.

A peine Haumette avait-elle fini son repas qu'elle sentit ses yeux s'alourdir, sa pensée se voiler et qu'un sommeil rapide s'empara d'elle.

Jehanne avait versé dans son verre le narcotique de Gilles.

Quand Haumette fut endormie d'un sommeil presque semblable à la mort, Jehanne la prit dans ses bras et la coucha

13.

sur son lit après avoir déposé un baiser sur son front, puis elle s'agenouilla tenant dans ses mains les mains de la jeune fille endormie, et elle pria jusqu'au jour.

Au moment où les premiers rayons du matin argentaient le fleuve, Olivier heurta à la porte de Jehanne.

— Jehanne! Jehanne! criait-il, on vous trahit!

— Que se passe-t-il? demanda Jehanne, qui savait bien ce que voulaient dire les paroles du jeune homme.

— Voici l'armée qui sort de la ville.

Alors Jehanne, vêtue de son armure, ouvrit la porte à Olivier et à Étienne.

— Ils ont douté de moi, leur dit-elle, laissez-les aller. Et Jehanne raconta à Olivier ce qui s'était passé la veille.

— Mais, reprit le jeune comte, ils vont livrer bataille sans vous.

— Oui, mais ils ne pourront vaincre sans moi. Nous ne sommes que trois ici, n'est-ce pas? Eh bien! dans une heure, ces centaines d'hommes auront plus besoin de nous trois que nous n'aurons besoin d'eux. Attendez.

Pendant ce temps, les chefs français marchaient dans la direction de l'endroit où les attendait le connétable, et les deux armées faisaient leur jonction.

— A l'assaut! cria le comte Arthus.

— A l'assaut! répétèrent toutes les voix.

Et les bataillons s'ébranlant à ce mot, se ruèrent sur la bastille de Saint-Loup, semblables à une houle de fer.

XXVI

LA PREMIÈRE VENGEANCE DE TRISTAN

De la place où elle se trouvait, Jehanne voyait admirablement le lieu du combat et pouvait même distinguer les détails de cette lutte.

Elle avait donc vu les Français sortir d'Orléans, laisser

bonne garde aux portes refermées, faire leur jonction avec le connétable, comme nous l'avons dit dans le chapitre précédent, et livrer bravement l'assaut à la bastille de Saint-Loup. Ils avaient été rudement reçus, et jamais depuis le commencement du siège on avait vu un engagement si acharné.

Il y avait surtout une chose dont les assiégants ne se rendaient pas compte : c'était d'où pouvaient venir ces pierres gigantesques qui les écrasaient et quelle main pouvait faire mouvoir ces pierres. Ils apercevaient bien sur le sommet de la bastille un géant dont l'armure brillait étrangement aux rayons du jour, et qui, levant au-dessus de sa tête des quartiers énormes de roc, les précipitait sur eux ; mais il fallait une force telle pour faire ce que faisait cet homme, qu'ils croyaient être les jouets d'une hallucination, et que la frayeur doublait la réalité des objets et des êtres.

Mais Jehanne aussi voyait ce défenseur invincible qui à lui seul eût protégé la bastille, et elle avait reconnu Tristan.

Mais Olivier aussi voyait cet ennemi redoutable, et il avait reconnu son écuyer.

Mais Étienne voyait cet assiégé terrible, et il avait reconnu le compagnon de Talbot ; aussi les trois spectateurs étaient-ils agités d'un sentiment unanime au sujet de cet homme.

— C'est lui, murmura Olivier, pâle et les dents contractées par la colère. Oh ! Jehanne, quittons cet hôtel et marchons contre cette bastille, car il faut que je tue ce traître, qui a dormi sous mon toit, et qui vend sa patrie comme Judas a vendu son Dieu.

— Est-ce que nous n'allons pas nous mêler un peu à tous ces braves gens ? disait Étienne. Je ne sais pourquoi j'ai l'idée que je tuerais ce grand diable d'Anglais qui joue avec les rochers comme un Titan.

Jehanne regarda Étienne avec attendrissement, mais elle seule, ayant le pressentiment de l'avenir, eût pu dire pourquoi elle le regardait ainsi.

— En effet, voilà assez de sang répandu, dit Jehanne. Étienne, faites seller mon cheval ; Olivier, allez me chercher ma bannière ; dans dix minutes on va avoir besoin de moi ;

et voyez plutôt si je me trompe, voici les Français qui reculent.

Elle disait vrai. Toutes les forces des Anglais, concentrées sur un seul point, avaient, protégées encore par la position, repoussé les assiégeants, qui fuyant pour la plupart, appelaient : Jehanne ! Jehanne ! sans que la voix de leurs chefs pût les ramener.

Jehanne, restée seule, s'agenouilla, adressa une prière à Dieu, puis elle embrassa Haumette qui dormait toujours, et elle descendit dans la cour de son hôtel. Alors, malgré le poids de ses armes, sautant sur son cheval comme aurait pu le faire un cavalier consommé, elle cria à Étienne et à Olivier : Suivez-moi !

Elle piqua des deux, et traversant les rues d'Orléans au galop, elle arriva aux portes qu'on avait défendu de lui ouvrir.

— Au nom de Notre-Seigneur, ouvrez-moi ces portes ! cria Jehanne.

— Non, lui répondirent les gardiens.

— Malheur à vous si vous ne les ouvrez pas, dit Jehanne, car elles s'ouvriront seules, et en s'ouvrant elles vous renverseront, comme le tombeau du Christ en s'ouvrant a renversé ceux qui le gardaient.

Pendant ce temps, on entendait toujours les fuyards appelant :

— Jehanne ! Jehanne !

— Entendez-vous ? reprit la jeune fille, on m'appelle ; ouvrez-moi.

— Non ! non ! répétèrent les soldats ; c'est l'ordre de notre sire Dunois.

— Passage alors ! cria Jehanne en lançant son cheval à travers les soldats étonnés, et mort à qui m'arrête !

Et, prenant à la main sa petite hache, Jehanne creusa cette masse de fer comme une barque creuse l'Océan; puis, frappant la porte d'un coup léger, elle l'ouvrit comme l'ange de Dieu ouvrira les tombeaux les plus épais au jour du jugement dernier.

Les soldats épouvantés tombèrent à genoux ; puis se relevant, ils saisirent leurs armes et se mirent à la suite de Jehanne en criant :

— Miracle ! miracle ! à l'assaut !

Alors les fuyards, ranimés par la vue de la Pucelle, qu'ils appelaient, rebroussèrent chemin comme un torrent qui remonte, et, se retournant contre les Anglais qui, sûrs de la victoire, avaient fait une sortie et les poursuivaient, ils revinrent au combat plus acharnés que jamais. Dunois, La Hire, Xaintrailles, le sire de Gamaches, le sire de Graville, le maréchal de Boussac, couverts de sang et de poussière, frappaient sans se lasser, décidés à se faire tuer sans reculer d'une semelle, quand Jehanne, arrivant à eux, leur dit :

— Ah ! méchants compagnons qui combattez sans moi, Dieu va vaincre sans vous.

Et, disant cela, Jehanne se précipitait en levant sa bannière au milieu des rangs anglais, qui se courbaient sous son passage comme les blés sous le vent, tandis qu'autour d'elle, tous les soldats qui avaient repris courage, semblables à des moissonneurs pressés, fauchaient tous ces épis humains.

La mêlée fut effrayante, mais l'étendard de Jehanne, qui flottait au-dessus de toutes les têtes, avait produit un effet magique. Depuis qu'elle avait fait son apparition, pas un Français n'était tombé, tandis que les Anglais tombaient au moindre coup, comme des hommes frappés d'ivresse et de folie. Les poursuivants étaient poursuivis à leur tour, et se sauvant devant la vierge vengeresse, ils coururent chercher un nouveau refuge dans la bastille qu'ils venaient de quitter.

Arrivée là, Jehanne ordonna une halte, et dicta à Étienne une lettre conçue en ces termes :

« Au nom de Dieu, je vous dis que vous avez tort de combattre, car le plaisir de Notre-Seigneur est que vous leviez le siége et que vous vous en alliez. Écoutez donc le conseil que je vous donne, partez ; car si nous livrons un second assaut nous ne ferons ni grâce ni merci. »

Et Jehanne ayant fait attacher cette lettre au bout d'une

flèche, elle ordonna à Olivier, l'archer merveilleux, de la lancer dans les retranchements ennemis, tandis qu'elle criait à Gladesdale et à Talbot :

— Lisez.

Mais les chefs anglais jetèrent la lettre sans la lire, et s'avançant sur les murailles de la bastille, ils crièrent à Jehanne :

— Va-t-en, ribaude! va-t-en, sorcière! va-t-en, gardeuse de vaches! et en même temps une pluie de flèches s'abattit contre les armures françaises, tandis que Tristan, revenu à son poste, ébranlait des pans de muraille et recommençait sa défense de géant.

Tous les chefs français s'étaient franchement ralliés à Jehanne et lui obéissaient comme de simples soldats, se pressant autour d'elle pour la voir et pour la défendre.

— Gentil duc, cria Jehanne au duc d'Alençon, qui dans son ardeur s'éloignait d'elle, revenez auprès de moi. J'ai promis à la dame d'Alençon de vous ramener à elle sain et sauf, et si dans deux minutes vous n'êtes à mon côté, vous me ferez manquer à ma parole.

Comme elle parlait, un pan de muraille se détacha de la bastille et tomba à la place que venait de quitter le duc; mais le sire du Lude, qui n'avait tenu compte du conseil donné par la jeune fille, n'avait pas quitté cette place, si bien qu'il fut tué, comme Jehanne l'avait prédit la veille; mais il ne mourut point sans avoir la force de dire :

— Jehanne, je meurs en état de grâce; je me suis confessé ce matin.

— En avant! cria Jehanne; en avant! Dieu nous précède, et je viens d'avoir des nouvelles de Notre-Seigneur.

En un instant, la déroute fut dans la bastille. Il y eut un Anglais qui cria que deux anges combattaient au-dessus de Jehanne pour les Français. C'en fut assez pour désespérer les autres, qui se mirent à fuir par les portes de derrière.

Tristan seul tenait bon. Il ne voulait pas abandonner la bastille, et la démolissait pierre à pierre; il tint quelques instants les assiégeants en échec, mais il ne pouvait rien contre la volonté de Dieu, et Jehanne ordonna qu'on mît le feu à la bastille qui s'embrasa bientôt. Au milieu des flammes, de la fumée et du craquement des poutres, on distinguait le colosse ennemi, à côté duquel se tenait le Sarrasin impassible.

— Que ces flammes soient pour toi les flammes de l'enfer, dit Jehanne. Meurs sans repentir et sans pardon.

La bastille s'écroula et Tristan disparut dans les décombres au milieu des cris de victoire des Français; mais tout à coup de ces ruines fumantes on vit sortir un cavalier monté sur un cheval noir, suivi de deux chiens et fuyant dans la plaine.

Ce cavalier, c'était Tristan, qui en se sauvant jetait encore un cri de défi à Jehanne.

— A nous deux alors! cria Olivier, et, partant au galop, il se mit, plein de haine et de colère, à la poursuite de Tristan, en lui criant de toutes ses forces :

— Attends-moi, traître, je suis Olivier de Karnac.

— Mon frère! fit Tristan avec un ricanement sauvage. Satan soit loué! Nous allons donc en finir avec celui-là.

Tristan arrêta Baal, se retourna, et se prépara à combattre son ennemi.

Au même moment, Étienne partait à fond de train en criant aussi :

— Attends-moi, l'homme rouge! C'est moi, Étienne Chevalier, l'ambassadeur de Jehanne, celui qu'on veut pendre et qu'on ne pend pas!

— Étienne, Étienne! dit Jehanne, venez ici.

Mais le jeune homme n'entendait plus la voix de Jehanne, et celle-ci s'arrêtant essuya deux larmes en disant ces seuls mots :

— Pauvre enfant!

Les Anglais s'étaient réfugiés dans la bastille Saint-Laurent, laquelle, entourée d'un large fossé, avait été faite avec une église dont on avait utilisé les épaisses murailles et dans les clochers de laquelle on avait pratiqué des moyens de défense. En un instant les Anglais, sous le commandement de

Talbot et de Gladesdale, y prirent position et attendirent qu'il plût à Jehanne de venir les attaquer.

Mais Jehanne avait ordonné une halte pour que ses gens pussent reprendre haleine, et elle était tout au combat qui allait avoir lieu entre Tristan, Olivier et Étienne.

Alors le sire de Gamaches s'approcha d'elle, et mettant un genou en terre, il lui dit :

— Jehanne, pardonnez-moi d'avoir douté de vous l'autre jour. A partir d'aujourd'hui, je serai le plus humble de vos soldats, car vous êtes le plus grand de nous tous.

Gilles de Retz s'approcha à son tour et dit à Jehanne, en s'agenouillant, comme avait fait le sire de Gamaches :

— Jehanne, je suis un grand coupable, vous seule et Dieu le savez; peut-être un jour les hommes le sauront-ils et aurai-je à répondre à leur justice. Jehanne, quand vous prierez, priez pour moi, et je vous jure que d'ici à l'heure de ma mort, je ne ferai rien qui puisse offenser Dieu.

— C'est bien, messire, reprit Jehanne ; Dieu verra votre repentir et il vous pardonnera, je l'espère.

— Et moi, fit le connétable de Richemont en s'approchant de la jeune fille, et moi, Jehanne, sur qui doit retomber le sang versé ce matin, puisque c'est mon ambitieuse vanité qui a fait livrer le combat plus tôt que vous ne le vouliez, je viens vous dire que vous êtes une sainte fille, et que tout frère que je suis du duc régnant, que tout connétable de France que je suis, je vous obéirai à l'avenir et tirerai l'épée contre quiconque ne vous obéira pas comme moi. Ordonnez donc, Jehanne, tout ce qu'il vous plaira d'ordonner.

— Merci, monseigneur, fit Jehanne ; le roi m'avait dit que vous n'étiez pas un véritable ami et j'avais cru le roi. La première chose que je lui dirai à Reims, quand je l'y mènerai sacrer, ce sera qu'il s'est trompé sur votre compte ; et s'il m'accorde une grâce, je lui demanderai sa reconnaissance et son amitié pour vous. Et maintenant, monseigneur, allons au secours de ces deux enfants, dont l'un est de vos sujets les plus fidèles et les plus dévoués. Et Jehanne, mettant son cheval au galop, partit pour rejoindre Olivier, accompagnée seulement de quelques hommes. Mais si rapide que fût le cheval de Jehanne, il devait s'écouler un temps assez long avant qu'elle fût rendue sur le lieu du combat, car Baal avait de bonnes jambes, et Tristan, qui ne savait pas devoir être rejoint par Olivier, avait enfoncé ses éperons dans le ventre de son cheval pour atteindre au plus tôt ses compagnons.

La lutte s'était donc engagée pendant que le sire de Gamaches, Gilles de Retz et le connétable étaient venus faire leur soumission à Jehanne.

— Enfin, s'était écrié Tristan en voyant Olivier tirer sa masse d'armes et en tirant sa large épée, Caïn va donc tuer Abel !

— Tu n'es même pas Caïn, maudit, avait répondu Olivier, car tu n'es pas mon frère.

— Si tu retournes jamais au château de Karnac, ce qui m'étonnerait bien, demande à ta noble mère, à ta sainte mère, si elle n'a jamais eu qu'un fils, et alors elle te dira que si je n'ai pas le même nom que toi, j'ai le même sang ; et elle te demandera pardon d'avoir trompé ton père, le vaillant chevalier.

— Tu mens ! s'écria Olivier en pâlissant devant cette injure jetée à sa mère.

— Tu vas mourir, Olivier ; je suis l'homme de la prophétie. J'ai levé la pierre du tombeau, j'ai sauvé le Sarrasin.

— Tu mens ! répéta Olivier, mais en reculant malgré lui.

— Allons, beau seigneur, bel enfant légitime, beau rejeton aimé, approche donc et que l'on voie un peu à qui de nous deux notre mère a donné le plus de cœur, notre chère mère la comtesse de Karnac.

— Tu mens ! fit une troisième fois Olivier ; ma mère est une sainte femme, et c'est au nom de son honneur outragé que je vais te tuer comme un chien !

Tristan répondit à cette menace par un ricanement de défi ; mais au même moment Olivier faisait faire à son cheval un bond de six pieds et assénait sur le casque de Tristan un coup de hache d'armes avec une vigueur qu'on eût cru impossible à ces bras d'enfant. Le casque de Tristan rendit un son rauque, mais le cavalier ne broncha point et, se penchant sur le cou de Baal avec une adresse et une agilité merveilleuses, il porta un coup de sa large épée au défaut de la cuirasse de son adversaire; celui-ci chancela sur ses étriers, mais la pointe de l'épée de Tristan s'était brisée sur la médaille que Jehanne avait donnée à Olivier.

— Ah! des talismans! hurla Tristan; moi aussi j'en ai, et de meilleurs que les tiens. Et, jetant son épée, il saisit sans descendre de cheval Olivier à bras le corps et le serra si vigoureusement que l'armure du jeune homme se faussa sous cette pression, tandis qu'Olivier, saisissant son frère à la gorge, lui repoussait la tête et le frappait de sa hache au milieu de la poitrine. Les chevaux s'étaient mis de la partie, et dans le tourbillon de poussière qu'ils soulevaient sous leurs pas, l'un mordait l'autre au poitrail, tandis que celui-ci, se cabrant, frappait l'air de ses pieds.

— Tenez ferme, messire, me voilà! cria au milieu de tout cela une jeune voix.

— A moi, Thor! à moi, Brinda! cria Tristan en voyant Étienne. Et, montrant le jeune homme à ses deux chiens, d'un geste il les lança sur lui.

Étienne s'attendait à combattre un homme et non des chiens.

— Ah! les vilaines bêtes, dit-il en riant quand il vit Thor et Brinda courir sur lui et en faisant sauter son cheval par-dessus les deux molosses. Mais ceux-ci étaient de rudes jouteurs, et le pauvre enfant ne savait pas à qui il avait affaire. Pendant qu'Olivier et Tristan se tenaient, s'enlaçaient, se pressaient l'un contre l'autre comme deux lions, Thor et Brinda se jetaient au poitrail du cheval d'Étienne et mordaient l'animal de façon à lui faire pousser des hennissements de douleur. Ils se pendaient par la gueule à la blessure qu'ils lui faisaient, et ne présentant à l'épée d'Étienne qu'un dos bardé de fer, ils devenaient invulnérables. Le cheval perdait son sang, et s'affaissant sur ses jambes de derrière, il tomba, entraînant Étienne dans sa chute.

Le jeune homme n'eut pas le temps de se relever, les deux chiens lui sautèrent à la gorge. Il se débattit des pieds et des mains, mais inutilement, car il se brisait les doigts contre leurs caparaçons de fer ; alors il étendit les bras, murmura le mot : Agnès ! laissa retomber sa tête sur le sol et se laissa faire.

— Et d'un ! cria Tristan avec un éclat de joie. Bravo ! Thor, bravo ! Brinda.

Olivier se retourna pour voir ce qui s'était passé, et Tristan, profitant de ce mouvement, sauta comme un chat-tigre de son cheval à terre, se pendant du même coup aux épaules d'Olivier, et roulant avec le jeune homme jusqu'à l'endroit où les deux chiens achevaient Étienne. Alors il mit son genou sur la poitrine du comte, et le maintenant ainsi, il détacha la courroie qui liait son épée à son flanc, la serra autour du cou de l'enfant mourant, la passa dans les colliers des deux chiens et l'y consolida par un nœud, en criant : Allez !

Les farouches animaux partirent alors, traînant derrière eux le cadavre d'Étienne et déchirant son beau corps aux pierres du chemin.

— Et maintenant, à nous deux, continua Tristan en tirant son poignard et en se jetant de tout son long sur le corps de son frère comme pour l'étouffer, en même temps qu'il lui ouvrirait la gorge.

XXVII

JARGEAU ET PATAY

Voilà où en était la lutte quand Jehanne arriva.

En la voyant paraître Tristan abandonna Olivier et remonta prudemment sur Baal.

— Ah ! méchant, ah ! fils de Satan ! criait Jehanne qui avait tiré son épée et qui courait sur le meurtrier d'Étienne. Sauve-toi si tu ne veux rendre à Dieu ton âme maudite !

Tristan souffla dans son cor, car il avait compris instinctivement qu'il n'allait pas avoir assez de courage, et il évoquait une force supérieure.

— Tu appelleras en vain ton démon, lui dit Jehanne qui l'avait vu porter le cor à sa bouche, ton démon est un lâche qui ne paraîtra pas devant moi.

— C'est ce que nous allons voir, reprit Tristan, et il souffla de nouveau dans son cor ; mais, comme l'avait dit Jehanne, le Sarrasin ne parut point.

Tristan pâlit.

Au même moment la vierge s'avançait sur son ennemi, et elle s'apprêtait à le frapper de son épée ; mais avant qu'elle eût pu le toucher, Baal épouvanté s'était mis à reculer devant elle, et Tristan frappait en vain l'air de sa large épée. Il était plus blême qu'un mort, sous sa visière baissée, car quelques efforts qu'il fît pour maintenir son cheval, l'animal hennissant et couvert de sueur reculait toujours.

— Va-t'en, maudit, criait Jehanne en le poursuivant et en appelant à elle la troupe de ses compagnons.

Pendant ce temps Olivier s'était relevé sans blessure, et il avait voulu poursuivre Tristan à son tour, mais Jehanne lui avait dit :

— Olivier, Dieu ne veut pas que vous combattiez cet homme, et c'est à d'autres qu'à vous qu'il laisse le soin de son châtiment. Portez ma bannière et suivez-moi.

Jehanne avait donc continué de poursuivre Tristan jusqu'à la bastille où les Anglais venaient de se réfugier, et sans pouvoir l'atteindre tant la fuite de Baal était rapide. Arrivée là, elle vit le sombre combattant disparaître dans l'épaisseur de la muraille, et reparaître un instant après, chargé d'un fardeau, dans un des clochers de la forteresse, qui comme nous l'avons dit avait été autrefois une église.

Ce fardeau, c'était le cadavre d'Étienne.

Tristan se pencha en dehors de l'ouverture du clocher en consolidant une poutre qu'un charpentier portait derrière lui, et suspendit en l'air le corps du pauvre enfant.

— Maître Jehan, cria Jehanne en voyant cela et en entendant le rire dont Tristan accompagnait cette pendaison, maitre Jehan, faites-nous une brèche à cette bastille ; il faut que nous y entrions avant une heure.

Maître Jehan fit avancer Rifard, sa fameuse couleuvrine, et le premier mur de l'église commença à se trouer avec une régularité parfaite.

A peine le trou offrait-il passage pour un homme, que Jehanne cria :

— A l'assaut !

— Mais la brèche n'est pas assez large, lui dit le duc d'Alençon, et ne vous semble-t-il pas que nous devrions attendre encore ?

— N'aie aucun doute, gentil duc, reprit Jehanne, as-tu peur ? et n'ai-je point promis à ta femme de te ramener sain et sauf ?

— Oui.

— Eh bien ! ne crains rien alors, et suis-moi.

Et Jehanne, sautant la première dans le fossé qui bordait la bastille, y ramassa une échelle qu'elle y avait fait jeter, et, l'appuyant contre le mur, elle monta à l'assaut en criant : En avant !

Tous ceux qui la suivaient s'égrenèrent alors à grands cris dans le fossé et commencèrent l'escalade.

Mais si l'attaque était rude, la défense était opiniâtre. Les Anglais avaient eu le temps de reprendre courage et ils nous repoussaient vaillamment. Tristan, que sa première défaite n'avait fait qu'irriter, versait de l'huile et du plomb fondu sur les assaillants, et, recommençant sa stratégie première, faisait choir des pans entiers de muraille sur les Français.

Cependant, Jehanne avançait toujours, et elle mettait le pied sur le rempart, quand Tristan, qui ne la quittait pas des yeux, lui cria : « A nous deux, maintenant ! » et lui lança de toute sa force une énorme pierre qui se brisa sur son casque, mais sous le choc de laquelle elle roula dans le fossé.

Deux cris immenses accompagnèrent cette chute.

L'un, cri de victoire qui sortait des poitrines anglaises,

l'autre, cri d'épouvante, et qui était poussé par les compagnons de Jehanne.

Les assiégés redoublèrent alors de rage et d'injures, et les Français commencèrent à reculer, convaincus que Dieu n'était plus pour eux, puisqu'il avait laissé tuer Jehanne.

Celle-ci n'était point morte, cependant; mais la chute qu'elle venait de faire était telle, qu'elle ne pouvait se relever. Elle vit l'effet que produisait sa disparition, et comprit que l'absence de sa bannière, c'était la défaite pour les Français.

— Prenez mon étendard, dit-elle alors à Olivier, montez à l'assaut; en le faisant flotter au-dessus de votre tête, on croira que c'est moi qui le porte, et l'on vous suivra.

Olivier obéit. En un instant, les Français avaient repris confiance et couvraient les remparts de la bastille, tandis que Jehanne, qui était parvenue à se relever, y faisait son entrée par la brèche de maître Jehan.

Une fois maîtres de la bastille, les Français en gardèrent toutes les issues, tuèrent tous ceux qui s'y trouvaient, jetant les cadavres par-dessus les murs, et en jetant une telle quantité qu'en quelques instants le fossé s'en trouva comblé

Quant à Tristan, il avait disparu avec Gladesdale, et Jehanne l'aperçut qui traversait le pont qui rejoignait la rive à la bastille Saint-Laurent.

— Remercions Dieu de cette victoire, dit-elle; et du geste elle ordonna à tous ses soldats couverts de sang et de poussière de s'agenouiller dans une commune prière.

Tous obéirent, et un chant de reconnaissance monta vers le ciel.

— Et maintenant, Olivier, dit Jehanne au jeune comte, détachez le corps d'Étienne afin que nous puissions lui donner une sépulture digne de lui.

Olivier remplit ce pieux devoir, et, prenant dans ses bras le corps froid du bel enfant, il le déposa sur le rempart et l'embrassa, en pleurant, sur le front.

— Doux ami, lui dit-il, si gai, si insouciant, si charmant; cœur si tendre, esprit si fertile, je te vengerai, je te le jure sur le saint nom de ma mère et sur l'amour de mon Alix.

Puis Olivier lava le visage du mort, et sous la poussière et le sang qui le couvraient, il retrouva ce sourire jeune et franc qui, du vivant d'Étienne, illuminait son visage.

Olivier se retourna en essuyant ses yeux, et il vit Jehanne qui l'avait rejoint et qui pleurait aussi.

— Pauvre Haumette, disait-elle, comme elle va souffrir!

En ce moment Olivier vit une petite chaîne d'or passée autour du cou du jeune homme. Il tira à lui cette chaîne, au bout de laquelle il trouva un médaillon renfermant un portrait de femme. Autour de ce portrait, deux vers étaient peints en émail bleu sur l'or, et ces deux vers étaient :

> Agnès de belle, Agnès gardera le renom,
> Tant que de la beauté, Beauté sera le nom.

— Il m'avait bien dit qu'il ne pouvait pas aimer Haumette, fit Jehanne quand Olivier lui eut lu ces deux vers, selon le désir qu'elle en avait exprimé. Savez-vous quelle est cette Agnès dont voici l'image?

— Oui, Jehanne, je la connais.

— Alors, vous lui remettrez ce médaillon, et lui direz comment est mort celui qui le portait. Mais vous ne direz cela qu'à elle, car il faut que la fille de maître Boucher ignore toujours qu'Étienne aimait une autre femme qu'elle.

— Que vous êtes bonne, Jehanne, et comme vous trouvez le moyen de laisser le bien partout où vous passez!

— Voici la nuit qui vient, reprit Jehanne, rentrons à la ville, il est temps. Demain nous en finirons avec ces Anglais : puis nous nous mettrons en route, car il ne nous restera plus que Jargeau et Patay à prendre, et le dauphin pourra être sacré.

— Hélas ! continua Jehanne en essuyant deux larmes qu'elle ne put retenir, c'est demain que je serai blessée, c'est demain qu'il sortira du sang de mon corps, comme il en est sorti du corps de cet enfant !

— Vous avez donc peur de cette blessure ? Jehanne.

— Oui, fit-elle en regardant Olivier avec une charmante franchise, oui, j'ai peur de souffrir comme j'ai souffert tout à l'heure.

— Soyez tranquille, Jehanne, je serais auprès de vous, devant vous-même et Dieu permettra que je reçoive le coup qui vous sera destiné.

— Non, Olivier, vous ne serez pas auprès de moi. Vous partirez demain après que nous aurons pris la bastille des Tournelles, parce qu'il y aura pour vous gloire et honneur à assister à cette prise. C'est là que vous serez fait chevalier, messire.

— Et de la main de qui?

— De la main d'un noble et vaillant Anglais qui ne se doute guère à cette heure qu'il sera notre prisonnier demain, de la main du comte de Suffolk:

— Dites-vous vrai, Jehanne? fit Olivier avec joie.

— Vous le verrez. Les Tournelles prises, vous partirez pour Tours, où le roi doit être. Vous lui direz qu'il se tienne prêt à se rendre à Reims, parce que la volonté de Dieu est qu'il soit sacré au plus vite, et que je retourne auprès de ma mère au plus tôt. Je vous envoie à l'avance au dauphin, parce que je sais que tous nos capitaines et tous les conseillers vont encore s'opposer à mon avis; ils semblent avoir reçu mission de s'opposer à ce que je veux, mais ce que je veux sera.

— Ne m'avez-vous pas dit, Jehanne, qu'il vous restait encore Jargeau et Patay à prendre?

— Oui; mais ces deux citadelles seront prises en un instant, et il faut qu'il n'y ait pas de temps de perdu. Pendant que je prendrai cette place, le roi convoquera les seigneurs de son royaume qui n'ont pas encore répondu à son appel, et nous n'aurons plus qu'à nous mettre en chemin pour Reims. Ce voyage achèvera de chasser les Anglais, car ils fuiront devant nous sans que nous ayons même besoin de lancer un trait.

— Il sera fait comme vous le voulez, Jehanne, je partirai demain.

— Maintenant, je vous le répète, rentrons dans la ville et emportons ce pauvre corps.

Jehanne redescendit au milieu des soldats et des chefs qui s'emparaient de tout le butin que l'ennemi avait laissé.

— Est-ce là une bonne besogne? leur demanda-t-elle gaîment.

— Oui, Jehanne, et hardiment faite.
— Avez-vous tout pris?
— Tout.
— Il ne reste plus que les murs?
— Absolument.
— Partons alors.
— Faut-il laisser garnison? lui demanda La Hire.
— Il faut laisser le feu, c'est bien assez, répondit Jehanne.

Une heure après il faisait nuit complète, et les Français rentraient à Orléans, éclairés des rouges reflets de l'incendie de Saint-Laurent et accueillis par les applaudissements des Orléanais accourus sur les remparts.

La première personne que Jehanne trouva à la porte de la ville fut Haumette.

La jeune fille se jeta dans les bras de Jehanne.

— Chère Jehanne, lui dit-elle, j'ai dormi tout le jour, mais je me suis réveillée en sursaut comme touchée par un malheur. Il ne vous est rien arrivé, Jehanne?

— Rien, mon enfant.

— Vous paraissez triste cependant au milieu de la joie de tous.

— Où est votre père, Haumette?

— Il est chez lui, il vous attend. Pourquoi cette question?

— Allez le rejoindre, enfant, je vous dirai plus tard la cause de ma tristesse.

Et Jehanne s'efforçait d'éloigner Haumette; mais celle-ci, tout inquiète, jetait les yeux autour d'elle, et ne s'éloignait pas.

Tout à coup elle poussa un cri et tomba évanouie dans les bras de Jehanne.

Elle venait de reconnaître, porté par quatre archers, le cadavre de celui qu'elle aimait.

XXVIII

DIEU LE VEUT

Le lendemain on enterra Étienne.

Ce fut par une éclatante matinée de juin que cette triste et touchante cérémonie eut lieu.

Haumette, revenue à elle, avait passé toute la nuit assise par terre dans la chambre où l'on avait déposé le mort, la tête appuyée sur le lit où il reposait et tenant une de ses mains dans les siennes.

Deux ou trois fois Jehanne était entrée dans cette chambre. Alors Haumette avait retourné la tête, lui avait souri d'un de ces sourires dans lesquels filtre l'âme tout entière; puis elle avait repris sa pose accoutumée sans dire une parole.

Quand le matin on déposa Étienne dans son cercueil, Haumette couvrit de fleurs et de larmes le corps du bel enfant; puis elle coupa ses grands cheveux blonds et les déposa comme un palpable rayon de soleil, dans ce coffre qui allait enfermer pour l'éternité celui dont elle avait fait l'espoir de sa vie.

Lorsqu'on eut emporté le mort, Haumette s'assit dans la chambre où elle avait passé la nuit, les mains jointes entre ses genoux, la tête inclinée vers sa poitrine, les yeux fixes et sans regard, et deux grosses larmes qui contenaient un monde de douleur apparurent à ses blanches paupières.

Jehanne avait raconté au trésorier, et celui-ci qui avait compris l'amour que la jeune fille avait pour Étienne vivant, avait respecté la piété qu'elle conservait pour Étienne mort.

Ce fut sur la colline prochaine, dans un endroit que le soloil visite en se levant, que furent déposés les restes de l'amant mystérieux d'Agnès.

A partir de ce jour, Haumette apprit le chemin qui menait à cette colline, car tous les matins elle alla prier sur le tertre vert qui indiquait une tombe.

Puis Jehanne, tout émue encore de ce qui venait de se passer, endossa de nouveau son armure, et après avoir prié Dieu de ne la point trop faire souffrir de la blessure qu'elle allait recevoir, elle partit pour aller assiéger la bastille des Tournelles.

Tout se passa comme elle l'avait prédit.

Elle reçut un trait dans l'épaule, et ce fut Tristan qui lança ce trait.

Dieu voulait sans doute éprouver la jeune fille par cette blessure; mais Dieu dut être content, car Jehanne, tout en perdant son sang, ne cessa de l'invoquer.

On l'emporta à une centaine de pas du boulevart, où elle avait essayé vainement de remonter à cheval, et là on la désarma. Jehanne porta la main au carreau qui l'avait blessée, et s'aperçut seulement à cette heure qu'il sortait d'un demi-pied par derrière. Alors la femme succéda à la guerrière, la faiblesse à la force. Jehanne eut peur et se mit à pleurer; mais tout à coup ses larmes s'arrêtèrent, elle leva les yeux au ciel, ses yeux prirent une expression radieuse, et ses lèvres murmurèrent quelques paroles que personne ne comprit. C'étaient ses saintes qui lui apparaissaient et venaient la consoler.

Aussitôt la vision évanouie, Jehanne se sentit de nouveau forte et confiante; elle prit le carreau à pleines mains et l'arracha elle-même de sa plaie.

Cependant elle souffrait toujours.

Alors, un homme s'approcha d'elle et lui offrit de charmer sa douleur par des paroles magiques.

Jehanne se recula avec effroi, car dans cet homme elle venait de reconnaître Tristan.

— Va-t'en, lui dit-elle, tu sais bien que j'aimerais mieux mourir que d'offenser ainsi Dieu. Contente-toi de mon corps, maudit; car, je te le jure, quoi que tu fasses, tu n'auras jamais mon âme.

Tristan disparut en rugissant.

Pendant ce temps, le combat avait continué, et comme cela arrivait toujours quand Jehanne n'était pas là, les Français reculaient. Alors Dunois arriva près d'elle, et lui dit que la retraite était ordonnée; qu'il fallait qu'elle songeât à se retirer. Tous les autres capitaines arrivèrent, alors Jehanne leur dit :

— Avez-vous de bons éperons, messires?

— Oui, répondirent-ils.

— Et de bons chevaux?

— Oui.

— Alors, à cheval!

— Et pourquoi ces questions? demanda le sire de Gamaches. Allons-nous donc avoir longtemps à fuir?

— Fuir! s'écria-t-elle; est-ce que les soldats de Dieu fuient, messire? Non, je demande si vous avez de bons éperons et de bons chevaux, non pas pour fuir vous-mêmes, mais pour poursuivre ceux qui fuiront. En avant! hommes d'armes, en avant! Et vous, Olivier, continua Jehanne en se tournant vers le jeune comte de Karnac, rappelez-vous que vous devez être chevalier avant d'aller trouver le roi.

Les Tournelles étaient une formidable bastille posée sur un pont au milieu de la rivière, et d'autant plus formidable que du côté par où attaquait Jehanne le pont était rompu, tandis que de l'autre il était tout entier; si bien que les Anglais pouvaient, sans être inquiétés, recevoir secours et renforts.

Jehanne fit jeter une large poutre sur le pont brisé, et s'élançant la première sur le chemin mouvant, elle cria :

— A mort! à mort les Anglais!

Une demi-heure après, les Tournelles étaient prises; Gladesdale était tué, la rivière était pleine de morts et les Français poursuivaient à fond de train les fuyards dans la campagne.

Parmi ceux-ci était le comte de Suffolk, qui venait de

voir périr son frère, Alexandre de Poole, et celui qui le poursuivait sans savoir qui il était, mais reconnaissant à son armure qu'il avait affaire à un puissant seigneur, c'était Olivier de Karnac.

— Rendez-vous ! rendez-vous ! lui criait Olivier.

Suffolk, se voyant serré de trop près, s'arrêta et, se tournant vers Olivier, il lui dit en levant la visière de son casque et en se faisant reconnaître :

— Êtes-vous gentilhomme?

— Je le suis, répondit Olivier.

— Êtes-vous chevalier?

— Non, mais je veux l'être.

— Eh bien ! sur mon âme, fit le comte, vous le serez, et de ma main encore. A genoux, messire.

Olivier s'agenouilla au milieu de la campagne; le comte lui donna alors sur l'épaule trois coups du plat de son épée, en lui disant :

— Au nom de Dieu et de saint Georges, je te fais chevalier.

Olivier revint tout joyeux à Orléans, où Jehanne était rentrée avec ses troupes, après avoir mis le feu aux Tournelles, et, remettant son prisonnier entre les mains de la jeune fille :

— Merci, Jehanne, lui dit-il, c'est à vous que je dois mes éperons.

— Maintenant, messire, vous savez ce qu'il vous reste à faire. Ne perdez donc pas de temps et rendez-vous le plus tôt possible auprès du roi. Pendant ce temps, nous prendrons, comme je vous l'ai dit, Jargeau et Patay. Le roi se mettra en route: je le joindrai à Gien et le mènerai tout de suite à Reims. Dites-lui bien cela, messire, et qu'il n'hésite pas.

Olivier partit le jour même avec une petite escorte, et après avoir envoyé à sa mère le récit de ce qui s'était passé, il lui fit un rapport dans lequel il omit volontairement sa lutte avec Tristan et les étranges paroles qui avaient accompagné cette lutte.

14.

Jehanne avait raison d'agir et de parler comme elle venait de le faire. Il n'y avait pas de temps à perdre, et il fallait que le roi profitât au plus tôt et de l'embarras où se trouvaient ses ennemis et de l'enthousiasme de son peuple.

Les bords de la Loire étaient complétement balayés. Le seul nom de Jehanne faisait fuir tout ce qui portait une armure anglaise. Chose étrange! Tandis que dans sa propre armée, ainsi que nous l'avons vu, Jehanne trouvait du doute et de l'opposition, dans l'armée ennemie nul ne doutait de la réalité de sa mission, et les soldats anglais, rien qu'à voir son étendard, fuyaient comme si Dieu lui-même eût marché contre eux.

XXIX

LE SACRE

La cour que le roi tenait à Tours était loin de ressembler à celle qu'il tenait à Chinon. Le luxe et les fêtes avaient succédé à la détresse et à l'abandon.

Dieu, qui faisait pour ce roi des miracles à s'en reposer pendant des siècles, après lui avoir envoyé une sainte fille pour le défendre, lui avait donné un honnête homme pour l'aider.

Cet homme, c'était Jacques Cœur; c'était le commerçant opulent dont les vaisseaux couvraient la Méditerranée et l'Océan, et qui s'était fait l'argentier du roi à condition de fournir l'argent.

Les choses étaient donc en fort bon état.

Cependant La Trémouille et sa femme étaient toujours auprès du roi comme ses deux âmes damnées, combattant opiniâtrément la double influence d'Agnès et de Marie d'Anjou, influences qui, nées de sources bien différentes, n'en étaient pas moins liées mystérieusement entre elles par le bien que la maîtresse et la reine voulaient l'une à l'amant dont elle était aimée, l'autre à l'époux qu'elle aimait.

Quant au roi, nature indolente et sensuelle que Dieu, dans ses desseins providentiels sur la royauté, refaisait roi presque malgré lui, il était arrivé à faire vivre ensemble tous les éléments nécessaires à son bonheur, et qui, dans les conditions ordinaires de la vie, semblaient devoir être incompatibles les uns aux autres.

Ces éléments étaient sa maîtresse, sa femme et son fils.

Agnès aimait Charles, et son cœur plein d'amour pour le roi était plein de respect pour la reine. Marie d'Anjou n'en souffrait pas moins, et souvent le jeune prince qui devait être plus tard Louis XI, avait surpris sa mère pleurant silencieusement dans l'ombre. Si jeune qu'il fût, l'enfant avait déjà dans la tête le germe de cette grande intelligence, de cette finesse vive qui ont fait plus tard de lui une des plus curieuses et des plus étonnantes figures de la monarchie. Il avait donc deviné ce qui faisait couler les larmes maternelles, et de son amour filial un sentiment de haine profonde était né en lui pour Agnès Sorel. La maîtresse du roi le savait, et avec cette angélique douceur qui fut le caractère de sa vie elle avait tenté mille fois de rallier ce jeune cœur rebelle; mais ses tentatives étaient restées sans résultat; et malgré lui, l'enfant avait reporté sur son père un peu de la haine que lui inspirait Agnès. Celle-ci pleurait donc parfois sur les malheurs dont elle était la cause, mais elle ne se sentait pas la force d'abandonner le roi. Elle l'aimait trop. Puis cet abandon, au milieu de toutes les mauvaises influences qui entouraient Charles, eût été presque une mauvaise action. Quand elle était trop triste, elle allait trouver Jacques Cœur, et le brave homme lui donnait des conseils et des consolations.

Voilà quelle était la vie intérieure de Charles VII quand Olivier vint à Tours.

Il trouva le roi dans une chambre retirée de son palais et se préparant à partir pour la chasse.

Agnès était auprès de lui.

— Ah! c'est vous, messire, dit Charles à Olivier qu'il reconnut tout de suite.

— Oui, Sire, fit Olivier en s'agenouillant, moi qui, de la

part de Jehanne, viens vous donner des nouvelles de votre armée.

— Et ces nouvelles?...

— Sont toujours bonnes, Sire.

— Ainsi le siége d'Orléans?

— Est levé, et à cette heure, Jehanne a pris Jargeau et Patay, les deux dernières places qui restaient à prendre avant de vous mener à Reims.

— Que sont devenus les chefs anglais?

— Gladesdale est tué, Talbot et Falstaff sont en fuite. Suffolk est prisonnier.

— Et qui a fait cette belle prise, demanda Charles avec joie?

— Moi, Sire, répondit Olivier, et le comte m'a fait chevalier sur la place.

— Touchez là messire, fit le roi en tendant sa main au jeune homme.

Olivier baisa la main que le roi lui tendait.

— Jehanne m'envoie donc à vous, Sire, reprit-il, pour vous dire qu'il ne faut pas perdre un instant, et qu'elle vous conjure de vous mettre en route pour Reims avec les nombreuses compagnies qui sont venues vous rejoindre et qui vous aideront à prendre les places qui vous résisteraient encore sur son passage.

— Jehanne a raison, mon cher seigneur, dit Agnès, et après ce qu'elle a fait pour vous, vous lui devez bien de suivre ses avis.

— Peut-être as-tu raison, Agnès, mais encore faut-il que je consulte mon conseil.

— Et votre conseil vous dira d'attendre.

— Ce qui sera une faute, Sire, se hâta de reprendre Olivier; car pendant que vous hésiterez, Bedfort fera sacrer le roi d'Angleterre; et qui sait combien vous aurez à faire encore pour combattre un roi qui aura sur vous l'avantage d'être sacré? Vous savez, Sire, quelle portée a sur l'esprit du peuple cette cérémonie du sacre. Hâtez-vous, c'est l'élue du

Seigneur qui vous l'envoie dire, et c'est le plus dévoué de vos serviteurs qui vous le dit.

— Croyez ce jeune homme, Charles, fit Agnès en passant ses bras autour du cou du roi; je le désire, je vous en prie, je le veux, ajouta la femme en donnant à cet ordre l'intonation qu'on donne à la plus humble requête.

— Ta volonté sera faite en ceci comme en tout, Agnès. Quand ordonnes-tu que je parte.

— Dès demain.

— Et tu m'accompagneras?

— Si vous le permettez, Sire.

— Charles sans Agnès, cela se peut-il, même une fois! Allons, notre chasse est remise à notre retour, et pour avoir été attendue elle n'en sera que meilleure.

— Oui, Sire, ordonnez qu'on se dispose à partir, car j'ai hâte de voir se lever le jour où le roi que j'aime sera véritablement roi.

— Au revoir, Olivier, dit familièrement Charles en s'éloignant et en caressant le faucon qu'il tenait sur son poing, et merci de vos bonnes nouvelles.

Olivier resta seul avec Agnès.

Alors il s'approcha d'elle, et d'une voix émue il lui dit :

— Madame, j'ai une douloureuse mission à remplir auprès de vous. Je vais vous causer un chagrin, à vous si bonne que tout s'éclaire de votre bonté.

— Qu'est-ce donc? demanda Agnès avec inquiétude.

Olivier tira de son sein le médaillon qu'il avait trouvé sur le corps d'Étienne et le remit à Agnès.

— Mon portrait! s'écria-t-elle ; comment ce portrait se trouve-t-il entre vos mains, messire? et d'où vient ce portrait que je ne connaissais pas?

— N'est-ce point vous, madame, qui l'aviez remis à Étienne?

— Est-ce donc lui qui vous l'a remis?

— Non. C'est la première chose que j'ai trouvé sur lui quand je l'ai relevé.

— Blessé! fit Agnès en devenant toute pâle.

— Mort, madame, mort en me défendant.

— Étienne est mort, lui, le pauvre enfant que j'aimais comme un frère !

— Et qui vous aimait plus qu'une sœur, car il est mort en prononçant votre nom, madame.

Agnès se laissa tomber sur un siége, et cachant sa tête dans ses deux mains, elle se prit à pleurer abondamment.

— Pauvre Étienne ! disait-elle de temps à autre ; pauvre enfant ! qui m'eût dit que j'apprendrais si tôt sa mort ! C'était une si douce et si pure affection que la nôtre ! c'était un cœur si noble, un esprit si charmant que le sien ! Oh ! vous me direz où il repose, n'est-ce pas ? Je veux faire un pèlerinage à sa tombe ; je veux transporter ses restes dans mon château de Loches, afin que le cher enfant qui m'aima tant pendant sa vie dorme après sa mort dans l'endroit où je dormirai moi-même.

Olivier regardait Agnès, et il se demandait quelle sorte de lien l'unissait à Étienne.

Sans doute Agnès comprit ce regard, car elle raconta à Olivier ce que nous savons déjà de ses rapports avec le jeune poëte, et comment celui-ci, par amour pour elle, s'était fait le confident et le conseiller de l'amour du roi.

— Alors, madame, reprit Olivier, je vous demanderai de faire un sacrifice à quelqu'un qui aimait aussi Étienne, mais d'une affection toute différente de la vôtre, car où vous ne voyiez qu'un ami, la personne dont je vous parle espérait un fiancé.

Olivier raconta donc à son tour l'amour dont Haumette avait été prise pour Étienne, la confidence qu'Étienne avait faite à Jehanne d'un autre amour qu'il ressentait, sans nommer celle qui lui inspirait cet amour, et du moyen que Jehanne, qui savait qu'Étienne allait mourir, avait employé pour qu'Haumette apprît le plus tard possible cette mort qui devait la rendre si malheureuse.

En effet, comme on se le rappelle, Jehanne avait fait prendre à la fille de Jacques Boucher le narcotique que Gilles de Retz lui destinait ; mais l'amour avait été plus fort que le sommeil, et la jeune fille, réveillée en sursaut par un pressentiment mystérieux, s'était trouvée à la porte d'Orléans quand on y avait rapporté l'enfant mort.

— Et quel est le sacrifice que vous demandez? reprit Agnès.

— C'est de laisser reposer Étienne sur la colline où nous l'avons déposé. Songez, madame, que cette tombe est la dernière consolation d'une pauvre fille qui, grâce à Jehanne, qui lui avait caché la confidence d'Étienne, est convaincue que si le jeune homme eût vécu, il l'eût aimée et fût devenu son époux. La mort l'a fiancée à Étienne, et elle mourrait de douleur si on lui retirait ce tombeau.

— C'est juste, répondit Agnès, il lui appartient. Je me contenterai d'aller jeter des fleurs sur cette tombe, car j'ai la mémoire du passé et la religion des morts. Oui, cet enfant m'aimait, moi qui n'ai jamais été pour lui qu'une sœur, plus peut-être que je n'aime celui à qui j'ai tout donné. Quelle étrange destinée que celle des femmes! Qui sait si je n'eusse pas été plus heureuse si, au lieu d'aimer Charles le roi de France, j'eusse aimé Étienne l'humble gentilhomme; car je ne suis pas toujours heureuse, messire; car on me hait, car on me calomnie, et voilà que Dieu me reprend le seul cœur avec lequel je pouvais causer à l'aise de mes espérances et de mes chagrins, de mes joies et de mes tristesses.

— Que la volonté de Dieu soit faite, reprit Agnès après un silence de quelques instants, et qu'il donne miséricorde et repos à l'âme du doux ami que je pleure.

En ce moment Charles VII rentrait dans la chambre où il avait laissé Olivier et Agnès, et il put s'approcher de celle-ci sans qu'elle l'entendît venir. Alors, voyant qu'elle tenait un portrait, il passa la main doucement par-dessus son épaule, et s'empara en riant du médaillon.

Agnès poussa un cri de surprise, presque de peur.

— Qui a fait ce charmant portrait, dit le roi, et ces charmants vers?

— C'est Étienne, monseigneur, répondit Agnès.

— Il t'aime donc toujours?

— Il ne m'aime plus, hélas!

— Ainsi, il est infidèle?

— Non, monseigneur, il est mort.

Le roi pâlit.

— Et comment cela s'est-il fait? demanda Charles avec émotion.

Olivier raconta la mort du jeune homme.

— Pauvre cher! fit le roi. Et deux larmes roulèrent le long de ses joues.

— Merci pour ces deux larmes, monseigneur, dit Agnès en posant sa tête sur l'épaule de Charles.

— Avec qui parlerai-je de toi? maintenant? reprit le roi en essuyant ses yeux, de toi, ma pauvre Agnès, que tout le monde déteste ici, parce que je t'aime. En vérité, je suis bien malheureux et j'ai plus de regret d'avoir perdu un ami que je n'ai de joie d'avoir retrouvé mon royaume.

— Vous voyez que le roi est bon, messire, dit Agnès avec orgueil en se tournant vers Olivier. Il fera de grandes choses, allez, car un roi qui pleure si franchement est capable des plus nobles actions. Séchez vos larmes, monseigneur, et puisque vous ne pourrez plus parler de moi avec Étienne, vous parlerez de lui avec moi.

Charles déposa un baiser sur le front d'Agnès, et s'adressant à Olivier :

— Vous pouvez repartir, messire, lui dit-il; allez au devant de Jehanne, lui dire que dès demain nous marcherons à sa rencontre.

Olivier s'éloigna, et le lendemain, ainsi que le roi l'avait promis, il se mit en marche avec tous les capitaines qui l'étaient venus joindre, et après avoir envoyé des messagers dans le pays pour que les retardataires se hâtassent.

Quand Jehanne arriva à Tours, le roi ordonna qu'elle fût immédiatement introduite auprès de lui. Jehanne s'approcha avec son respect habituel, puis s'agenouillant :

— Très-cher Sire, dit-elle, vous voyez comme, à l'aide de Dieu et de vos serviteurs, vos affaires ont été bien conduites jusqu'ici, ce dont vous devez rendre grâces au seigneur seul, car c'est le seigneur qui a tout fait. Or, il faut que vous vous prépariez maintenant à faire votre voyage de Reims, afin d'y être oint et sacré, comme y ont ci-devant été vos prédécesseurs les rois de France. Le temps en est venu, ainsi que je vous l'ai fait dire par mon envoyé, et il plaît à Dieu que la chose soit faite, attendu qu'il en doit résulter un très-grand avantage pour vous ; car, après votre consécration, votre nom royal s'augmentera de considération et d'honneur auprès du peuple de France, tandis qu'en même temps il deviendra plus formidable à vos ennemis. N'ayez ni doute ni peur de ce qu'ils tiennent les villes, les châteaux et les places du pays de Champagne par lequel il vous faut passer; car, avec l'aide de Dieu et de vos bons capitaines, nous vous conduirons de telle manière que vous passerez sûrement.

Jehanne avait raison; les pays à traverser étaient pleins d'ennemis. Aussi le roi, sur les nouveaux rapports qui lui étaient faits et les nouveaux conseils qui lui étaient donnés, hésitait-il encore un peu et proposait-il de faire d'abord l'expédition de Normandie, et le sacre ensuite.

— Au nom de Dieu, lui répondit Jehanne, le sacre tout de suite, ou je ne pourrais plus vous aider.

— Et pourquoi cela, Jehanne? demanda le roi.

— Parce que je ne durerai pas plus d'un an, dit Jehanne en secouant tristement la tête.

— Comment cela? dit le roi, et qu'arrivera-t-il donc de vous à cette époque?

— Je ne sais, répondit Jehanne, mes voix ne me l'ont pas dit; mais certainement ma mission se borne à faire lever le siége d'Orléans et à vous mener sacrer à Reims. Partons donc, gentil dauphin je vous en prie, car telle est la volonté de Dieu.

On partit.

Au reste, le roi avait autour de lui une plus grande puissance qu'il n'en avait jamais eue; avec sa bonne fortune, la fidélité lui était revenue de toutes parts. Dieu s'était si formellement déclaré pour la monarchie, qu'il y eût eu un athéisme à ne la point soutenir. Ce voyage fut donc plutôt un triomphe qu'une expédition.

C'était du reste une belle chose à voir. L'amour du roi s'é

tait si universellement réveillé, qu'à chaque instant de nouveaux seigneurs venaient se joindre à la troupe royale. Chacun tenait à si grand honneur d'en être, que de très-nobles chevaliers, qui étaient ruinés par la guerre et qui n'avaient pas de quoi racheter de grands chevaux de bataille, y allaient comme archers ou comme cousteliers, montés sur les premiers chevaux qu'ils trouvaient; et dans cette multitude, il n'y en avait pas un qui élevât le moindre doute sur le succès de l'entreprise, tant Jehanne était regardée à cette heure comme une sainte et véritable inspirée. Quant à elle, elle chevauchait à l'avant-garde, toujours armée de toutes pièces et supportant toutes les fatigues comme un capitaine de guerre, toujours la première au départ, la dernière à la retraite, et menant ses troupes en si belle ordonnance, que La Hire et Xaintrailles n'eussent pu faire mieux. Aussi une pareille discipline était-elle l'objet d'une grande admiration pour les capitaines et les gens de guerre qui voyaient Jehanne s'arrêter dans toutes les églises pour prier, et une fois par mois se confesser et recevoir la sainte communion.

Toutes les villes se rendaient, rien qu'en voyant apparaître l'étendard de la Pucelle.

Auxerre paya une rançon dont le roi n'eut qu'une très-faible partie, et dont La Trémouille, suivant la vieille coutume des favoris, empocha six mille écus, ce qui mit Jehanne en grande colère, car on ne put donner à ses soldats, sur une solde arriérée, qu'un seul écu par homme.

A Troyes, il se passa bien autre chose.

Quatre ou cinq mois auparavant, un cordelier, nommé frère Richard, qui était du parti du roi et qui allait prêchant par le pays, s'était arrêté à Troyes et avait terminé tous les sermons qu'il avait faits par ces mots :

— Semez largement des fèves, mes frères, semez largement. C'est moi qui vous le dis, car celui qui les doit moissonner viendra bientôt.

Comme on avait une grande confiance dans la science de frère Richard, chacun lui avait obéi, et l'on avait semé des fèves. Or, les fèves étaient mûres, et voilà que Charles VII arrivait au moment de la récolte. Il devenait évident que c'était là le moissonneur annoncé. Aussi, malgré la résistance que promettaient de faire les Anglais, le parti royaliste, qui était le parti des bourgeois, était-il tout prêt à ouvrir les portes à Charles VII à la première occasion.

On campa donc devant la ville, et les soldats, trouvant les fèves bonnes, vinrent en aide à la prédiction et s'en firent un régal quotidien.

Cependant les fèves diminuaient, et l'on se trouva en danger de famine; car, quoiqu'on eût promis aux paysans de leur payer les vivres qu'ils apporteraient, ils avaient été trompés si souvent, qu'ils ne voulaient plus croire à ces promesses.

On tint donc un conseil dont, comme toujours, on écarta Jehanne, et La Trémouille, qui ne voyait rien à gagner à Troyes et qui avait hâte de se reposer, proposa tout bonnement de lever le siége, siége inutile, puisqu'on n'avait pas de machines de guerre, et de s'en retourner derrière la Loire, en ajoutant que tels étaient les embarras où pouvait entraîner la confiance aveugle qu'on avait en Jehanne.

Chacun donna son avis, et tous les avis furent celui de La Trémouille.

Ah! les hommes ont toujours été les mêmes: convaincus le matin, sceptiques le soir. Nul n'a fait plus de miracles que Jehanne, nul n'a plus excité de doute qu'elle.

Un seul homme eut le courage d'être d'une opinion contraire à l'opinion générale, ce fut Robert-le-Manan, ex-chancelier du roi.

— Gentil sire, dit-il au roi, Jehanne a promis que nous arriverions à Reims. Jehanne ne nous a pas encore trompés. Il me semble qu'avant de prendre une décision, nous devrions consulter Jehanne.

— Bien parlé, messire! fit la Pucelle en entrant et en tendant la main au conseiller. Ah! continua-t-elle, on débat ici de grandes choses, et je n'y suis pas. Tant pis pour vous, sire, car si votre conseil est bon, le mien est meilleur. Sire, serai-je crue en ce que je dirai?

— Jehanne, n'en faites aucun doute si vous dites des choses possibles et raisonnables, répliqua le roi.

Alors elle se retourna vers les conseillers.

— Encore une fois, serai-je crue, messieurs ? leur dit-elle.

— C'est selon ce que vous direz, Jehanne, répondit le chancelier.

— Eh bien ! sachez, gentil dauphin, reprit Jehanne, que cette cité est vôtre, et que si vous patientez trois jours, dans trois jours elle sera à vous par amour ou par force.

— Donnez une preuve de ce que vous dites, Jehanne.

— Hélas ! je n'ai ni preuve ni signe que je dis vrai, sinon la confiance que j'ai en mes voix. Mais je n'ai jamais menti, je pense, et ne mens pas plus aujourd'hui que par le passé.

— Eh bien ! qu'il soit fait comme vous le voulez, Jehanne, dit le roi ; mais c'est une grande responsabilité que celle que vous prenez là.

— Qu'on me laisse faire et je réponds de tout.

Jehanne fit une révérence au roi, et, sortant aussitôt du conseil, elle monta à cheval, prit une lance, et suivie d'Olivier, qui avait voulu porter son étendard, elle fit apporter des fagots, des fascines, des poutres et jusqu'à des portes et des fenêtres, fit jeter tout cela dans le fossé qui bordait la ville, afin de faciliter les approches, et d'asseoir le plus près possible des murailles une petite bombarde et quelques canons de moyen calibre qui étaient dans l'armée, donnant des ordres aussi exacts et aussi précis que si elle n'avait jamais fait autre chose que de commander des siéges, ce qui émerveillait tout le monde et surtout les petites gens, qui, ayant le bonheur d'avoir moins de science que les grands, avaient plus de foi.

Or, les gens de Troyes, voyant les préparatifs que l'on faisait contre eux, commencèrent à s'assembler sur les murailles et à murmurer hautement.

Au milieu d'eux se trouvait un homme d'une haute stature et dont l'armure brillait étrangement au soleil. Quoiqu'il eût sa visière baissée, Jehanne le reconnut :

— Toujours vous, Tristan! cria-t-elle. Pauvre esprit perdu, ne te repentiras-tu donc jamais?

— Tu n'entreras pas à Reims, Jehanne, quelle que soit la force de tes armes, répondit Tristan.

— Aussi n'aurai-je pas besoin de mes armes pour prendre la ville. Plus l'ennemi que Satan m'envoie est fort, plus les moyens que Dieu me donne sont simples. Regarde.

En même temps Jehanne agita son étendard, et une nuée de papillons blancs vint voltiger autour d'elle, si bien qu'un instant elle se trouva cachée par ce nuage vivant.

A cette vue, les bourgeois de la ville n'y tinrent pas davantage, et criant au prodige, ils déclarèrent aux Anglais que c'était offenser Dieu que de lutter plus longtemps, et ils allèrent eux-mêmes ouvrir les portes de la ville, où Jehanne fit son entrée, escortée toujours de ses légers compagnons blancs, qui ne la quittèrent et ne s'éparpillèrent sous l'azur du ciel que lorsque le roi eut reçu la soumission de la ville. Pendant que les Français entraient par une porte, les Anglais sortaient par l'autre.

Tristan, rêveur et tout préoccupé du prodige nouveau dont il venait d'être témoin, sortit le dernier.

De loin, Jehanne le vit s'éloigner, car elle le reconnaissait au milieu de tous.

— Lui qui doutait de moi, voilà qu'il doute de lui, murmura-t-elle. Il y a quelque chose de bon dans le cœur de cet homme.

Tristan, après avoir suivi pendant quelque temps la route qu'il avait prise en quittant Troyes, entra dans un petit bois qui bordait cette route, et s'asseyant à côté d'un ruisseau où son cheval et ses chiens buvaient, il laissa tomber sa tête dans ses mains et se mit à songer profondément.

Un léger bruit se fit entendre dans les broussailles. Tristan regarda du côté d'où venait ce bruit, et il aperçut un jeune daim qui avançait timidement.

Le premier mouvement de Tristan fut de lancer un trait à l'animal. Il s'y apprêta même; mais, au moment de décocher ce trait, l'animal tourna la tête vers lui et le regarda d'une si étrange façon que, pour la première fois de sa vie, Tristan comprit la joie de ne pas détruire, et jetant l'arme à ses pieds, il se rassit, sans pouvoir se rendre compte de l'émotion qui agitait son âme.

Le daim se sauva, et Thor et Brinda se mirent à sa poursuite; mais Tristan les rappela et les fit coucher à ses côtés.

Il resta jusqu'au soir auprès de cette fontaine, jusqu'à l'heure où la lune parut au firmament.

Troyes était en fête, et le bruit de cette ville, toute joyeuse d'être redevenue française, arrivait jusqu'à lui.

Alors il vit passer un paysan qui se dirigeait, en chantant, vers la ville.

Tristan s'approcha de cet homme.

— Où vas-tu, lui dit-il, toi qui chantes ainsi?

— Je vais à Troyes.

— Que faire?

— Y retrouver ma sœur qui y est entrée aujourd'hui même.

— Comment se nomme ta sœur?

— Jehanne d'Arc.

— Et toi?

— Je me nomme Pierre. Elle m'a fait écrire de la rejoindre à Reims; mais comme je la trouve ici, j'aime mieux la voir plus tôt. J'irai jusqu'à Reims avec elle, et je la ramènerai.

— Tu la ramèneras?

— Oui. Une fois le roi sacré, elle veut revenir à Domremy.

— Et qu'y fera-t-elle?

— Elle y fera ce qu'elle y faisait : elle mènera paître les moutons de ma mère.

— Merci, mon ami, continue ton chemin, et bonne chance.

— Que Dieu vous garde, messire chevalier, répondit Pierre, et il reprit sa route en chantant.

— C'est une cause injuste que celle que je sers, murmura Tristan, quand il fut seul, cette fille est décidément une sainte fille.

Et il sentit deux larmes dans ses yeux, lui qui n'avait jamais pleuré les douces larmes du repentir. Mais depuis la mort d'Étienne, il tombait souvent dans des tristesses profondes, car l'ombre de l'innocent enfant troublait souvent son sommeil quand il dormait, sa pensée quand il ne dormait point.

Étienne était le premier meurtre de Tristan.

Une demi-heure après que Pierre avait disparu dans l'ombre du chemin, un cavalier passa venant de la ville.

C'était un messager qu'Olivier envoyait à sa mère et à Alix pour leur annoncer à toutes deux son prochain retour.

Tristan l'interrogea, comme il avait interrogé Pierre, et celui-ci, croyant avoir affaire à un chevalier français, répondit comme Pierre avait répondu.

Mais cette fois Tristan, au lieu de souhaiter bonne chance au voyageur, le quitta brusquement et remonta sur Baul.

— A la bonne heure, dit une voix à côté de lui, te voilà revenu à la raison.

Tristan se retourna et vit le Sarrasin de l'autre côté du ruisseau.

— Sais-tu, fit l'ombre en riant, que je croyais presque que tu allais te faire moine, tant je te voyais sensible et larmoyant.

— Non, sois tranquille, ami, je suis toujours à toi, répondit Tristan, à qui la dernière rencontre qu'il venait de faire avait rendu sa haine.

— Voilà qui est bien parler, et d'autant mieux même que nous touchons au but.

— Que veux-tu dire?

— Dans un mois, le monde sera à nous, car dans un mois Jehanne, l'envoyée de Dieu, aura commis une faute.

Cette fois le Sarrasin avait raison.

Le lendemain de la prise de Troyes, Jehanne, qui ne voulait goûter aucun repos avant que le roi ne fût sacré, Jehanne se remit en route, elle arriva bientôt devant Châlons en Champagne. Pendant la route on avait eu quelque crainte sur la façon dont on serait reçu dans cette cité; mais quand il arriva devant, le roi vit les portes s'ouvrir, et les plus notables du pays venir à lui, l'évêque en tête, et demander à faire serment d'obéissance.

Il en fut de même de la ville de Sept-Sauls, que les deux capitaines anglais qui y tenaient garnison quittèrent avant même que l'armée française arrivât.

Cette ville n'était qu'à quatre lieues de Reims. Il fut donc convenu qu'on ne ferait que s'y reposer, et que le roi en partirait le lendemain, dès le matin, avec l'archevêque, pour recevoir son sacre, et il envoya à l'avance, pour remplir les formalités nécessaires auprès de l'abbé de Saint-Rémy qui gardait la Sainte-Ampoule, le maréchal de Boussac, le seigneur de Retz, le seigneur de Graville et l'amiral Culaut. Tous quatre partirent avec leurs bannières et bien accompagnés pour aller chercher l'abbé de Saint-Rémy. Arrivés à l'abbaye, les messagers royaux firent le serment de conduire à Reims, et de ramener sûrement de Saint-Rémy l'abbé et la précieuse relique dont il était porteur ; puis ils remontèrent à cheval et accompagnèrent l'abbé, chacun marchant à un coin du poêle sous lequel il cheminait dévotement et solennellement, avec autant de piété que s'il eût tenu dans ses mains le précieux corps de Notre Seigneur Jésus-Christ. Ils cheminèrent ainsi, suivis d'une grande foule de peuple, jusque dans l'église Saint-Rémy, où ils s'arrêtèrent et où l'archevêque de Reims, revêtu de ses habits pontificaux et accompagné de ses chanoines, vint quérir la Sainte-Ampoule, et, l'ayant prise de ses mains, la porta dans la cathédrale et la posa sur le grand autel. Les quatre seigneurs à qui la garde en était confiée entrèrent avec elle dans l'église, à cheval et toujours armés de toutes pièces, et ne mirent pied à terre qu'au chœur, encore gardèrent-ils la bride de leurs chevaux à la main gauche, tandis qu'à la main droite ils tenaient leur épée nue.

Puis le roi vint à son tour, magnifiquement vêtu et entouré d'un concours immense de seigneurs et du peuple, et acclamé de ces cris d'enthousiasme et de joie dont un pays qui échappe à l'anarchie accueille le retour d'un prince aimé.

Charles VII s'agenouilla et fut fait chevalier par le duc d'Alençon.

Jehanne se tenait à côté du roi, couvrant sa royale personne de l'ombre de son étendard blanc.

Là se trouvaient le comte de Clermont, le seigneur de Beaumanoir, le seigneur de La Trémouille, le seigneur de Maillé, lesquels étaient en habits royaux et représentaient les nobles pairs de France qui n'assistaient point au sacre.

Une place était restée vide parmi tous ces grands seigneurs, c'était celle du comte de Richemont, que malgré les instances de Jehanne le roi n'avait pas voulu admettre à son sacre.

La cérémonie commença.

L'archevêque s'approcha de Charles, et assisté des deux pairs ecclésiastiques, il lui fit la requête suivante pour toutes les Églises qui étaient sujettes de la couronne :

« Nous demandons que vous accordiez à chacun de nous et aux Églises qui nous sont confiées la conservation des priviléges canoniques, la loi due et la justice, et que vous vous chargiez de notre défense comme un roi le doit à chaque évêque et à l'Église qui lui est confiée. »

Le roi, sans se lever, et la tête découverte, répondit :

— Je le promets.

Alors les deux pairs ecclésiastiques soulevèrent le roi de son fauteuil, et Charles étant debout, ils le montrèrent aux assistants, au peuple et aux grands assemblés, en disant :

— Le voulez-vous pour roi?

— Nous l'approuvons, nous le voulons, qu'il le soit, répondit un cri unanime.

Et les cris de joie commencèrent.

Quand le silence se fut rétabli, l'archevêque présenta les saints Évangiles au roi, et celui-ci étendant les mains dessus, dit d'une voix ferme et haute :

« Je promets, au nom de Jésus-Christ, au peuple chrétien qui m'est soumis :

» Premièrement, de faire conserver en tout temps par le peuple chrétien une paix véritable à l'Église de Dieu.

15.

» D'empêcher toutes rapines et iniquités, de quelque nature qu'elles soient.

» De faire observer la justice et la miséricorde dans tous les jugements, afin que Dieu, qui est la clémence et la miséricorde, daigne les répandre sur vous et sur moi.

» Toutes lesquelles choses ci-dessus dites je confirme par serment : qu'ainsi Dieu et ses saints Évangiles me soient en aide. »

Pendant que le roi prêtait ces serments, on déposa sur l'autel les ornements et les habits dont il devait être paré à son sacre.

Puis on le dépouilla de la grande robe de toile d'argent dont il était vêtu, et on le revêtit des habits que l'on venait d'apporter, habits miraculeux, car nul ne les avait commandés, et on les avait trouvés à Reims dans la chambre du roi, sans qu'on eût vu qui les avait apportés là.

Charles se mit alors en prière, et tandis qu'il était à genoux, l'archevêque de Reims s'approcha de lui, et tenant en main la patène sur laquelle est l'onction sacrée, il en prit avec le pouce droit et commença d'oindre le roi en disant ces paroles :

— Je vous sacre roi avec cette huile sanctifiée, au nom du Père, du Fils et du Saint-Esprit.

Puis les deux pairs ecclésiastiques ouvrirent les ouvertures faites à la chemise et à la camisole du roi, et l'archevêque fit sur la poitrine de Charles VII les signes qu'il avait faits sur son front, puis il les répéta entre les deux épaules, puis sur l'épaule droite, puis sur l'épaule gauche, puis sur les jointures des bras, et pendant ce temps les musiciens chantaient :

« Le prêtre Sadoch et le prophète Nathan sacrèrent Salomon roi de Sion, et s'approchant de lui, ils lui dirent avec joie : Vive le roi éternellement ! »

Enfin, l'archevêque posa la couronne sur la tête du roi, et la voûte de l'église retentit d'un seul cri : Noël! que toutes les poitrines poussèrent avec enthousiasme, puis les trompettes éclatèrent, et sans qu'aucune main les agitât, les cloches se mirent à sonner à toute volée, annonçant d'elles-mêmes que Charles VII était enfin sacré roi de France.

A partir de ce moment, c'en était fini des prétentions de l'Angleterre et du gouvernement de Bedfort.

Les Français avaient dans le cœur pour la sainte cause de la monarchie, plus d'enthousiasme et d'amour que les Anglais n'avaient de sang à répandre pour le maintien de leur domination.

Jehanne pleurait de joie en se disant :

— C'est moi qui ai fait cela.

Aussi les cris de : Vive Jehanne! ébranlèrent-ils les voûtes de l'église.

Alors la jeune fille, tenant la main de son frère qui ne comprenait rien à tout ce qu'il voyait et qui ne pouvait que pleurer comme sa sœur en voyant de quel culte elle était l'objet, s'approcha du roi et, s'agenouillant, lui dit :

— Gentil roi, maintenant le plaisir de Dieu est exécuté. Vous venez de recevoir votre digne sacre, et vous avez montré par là que vous étiez le seul et vrai roi de France et que le royaume doit vous appartenir. Or, maintenant ma mission est accomplie et je n'ai plus rien à faire ni en la cour ni en l'armée. Permettez donc que je me retire dans mon village, près de mes parents, afin que j'y vive ainsi qu'il convient à une humble et pauvre paysanne, et ce faisant, je vous saurai, sire, une plus grande reconnaissance de votre congé, que si vous me nommiez la plus grande dame de France après la reine.

— Jehanne, répondit le roi, qui depuis longtemps s'attendait à cette demande, tout ce que je suis en ce jour c'est à vous que je le dois. Vous m'avez, il y a cinq mois, pris pauvre et faible à Chinon, et vous m'avez mené fort et triomphant à Reims. Vous êtes donc la maîtresse et c'est à vous d'ordonner bien plutôt que de requérir. Mais votre retraite, Jehanne, dans les circonstances où nous nous trouvons, et au moment où votre influence sur mon armée est à son comble, serait une chose si fatale aux intérêts du royaume, que je vous conjure de ne point me quitter, car vous êtes l'ange gardien de la France, et si vous partiez, ma bonne fortune partirait avec vous.

Puis se tournant vers le frère de Jehanne que celle-ci tenait par la main :

— Pierre, lui dit-il, il faut que je laisse à ta famille un souvenir du service que je lui dois. A partir d'aujourd'hui, vous êtes nobles comme les plus nobles de mes seigneurs, et vous porterez un écu presque royal, puisque les fleurs-de-lys de France y brilleront.

Pierre s'agenouilla.

— Reste, ma sœur, dit-il tout bas à Jehanne, je ne te quitterai pas.

— Qu'il soit donc fait comme vous le voulez, sire, répondit la Pucelle, car ce n'est point à une pauvre fille comme moi de lutter contre un puissant prince comme vous. Cependant, mes voix m'avaient dit de partir aujourd'hui même. C'est la première fois que je leur désobéis, et j'ai grande crainte qu'il ne m'en arrive malheur. Advienne de moi ce que Dieu décidera. Je resterai auprès de vous, sire.

La réponse de Jehanne fut accueillie par mille clameurs de reconnaissance et de joie, et le cortége quitta l'église éclatante d'or et de lumière et se répandit en fête dans la ville.

Le soir de ce même jour, une jeune fille, vêtue d'un costume de paysanne, entrait dans une église où priaient quelques rares fidèles.

Cette jeune fille s'approcha du premier groupe qu'elle trouva à sa droite, et ayant touché l'épaule d'une fille de son âge qui faisait ses dévotions :

— Pour qui priez-vous en ce moment? lui dit-elle.

— Pour ma mère, répondit-elle.

— C'est bien, priez, répliqua la jeune fille, et elle passa.

S'adressant à un vieillard qui était agenouillé dans le groupe à gauche.

— Pour qui priez-vous, vieillard? lui demanda-t-elle d'une voix douce.

— Pour la prospérité du royaume, mon enfant, répondit cet homme.

— Continuez votre prière, brave homme, fit la jeune fille et Dieu vous entendra.

Puis s'étant enfin approchée d'une vieille femme prosternée devant le chœur :

— Pour qui priez-vous, digne femme? dit-elle.

— Pour ma fille, répondit la vieille.

— Alors priez pour moi en même temps, car je suis loin de ma mère et je suis une fille bien malheureuse.

— Et quel est votre nom? Dites-le moi afin que je le recommande à Dieu.

— On me nomme Jehanne, répondit la jeune fille.

Elle s'agenouilla quelques instants auprès de cette mère, puis elle l'embrassa comme elle eût voulu embrasser la sienne, et elle quitta l'église, sous le porche de laquelle deux ombres qui se confondaient avec les statues de pierre attendaient qu'elle sortît.

— L'espérance y est toujours, mais la foi n'y est plus, dit une de ces deux ombres à l'autre. Encore un peu de courage, Tristan, et cette fois, je te le jure, elle sera à nous.

ÉPILOGUE

Le 20 février 1431, une foule énorme se pressait aux abords de la grosse tour à Rouen, tour dont l'entrée était gardée par des archers anglais qui faisaient tous leurs efforts pour ne laisser pénétrer qu'avec ordre les nombreux visiteurs, Anglais, Français et Bourguignons, qui l'assaillaient du matin jusqu'au soir.

Le spectacle qui attendait les curieux dans l'intérieur était digne en effet que l'on se dérangeât et que l'on se pressât pour le voir.

Au milieu d'une vaste salle était placée une grande cage de fer, que l'on fermait avec deux cadenas et une serrure. Dans cette cage, il y avait une femme vêtue d'une armure, accroupie et le bas des jambes serré dans des anneaux de fer auxquels étaient rivées des chaînes attachées aux barreaux de la cage.

Cette femme, qui priait au milieu des insultes de la foule, c'était Jehanne, Jehanne prise à Compiègne par Lyonel, bâtard de Vendôme, et remise par lui au sire de Luxembourg, qui venait de la vendre aux Anglais pour dix mille livres, c'est-à-dire pour soixante-dix mille francs de notre monnaie.

Comment se faisait-il que Jean de Ligny, sire de Luxembourg, un des premiers chevaliers du temps, eût vendu une femme comme Jehanne, à une époque où la chevalerie était si pure et où la virginité était une sauvegarde inviolable? Si une lâcheté peut-être expliquée, voici comment on peut expliquer celle-là.

Certes, s'il n'eût dépendu que de lui, le sire de Luxembourg, tout vassal qu'il était du duc de Bourgogne, n'eût jamais livré Jehanne, d'autant plus que la duchesse et sa fille s'étaient prises d'admiration d'abord et d'amitié ensuite pour cette merveilleuse héroïne qu'on leur avait représentée comme une sorcière, et dans laquelle elles avaient découvert une sainte.

Malheureusement, si les sympathies du duc étaient pour Jehanne, ses intérêts étaient contre elle.

Il était bon, mais il était pauvre; il était pauvre, mais il aimait l'argent. Il appartenait à la noble maison de Luxembourg, il était parent de l'empereur Henri VII et du roi Jean de Bohême, et comme tel méritait qu'on le ménageât; mais il était cadet de cadet, et pour obvier aux craintes qu'il avait sur sa fortune à venir, il avait trouvé le moyen de se faire nommer l'unique héritier de sa tante, la riche dame de Ligny et de Saint-Pol, et cela au détriment de son frère aîné.

Mais la bonne dame vivait encore, et en attendant qu'il plût à Dieu de la rappeler à lui, Jean manquait d'argent, et il était forcé de flatter par tous les moyens possibles le duc de Bourgogne, son juge dans l'affaire de la succession, juge qui pouvait le ruiner d'un mot. Il ne voulait pas non plus se brouiller avec les Anglais, plus irrités que jamais contre Jehanne, dont l'esprit, au défaut du corps, continuait à combattre contre eux, si bien qu'ils étaient battus partout où ils livraient bataille.

Winchester était à la tête de toute la besogne. Glocester n'avait plus aucun pouvoir en Angleterre. Bedfort était annulé en France, contraint qu'il était de passer par toutes les fantaisies du duc de Bourgogne qui lui fournissait l'argent nécessaire pour soutenir l'invasion et qui, royal usurier, le vendait cher au régent.

Il s'agissait pour les Anglais de prouver que Jehanne était envoyée par le diable, et de faire sacrer le jeune roi à Saint-Denis. De cette façon, Charles VII ne serait que l'oint de Satan, tandis que Henri serait véritablement l'oint du Seigneur.

Mais pour cela il fallait faire le procès à Jehanne, et, pour avoir Jehanne, il fallait que Jean de Luxembourg la livrât. Or, sa vieille chevalerie se refusait encore à cette trahison qu'on décorait du nom de marché.

L'Église s'en mêla, et le vicaire de l'inquisition envoya de Rouen un message pour sommer Jean de Ligny et le duc de Bourgogne de livrer cette fille accusée de sorcellerie. L'Université se joignit à l'Église, Pierre Cauchon, évêque de Beauvais, lequel prétendait que Jehanne, ayant été prise à Compiègne, avait été prise sur son diocèse, se joignit à l'Université, et il fut décidé que l'évêque et l'Université jugeraient concurremment Jehanne, quoique les procédures de l'inquisition ne fussent pas les mêmes que celles des tribunaux ordinaires de l'Église.

Tout cela était très-bien; mais Jean de Ligny gardait toujours la prisonnière, et l'accusée seule manquait au procès.

Pierre Cauchon, docteur fort influent de l'Université, et qui jusques-là avait passé pour un honnête homme, se fit alors le négociateur des Anglais, et vint offrir dix mille livres au sire de Luxembourg, c'est-à-dire la rançon d'un roi, pour que celui-ci lui livrât Jehanne, lui assurant que si le procès ne la trouvait pas coupable, elle lui serait rendue sans qu'il fût forcé de rendre l'argent. Comme on le voit, les Anglais étaient bien sûrs de la condamner.

Le sire de Ligny mit dans un des plateaux de la balance les dix mille livres d'abord, son intérêt à rester bien avec l'Angleterre, l'amitié du duc de Bourgogne, c'est-à-dire le gain de son procès, l'héritage de la bonne dame de Saint-Pol, car le duc de Bourgogne consentait à livrer Jehanne depuis que les Anglais avaient interdit aux marchands anglais les marchés des Pays-Bas, et, par conséquent, avaient coupé une des branches de la fortune de Philippe. Dans l'autre plateau, Jean mit son honneur, les prières de sa femme et les larmes de sa fille, et il se trouva que tout cela fut d'un poids bien léger en comparaison des avantages que nous avons dit tout à l'heure.

Jean hésitait encore, quand Jehanne, tremblante d'être livrée, se jeta par la fenêtre du château de Beaurevoir, non pour se tuer, mais pour se sauver, aimant mieux mourir en risquant la fuite, que d'appartenir aux Anglais.

Jehanne ne se sauva ni ne se tua, mais elle pouvait se tuer et faire perdre, par sa mort, dix mille livres à son geôlier.

Cette conclusion détruisit les dernières hésitations de Jean, et il livra sa prisonnière au duc de Bourgogne, qui la fit conduire au château de Crotoy, et qui, comme Jehanne le lui avait prédit, laissa reprendre Compiègne et fut battu à Noyon.

Il fallait donc à tout prix se débarrasser de la Pucelle, dont l'influence traversait les murs de la prison ; puis il fallait rendre courage aux Anglais, qui désespéraient de rester en France et qui refusaient de combattre tant que Jehanne vivrait

Ajoutez à cela que leurs affaires allaient de mal en pis. La restauration se faisait à grands pas. Les villes se rendaient d'elles-mêmes à Charles VII, après avoir mis leurs garnisons à la porte, et il était venu sans grand obstacle jusque sous les murs de Paris.

Voilà comment, de négociations en négociations, Jehanne était arrivée à être emprisonnée comme une bête fauve dans cette cage de fer dont nous parlions au commencement de ce chapitre.

Toutes les insultes qu'on faisait subir à la pieuse fille qui retournait au ciel, comme tous les élus y retournent, par le chemin de la douleur, sont incroyables et indescriptibles. On ne se contentait plus de l'injurier, de l'appeler ribaude, sorcière et prostituée, les soldats la piquaient du bout de leur lance à travers les barreaux de la prison de fer

Et il y avait foule pour voir cela!

Le jour où nous retrouvons Jehanne, le 20 février 1431, les visiteurs étaient encore plus nombreux que de coutume, par cette raison bien simple que le lendemain 22 son procès devait commencer, et que nul ne la pourrait plus venir insulter dans sa prison.

Or, à côté de cette cage de fer il y avait un homme vêtu du costume des moines confesseurs, tout encapuchonné, tout confit dans sa prière, et qui ne cessait d'exhorter la jeune fille à supporter avec résignation et à offrir en holocauste au Seigneur les tortures qu'on lui faisait endurer. Cet homme pieux, qui s'était offert pour assister Jehanne, et en qui la Pucelle avait mis toute sa confiance, avait nom frère Loyseleur. Il venait de loin, disait-il, pour remplir cette mission. Cependant, quoi qu'il fit, il épargnait peu d'insultes à la pauvre fille, et ce jour-là surtout.

Il y avait même un jeune homme vêtu du costume d'écuyer, qui ne cessait de harceler la prisonnière et qui lui criait :

— Jehanne! Jehanne! regarde-moi donc, si tu veux voir face d'homme qui te hait et qui rira bien à te voir pendre ou brûler.

Et cependant ce jeune homme avait la figure douce, et au premier abord paraissait incapable d'insulter qui que ce fût et surtout une femme captive. Jehanne, familiarisée avec ces sortes d'interpellations, ne répondait pas à celle-là, et, les mains jointes, elle continuait de prier. Mais l'écuyer ne se rebuta point.

Frère Loyseleur l'entendit et fit un mouvement pour l'écarter; mais, au moment où il étendait le bras, il s'arrêta, abaissa son capuchon sur ses yeux, et ne bougea pas plus qu'une statue. Pendant ce temps, l'insulteur avait changé de ton, et, collant son visage aux barreaux de la cage, il avait dit d'une voix suppliante :

— Au nom du ciel ! au nom de votre mère, Jehanne, regardez de mon côté !

La jeune fille avait alors retourné la tête, et, reconnaissant celui qui lui parlait, elle s'était écriée :

— Olivier de Karnac !

Olivier, car c'était bien lui, mit son doigt sur sa bouche pour recommander le silence à la prisonnière, et, voyant qu'il pouvait être remarqué, il dit à haute voix et en démentant ce qu'il disait par un regard d'affectueuse admiration et d'éternel dévouement pour la jeune fille :

— Ah ! tu me regardes enfin ! c'est bien heureux ! Me reconnais-tu ?

Jehanne baissa la tête en souriant. Frère Loyseleur tressaillit, et lança sur le jeune homme un regard plein de haine et de colère.

— Espérez ! reprit Olivier à voix basse et sans pouvoir être entendu au milieu du bruit qui se faisait.

Jehanne secoua la tête.

— Le roi veut vous sauver, reprit le jeune comte.

— Le roi est si bon, murmura Jehanne.

— Xaintrailles entrera ce soir à Rouen. Courage, Jehanne, courage ! demain vous serez libre !

— Je savais bien que mes saintes ne m'abandonneraient pas, murmura Jehanne.

— Ayez confiance, Jehanne, et tout ira bien.

Puis, voyant qu'on le surveillait, Olivier s'éloigna en criant :

— Adieu, Jehanne ! tu as entendu ce que je t'ai dit ! Qu'il t'en souvienne et que Dieu prenne pitié de toi, s'il l'ose.

En même temps Olivier joignait les mains pour demander pardon à Jehanne de ce qu'il était forcé de lui dire pour cacher ce qu'il lui avait dit. A partir de ce moment, non-seulement Jehanne fut insensible aux injures des autres, mais elle ne les entendit même pas. L'heure vint où l'on fermait les portes de la tour et où Jehanne restait seule avec son confesseur; mais ce jour-là, frère Loyseleur avait disparu. Quand il revint, Jehanne lui dit :

— Mon frère, vous m'avez laissée seule bien longtemps.

— Je m'occupais de vous, ma sœur, lui répondit le prêtre.

— Que Dieu est bon, continua la jeune fille, de permettre que vous m'assistiez au milieu des douloureuses épreuves que je traverse!

— Un homme vous a insultée tantôt, Jehanne, reprit Loyseleur.

— Beaucoup d'hommes m'ont insultée, mais qu'importe.

— J'ai suivi cet homme, continua le prêtre.

— Lequel? demanda Jehanne.

— Celui à qui il ne suffisait pas de vous insulter tout haut et qui vous insultait tout bas.

— Et pourquoi le suiviez-vous? mon frère.

— Pour savoir qui il était.

— Et vous l'avez vu?

— Oui.

Jehanne tressaillit malgré elle. Mais la confiance qu'elle avait dans le prêtre était inébranlable, et elle ajouta en le regardant confidentiellement :

— Alors, mon frère, vous avez pardonné à cet homme?

— Oui, car j'ai appris ses projets, et j'ai vu que ses insultes n'étaient qu'un moyen de parvenir jusqu'à vous.

— Il vous a donc tout dit?

— Non; j'ai tout deviné.

— Comment?

— Olivier a traversé la ville en regardant autour de lui comme un homme qui a peur d'être reconnu, puis à la porte de la ville il est monté à cheval.

— Alors?

— Alors il a suivi la route et s'est enfoncé dans un bois.

— Et ce bois renfermait?

— Un millier de soldats qui me font bien l'effet d'être là pour vous, Jehanne. Me suis-je trompé?

— Non, mon frère.
— Ainsi, Olivier de Karnac?
— Vient avec Xaintrailles pour me délivrer. Olivier m'a recommandé le silence; mais à vous, mon frère, si bon et si dévoué, je ne cache rien; et, d'ailleurs, cette fois, eussé-je eu l'intention de vous tromper, je ne l'eusse pu, puisque vous avez tout surpris.
— Et quand doivent-ils tenter cette délivrance?
— Prochainement. Ainsi, vous avez raison de me dire d'espérer, mon frère; Dieu ne m'abandonne pas. Est-ce que je commets un péché, mon frère, en souhaitant la liberté?

Frère Loyseleur ne répondit rien. Depuis quelques instants il était plongé dans une grande méditation et tenait les yeux fixés sur la prisonnière avec un air de pitié. Tout à coup il se leva.

— Adieu, Jehanne, lui dit-il.
— Vous me quittez déjà, mon frère?
— Oui, demain je serai auprès de vous de bonne heure, afin de vous reconforter, car demain a lieu votre interrogatoire.
— Oh! Dieu me viendra en aide, et les méchants seront confondus.

Le prêtre passa la main entre les barreaux et pressa celle de la jeune fille, qui s'étendit sur la paille et qui demanda à Dieu quelques heures de sommeil.

Quant au prêtre, il monta, toujours soucieux, un long corridor percé de portes de distance en distance. Il ouvrit une de ces portes et se trouva dans une cellule meublée d'un lit, d'une table et d'une chaise. Alors il ôta sa robe de moine, revêtit un costume d'écuyer, costume violet, passa un poignard dans la ceinture de cuir qui lui ceignait les reins, et quitta la tour sans que les sentinelles lui demandassent où il allait.

Une fois dehors il prit une rue étroite, entra chez un tavernier et se fit servir un pot de vin qu'il but, puis il en demanda un second, puis un troisième, et ainsi de suite, jusqu'à ce que ses yeux devinssent hagards, jusqu'à ce qu'il sen-

.it l'ivresse lui troubler le cerveau et lui faire trembler le bras. Mais l'ivresse que ressentait cet homme n'était pas cette joyeuse ivresse de l'homme qui rentre la nuit en heurtant les murs et en chantant; c'était une ivresse sombre comme le remords, silencieuse comme le crime, et, lorsque l'étrange buveur se leva, ce fut à peine si on le vit chanceler. Seulement, ses yeux étaient d'une fixité effrayante.

Dans cet état, il traversa la ville plutôt comme un somnambule que comme un homme ivre, et il alla frapper à la porte de Pierre Cauchon, l'évêque de Beauvais, l'insatiable ennemi de Jehanne. Un quart d'heure après, le moine quittait la maison de l'évêque et se dirigeait vers la tour et les différentes places où se tenait la garnison; il montra sans dire une parole aux capitaines de ces places un ordre de Pierre Cauchon.

Une heure ne s'était pas écoulée, qu'il se faisait dans la ville un grand bruit d'armes et de chevaux. Quelques gens mirent curieusement la tête à la fenêtre, et à la lueur des flambeaux qu'ils tenaient à la main, ils virent défiler vers les murs d'enceinte de la ville de grandes compagnies d'hommes, qui firent à Rouen une ceinture de fer et qui attendirent.

Pendant ce temps, un grand mouvement se faisait aussi dans le bois qu'occupait Xaintrailles, et les mille hommes qu'il commandait se mettaient en marche vers la ville geôlière. Xaintrailles, Olivier et un enfant marchaient en tête de cette armée, fouillant du regard les épaisseurs de la nuit, et redoutant quelque trahison.

— Tu es sûr du chemin que tu nous fais prendre? dit Xaintrailles à l'enfant qui portait le costume de berger.

— Oui, messire.

— Et nous allons trouver la porte ouverte?

— Non, mais le gardien l'ouvrira.

— Es-tu bien sûr de cet homme?

— C'est mon père, messire; et d'ailleurs vous avez été assez généreux avec lui pour qu'il tienne sa parole vis-à-vis de vous.

— Marchons, alors.

Mais quand les trois avant-coureurs ne furent plus qu'à un trait d'arbalète du mur, il leur sembla entendre un bruissement d'armes et un murmure de voix.

Xaintrailles s'arrêta.

— Cette porte doit être déserte à cette heure, fit-il, et cependant je viens d'entendre des voix d'hommes, et en grand nombre même.

— C'est le vent qui crie dans les arbres, répondit le berger. Soyez tranquille, messire, il n'y a pas derrière le mur vers lequel nous marchons un autre homme que mon père, et celui-là n'est là que pour nous introduire dans la ville.

On fit encore quelques pas. Le bruit devint plus distinct. Xaintrailles se retourna vers son guide.

— Holà! nous trahirais-tu, l'enfant? s'écria-t-il.

— Moi! messire, Dieu m'en garde!

— Tu entends cependant les voix que j'entendais tout à l'heure?

— En effet.

— Qu'est-ce que cela veut dire?

— Je l'ignore, mais je puis m'en assurer. Attendez quelques instants, messire, je vais me glisser dans l'ombre et je reviendrai bientôt vous dire ce qui se passe.

L'enfant disparut dans la nuit. Arrivé à la porte de la ville, il frappa trois fois dans ses mains. La porte s'ouvrit, et il passa. Mais à peine avait-il fait deux pas en deçà du mur qu'il fut saisi par quatre hommes.

— Où est l'armée française? lui demandèrent ces quatre hommes.

— Quelle armée? répondit l'enfant.

— Celle à qui tu sers de guide.

— Je ne comprends rien à ce que vous voulez me dire.

— Il est inutile que tu nies, ton père a tout avoué.

En même temps on montrait au jeune homme son père garrotté et gardé par deux soldats.

— Oui, Robert, oui, j'ai tout avoué, dit le vieillard tremblant.

— Vous avez eu tort, mon père, répliqua Robert avec fermeté.

— Ils voulaient me tuer.

— Eh bien ! il fallait mourir.

— Ainsi, tu refuses de nous dire où est l'armée? dit-on de nouveau au berger.

— Oui.

— Étranglez cet homme, ordonna frère Loyseleur en montrant le portier.

Le jeune homme pâlit et fit un mouvement.

— Veux-tu parler, lui demanda le moine en faisant signe qu'on suspendît l'exécution, veux-tu nous servir? Ton père et toi aurez la vie sauve.

— Ordonnez, répondit Robert qui parut avoir changé de caractère et de résolution en une minute.

— Tu vas retourner auprès de Xaintrailles.

— Après?

— Tu lui diras qu'il n'y a rien à craindre, et, ainsi que cela est convenu entre lui et toi, tu introduiras l'armée dans Rouen. Nous avons dix mille hommes pour les recevoir. Si tu nous trahis, ton père nous répondra de toi, et toi tu ne nous échapperas pas longtemps.

— C'est bien, vous allez être obéi, mais laissez-moi embrasser mon père.

On accorda à l'enfant ce qu'il demandait, on rouvrit la porte et Robert s'achemina vers la campagne.

— Eh bien? lui dit Xaintrailles quand il l'eut rejoint.

— Eh bien ! messire, vous n'avez que le temps de vous sauver. Vous avez été trahi. Dix mille hommes sont sur pied et on ne m'a laissé revenir à vous que pour que je puisse vous introduire et vous faire tomber dans le piége. Mon père a été pris et a tout avoué.

— Nous allons mettre l'assaut sur la ville, s'écria Xaintrailles qui ne doutait jamais de rien.

— Gardez-vous en bien, messire. Le premier trait que vous lanceriez tuerait Jehanne. On l'égorgera dans sa prison, à la moindre tentative qui sera faite en sa faveur. Croyez-m'en donc, retirez-vous jusqu'à meilleure occasion. Le conseil que je vous donne me coûtera assez cher pour que vous le suiviez, mais au moins demain vous saurez que vous n'avez pas eu affaire à un traître. Adieu.

— Où vas-tu?
— Je rentre à Rouen.
— Mais on va t'y tuer.
— Oui.
— Reste avec nous.
— Et mon père qu'on va tuer aussi! Je lui dois bien, moi qui le tue, de mourir avec lui. Donnez-moi votre main, messire, cela me donnera du courage. Ah! ces enragés d'Anglais vont être bien attrapés quand au lieu de faire un festin de mille braves Français, ils ne pourront faire qu'une bouchée d'un enfant et d'un vieillard. Adieu, messire, et meilleure chance.

En disant cela, Robert disparaissait après avoir serré la main de Xaintrailles. Arrivé devant la porte de la ville, le berger frappa de nouveau trois fois dans ses mains et de nouveau la porte s'ouvrit. Quand Robert l'eut franchie :

— Vous pouvez refermer cette porte, dit-il aux gens de l'embuscade.
— Pourquoi?
— Parce que je suis seul.
— Ils n'ont pas voulu entrer dans la ville?
— Ils ne demandaient pas mieux, mais je leur ai dit de n'en rien faire, parce que vous étiez dix mille à les attendre, c'est-à-dire dix contre un, comme vous êtes toujours.
— Ah! tu nous as trahis! s'écria Loyseleur, pâle de rage.
— Vous appelez cela trahir, vous! à votre aise.

Au même moment Robert entendit un sanglot et un cri. C'était son père qu'on étranglait.

— Mon pauvre père! murmura le jeune homme, et deux grosses larmes mouillaient ses yeux.
— A mon tour, maintenant, s'écria-t-il, je suis prêt!
— Toi, nous te gardons pour demain, fit Loyseleur; mais sois tranquille, tu ne perdras rien pour attendre.

Le lendemain au point du jour, Jehanne fit demander frère Loyseleur.

— Mon frère, dit-elle au moine quand il arriva, je veux me confesser ce matin.

— A moi, ma sœur?

— A vous. J'ai besoin d'être calme et ferme aujourd'hui, et la confession seule peut donner le calme à mon âme.

— Avez-vous donc quelque péché sur la conscience, Jehanne? demanda le moine.

— Vous allez le voir, mon frère.

Jehanne se confessa.

— Cette fille est un ange! se dit avec une sorte de colère le moine quand il eut entendu cette confession. Oh! Dieu est bien fort!

— Que dites-vous mon frère? demanda la Pucelle.

— Je dis, Jehanne, qu'un ange n'est pas plus pur que vous.

— Croyez-vous qu'on m'accordera la communion?

— Je le demanderai.

— C'est que voilà bien longtemps que je n'ai reçu le corps de Notre-Seigneur, et ce me serait une grande consolation.

En ce moment, on vint chercher la jeune fille pour la mener devant ses juges, étrange tribunal composé de prêtres, d'avocats et même de médecins. Loyseleur accompagna la prisonnière.

— N'est-ce pas aujourd'hui, Jehanne, lui dit-il tout bas, que l'on doit tenter votre délivrance?

— Je n'en sais rien, et cependant mes saintes m'ont visitée cette nuit.

— Elles ne vous ont rien promis?

— Au contraire, mais c'est la délivrance de l'âme et non la délivrance du corps qu'elles m'ont promise. Que la volonté de Notre Seigneur soit faite.

— Ainsi, vous croyez que cette tentative de Xaintrailles échouera?

— Je le crains pour ma mère et pour mon père, qui eussent eu si grande joie à me revoir; mais je ne le crains point pour moi, qui, fidèle servante de Dieu, serai toujours heureuse de sa volonté.

Comme elle disait cela, Jehanne entendit un grand bruit autour d'elle. Elle leva la tête et vit sur la place du Vieux-Marché qu'elle traversait en ce moment un gibet auquel pendait un cadavre.

— Qu'est-ce que cela ? mon Dieu ! s'écria-t-elle, et elle tomba à genoux, cachant sa tête dans ses mains et recommandant au ciel l'âme du patient.

Le bourreau, debout sur l'estrade du gibet, lut alors à voix haute :

« Ici pend le corps de Robert, qui voulut introduire dans la ville le capitaine Xaintrailles et mille hommes pour sauver Jehanne, bien et dûment achetée par notre sire le roi de France et d'Angleterre, et appartenant maintenant à l'Église et à l'Université, qui la vont juger sur les crimes de sorcellerie dont elle est accusée. Ainsi mourra quiconque fera trahison à son véritable roi. »

— Je vous le disais bien, mon frère, fit Jehanne en se relevant, que Dieu ne veut pas que mon corps soit sauvé.

La jeune fille jeta un dernier regard de pitié et d'attendrissement sur cet ami inconnu, sur ce martyr obscur qui s'était dévoué à elle, et le cortége suivit sa route. Au milieu d'une foule immense, toujours insultante, Jehanne arriva au palais de ses juges et fut introduite devant eux.

C'était Pierre Cauchon d'abord, puis un chanoine de Beauvais, du nom d'Esticet, et un nommé Jean de Lafontaine, gens vendus d'avance aux intérêts anglais. Puis venaient les assesseurs, les avocats et les médecins dont nous parlions plus haut.

L'évêque de Beauvais prit la parole avec douceur et charité : le tigre se faisait agneau.

— Jehanne, lui dit-il, nous vous prions de dire la vérité sur ce qu'on vous demandera, pour abréger votre procès et décharger votre conscience.

— Il est telles choses cependant, répondit Jehanne, que je ne vous dirai point.

— Et quelles sont ces choses?

— Toutes celles qui ont rapport avec mes visions. Je jure de dire vrai sur tout le reste, mais sur ce dernier point vous me couperez plutôt la tête.

— Dites-nous votre âge, votre nom et votre surnom?

— J'ai dix-neuf ans, au lieu où je suis née on m'appelait Jehannette, et en France Jehanne.

— Et d'où venait ce surnom de la Pucelle?

— Je l'ignore, répliqua Jehanne, faisant ainsi un pudique mensonge pour abriter sa modestie.

— Que savez-vous?

— Rien, si ce n'est le *Pater* et l'*Ave*

— Dites-les.

— Je les dirai volontiers si monseigneur l'évêque de Beauvais veut m'entendre en confession.

Admirable réponse que ne pouvait accepter Cauchon; car il fût devenu ainsi le père spirituel de Jehanne et le témoin de son innocence. Tout décidés qu'ils étaient à jouer jusqu'au bout leurs rôles de bourreaux, les juges ne pouvaient cependant maitriser leur émotion devant la merveilleuse pureté de cette accusée sublime. Ce jour-là, ils ne purent en entendre davantage, et ils levèrent la séance. Ce n'était pas Jehanne qui ne savait que répondre; c'était eux qui ne savaient que demander.

Le lendemain, l'évêque de Beauvais n'interrogea point lui-même. Jehanne refusa de répondre autre chose que ceci à son interrogateur :

— Je viens de par Dieu, je n'ai que faire ici. Renvoyez-moi à Dieu, dont je suis venue.

Ces paroles n'étaient pas faites pour calmer les juges; aussi lui adressèrent-ils cette insidieuse question :

— Jehanne, vous croyez-vous en état de grâce?

— Si je n'y suis, Dieu veuille m'y mettre; si j'y suis, Dieu veuille m'y tenir, répondit la sainte inspirée.

Ce jour-là les juges stupéfaits n'osèrent en demander davantage. Aussi, se retirant chaque jour plus confus, revenaient-ils le lendemain plus haineux et plus irrités.

Le 3 mars elle arriva en disant :

— Vous pouvez m'interroger, mes voix m'ont parlé cette nuit et m'ont dit de vous répondre hardiment.

Il s'agissait, nous le répétons, de faire dire quelque impiété à Jehanne, et de prouver ainsi qu'elle mentait en se disant envoyée de Dieu, et que le sacre du roi Charles VII, fait par des moyens de sorcellerie, devait être regardé comme non avenu. En cette époque de superstition, ce moyen était excellent ; et si Jehanne eût pu être convaincue d'hérésie, c'en était évidemment fait du fils de Charles VI.

— Ainsi vous avez reçu vos saints et vos saintes ? lui demanda l'évêque de Beauvais.

— Oui.

— Sainte Catherine ?

— Et saint Michel.

— Ce saint était-il nu ou vêtu ?

— Croyez-vous donc que Dieu n'ait pas de quoi le vêtir ? répondit Jehanne avec une angélique pureté.

Les juges se regardèrent. La foi de la jeune fille était inébranlable. En vain le procès, comme un lion furieux, faisait des bonds, sautant d'une place à l'autre, attaquant dans tous les sens, se dressant et rampant à la fois ; l'adversaire à laquelle il en avait, calme comme l'archange devant le démon, lui présentait sans cesse, comme une épée flamboyante, la pureté de son âme et la sincérité de sa foi. L'interrogateur passait donc brusquement d'une chose à une autre.

— Les gens d'armes ne se faisaient-ils pas des étendards à la ressemblance du vôtre ? Ne les renouvelaient-ils pas ?

— Oui, quand la lance était rompue.

— Quelle magie employiez-vous pour qu'ils suivissent votre étendard dans les rangs anglais ?

— Je criais : Entrez hardiment, et j'entrais moi-même.

— Mais pourquoi cet étendard, au sacre de Reims, était-il à côté du dauphin ?

— Ayant été à la peine, c'était bien le moins qu'il fût à l'honneur.

— Quelle était la pensée des gens qui vous baisaient les pieds, les mains et les vêtements?

— Les pauvres gens venaient volontiers à moi, parce que je ne leur faisais pas de mal. Je les soutenais et défendais selon mon pouvoir.

Cauchon ne se dissimula pas que les réponses de l'accusée faisaient impression sur les juges. Il voulut obvier à cela. Il craignit qu'elle ne s'emparât aussi de l'esprit du peuple et il ne voulut plus qu'elle quittât la prison. Ce fut là qu'il vint l'interroger à huis-clos avec deux assesseurs et deux témoins. Il n'y eut pas un point qu'il ne touchât.

— Vos voix vous ont-elles commandé cette sortie de Compiègne où vous avez été prise?

Répondre oui, c'était reconnaître que ces voix se trompaient; répondre non, c'était avouer qu'elle n'attendait pas les ordres de ses voix pour agir.

— Mais saintes m'avaient dit, répliqua Jehanne, que je serais prise avant la Saint-Jean, qu'il fallait qu'il en fût ainsi, que je ne devais pas m'étonner et que Dieu m'aiderait. Puisqu'il a plu à Dieu, c'est pour le mieux que j'ai été prise.

— Croyez-vous avoir bien fait de partir sans la permission de vos père et mère?

— Ils m'ont pardonné!

— Pensiez-vous donc ne point pécher en agissant ainsi?

— Dieu le commandait! Quand j'aurais eu cent pères et cent mères, je serais partie.

— Pourquoi avez-vous sauté de la tour de Beaurevoir?

— J'entendais dire que les pauvres gens de Compiègne seraient tués tous, jusqu'aux enfants de sept ans; et je savais d'ailleurs que j'étais vendue aux Anglais. J'aurais mieux aimé mourir que d'être entre leurs mains.

— Sainte Catherine et sainte Marguerite haïssent-elles les Anglais?

— Elles aiment ce que Notre-Seigneur aime, et haïssent ce qu'il hait.

— Dieu hait-il les Anglais?

— De l'amour ou haine que Dieu a pour les Anglais et ce

qu'il fait de leurs âmes, je n'en sais rien; mais je sais bien qu'ils seront mis hors de France, sauf ceux qui y périront.

— Croyez-vous que votre roi a bien fait de tuer ou de faire tuer monseigneur de Bourgogne?

— Ce fut grand dommage pour le royaume de France, mais quelque chose qu'il y eût entre eux, ce que je sais, c'est que Dieu m'a envoyée au secours du roi de France.

— Jehanne, savez-vous, par révélation, si vous échapperez?

— Les saintes disent que je serai délivrée à grande victoire, que je prenne tout en gré, que je ne me soucie de mon martyre, et que j'en viendrai au moins au royaume de Paradis.

— Et depuis qu'elles ont dit cela, vous vous tenez sûre d'être sauvée et de ne point aller en enfer?

— Oui, je crois aussi fermement ce qu'elles m'ont dit que si j'étais sauvée déjà.

— Cette réponse est de bien grand poids.

— Oui, c'est pour moi un grand trésor.

— Ainsi vous croyez que vous ne pouvez plus faire de péché mortel?

— Je n'en sais rien, je m'en rapporte de tout à Notre-Seigneur!

De faire passer Jehanne pour sorcière, il n'y fallait plus songer. Il restait une dernière espérance et un dernier moyen pour la perdre. L'espérance était que, quoi qu'elle en dît, elle ne fût pas vierge; le moyen était que si elle l'était encore, elle ne le fût bientôt plus. Réduite alors aux conditions ordinaires de la femme, on aurait facilement marché d'elle.

En conséquence, des femmes expérimentées et des matrones pudiques furent introduites dans le cachot de Jehanne, car Jehanne n'était plus dans sa cage de fer. Elle n'y avait pas gagné grand'chose. Elle était dans son nouveau cachot, attachée à un poteau par une ceinture d'acier qui lui ceignait les reins.

Jehanne se prêta de bonne grâce aux étranges investigations de ces femmes.

— Un homme caché derrière une porte, et l'œil collé contre la serrure, assistait à cet impudique examen, dans lequel Dieu devait mettre une preuve de plus de la pure mission de Jehanne. Cet homme, c'était Bedfort.

Les femmes furent forcées de déclarer que le diable n'ayant aucune prise sur les vierges, Jehanne ne pouvait être possédée du diable. Restait le second moyen.

Sur ces entrefaites, elle tomba malade. D'où lui venait cette maladie du corps? D'une peine de l'âme : de ce que, pendant la semaine-sainte, elle n'avait pu communier; de ce que, tandis que les processions défilaient dans les rues au soleil de mai, elle, comme oubliée du Seigneur, souffrait sans soleil au fond d'une prison.

— Diable! elle nous coûte trop cher pour que nous la laissions mourir ainsi, dit lord Warwick, il faut qu'elle soit brûlée. Ainsi, qu'on la sauve à tout prix.

— Il n'y a qu'un moyen qu'elle guérisse, répondit Loyseleur à qui Warwick disait cela, c'est de lui faire donner la communion; car c'est une âme et non un corps que cette fille.

— Qu'elle reçoive la communion, alors.

Le soir, l'église de Rouen envoya à la prisonnière le corps du Christ accompagné de torches et d'un nombreux clergé qui chantait des litanies, et qui tout le long du chemin disait au peuple à genoux : Priez pour elle! Trois jours après Jehanne était guérie.

Le Christ n'eut pas tant à souffrir de la part des pharisiens que Jehanne de la part des Anglais. Ils étaient tellement irrités contre elle, qu'ils en perdaient la tête et ne savaient plus ce qu'ils faisaient.

On était arrivé au 23 mai. Toutes les lenteurs de la logique et du droit avaient été funestes aux Anglais et n'avaient fait qu'entourer la martyre d'une nouvelle auréole.

Winchester, qui ne pouvait plus rester à Rouen, qui voulait continuer sa croisade sur Paris, et qui ne voulait pas être venu pour rien, déclara que le procès l'impatientait et qu'il fallait en finir. En conséquence, on chargea Loyseleur de dire à Jehanne que si elle voulait quitter l'habit d'homme, dernière image de la sorcellerie, elle serait réunie aux gens d'Église et sortirait des mains des Anglais. Cependant le crime était si grand à commettre et si terrible à se souvenir, qu'avant d'y arriver on procéda par une dernière comédie.

La nuit, derrière le cimetière de Saint-Ouen, on dressa deux échafauds : l'un, sur lequel siégeaient le cardinal Winchester, les deux juges et trente-trois assesseurs; l'autre, qu'occupaient les huissiers et les gens de torture, et au milieu d'eux, Jehanne en habit d'homme. Au pied de cet échafaud était le bourreau sur la charrette, tout prêt à emmener la victime dès qu'elle lui serait adjugée.

Or, elle devait lui être adjugée si elle ne révoquait pas ce qu'elle avait dit jusque-là. Ce fut ce jour-là que Jehanne fut vraiment belle.

Comme le fameux docteur Guillaume Érard avait saisi cette occasion de faire de l'éloquence, et l'appelait hérétique et schismatique, elle se tut, l'écoutant patiemment; mais quand, après l'avoir injuriée, il en arriva à lui dire, furieux de voir qu'elle ne lui répondait point :

— C'est à toi que je parle, Jehanne, et je te dis que ton roi est hérétique et schismatique.

La noble fille, oubliant quel danger elle courait, s'écria :

— Par ma foi et sur ma vie, je jure que c'est le plus noble chrétien de tous les chrétiens, celui qui aime le mieux la foi et l'Église, et qu'il n'est pas tel que vous le dites.

— Faites-la taire, s'écria Cauchon, et lisez-lui l'acte de révocation. Qu'elle signe ou qu'on en finisse.

Cette révocation avait six lignes, et déclarait seulement que Jehanne reconnaissait l'Église visible, c'est-à-dire le pape, les évêques et les prêtres, et qu'elle renonçait à porter l'habit d'homme, consentant à mourir si elle le revêtait jamais.

On supplia Jehanne de signer. Loyseleur se jeta à ses genoux, lui disant que c'était le seul moyen qu'elle fût sauvée, qu'une fois entre les mains des gens d'Église, elle n'avait rien à craindre, et que reconnaître l'Église ce n'était pas nier Dieu.

Alors Cauchon se tournant vers le cardinal lui demanda ce qu'il fallait faire ?

— L'admettre à la pénitence, répondit Winchester.

On donna une plume à Jehanne, et en souriant de son ignorance, elle fit sa croix ordinaire à la fin de cette révocation. Jehanne avait la vie sauve, mais elle était condamnée à une prison perpétuelle, au pain et à l'eau pour le reste de ses jours.

Ce n'était cependant pas là le compte des Anglais. Ils voulaient qu'on brûlât la sorcière, et il était insensé de croire qu'on les apaiserait avec une renonciation de six lignes. On jeta des pierres aux juges, on escalada les échafauds et on cria aux prêtres :

— Vous ne gagnez pas l'argent du roi ?

Ce n'était pas seulement la populace qui agissait ainsi, c'étaient les lords, les grands, les honnêtes gens enfin.

— Le roi va mal, murmura lord Warwick, la fille ne sera pas brûlée.

— Vous vous trompez, monseigneur, elle le sera, lui dit tout bas Loyseleur.

— Et comment cela se fera-t-il ?

— Je me charge de la besogne, et dès demain elle sera perdue.

— Que vas-tu faire ?

— Donnez ordre que dès ce soir, Jehanne revête ses habits de femme, mais qu'on laisse ses habits d'homme à la portée d'elle. Donnez-la moi en garde jusqu'à demain matin avec deux robustes soldats, et je vous réponds du reste.

Warwick, l'honnête homme, détourna la tête de dégoût ; mais il accepta ce que lui proposait ce Loyseleur, et se tournant vers la populace irritée :

— Patience ! patience ! lui dit-il, vous aurez ce que vous demandez !

— Jehanne, dit Pierre Cauchon à la jeune fille quand elle fut descendue de l'estrade où elle avait été placée, vous allez être reconduite dans votre prison, et confiée nuit et jour à la garde du frère Loyseleur.

— Merci, monseigneur, de la grâce que vous me faites, répondit Jehanne, car le frère Leyseleur est un saint homme en qui j'ai mis toute ma confiance.

On reprit le chemin de la tour. Pendant ce temps le frère était entré dans le cimetière désert et sombre à cette heure, et s'asseyant auprès d'une tombe, il avait laissé tomber sa tête dans ses mains, et s'était mis à penser profondément. Aux rayons de la lune qui venait de se lever, le moine, tant il était pâle, eût pu être pris pour un des morts couchés depuis longtemps dans le cimetière, et qu'un pouvoir surnaturel eût tiré momentanément de son sépulcre.

Il regardait autour de lui ces pierres sous lesquelles reposaient pour l'éternité des hommes qui avaient vécu comme il vivait, qui avaient été animés de passions comme lui, et qui maintenant, la face décharnée et les membres amaigris, n'eussent pas même poussé un cri s'il les eût heurtés du pied. Alors en proie à toutes sortes de pensées, il se promena à grands pas dans le champ des morts, que recouvrait déjà le premier gazon du printemps.

De grands nuages noirs montaient à l'horizon, et de temps en temps l'un d'eux passait sous la lune et la voilait. Alors le moine tressaillait malgré lui, et dans ces moments d'ombre épaisse, on eût dit qu'il avait peur.

Tout à coup il prit une résolution, et approchant de ses lèvres un petit cor d'argent, il en tira trois sons aigus. Un spectre sortit d'une tombe qui, creusée depuis la veille, attendait, la bouche ouverte, sa pâture du lendemain. L'apparition s'assit sur le revers de la tombe.

— Je te fais mon compliment, dit-elle au moine, tu fais de bonne besogne.

— Sarrasin, j'ai besoin de toi.

— Tu ne m'appelles jamais que dans ces circonstances-là, c'est une justice à te rendre; mais enfin, tant bien que mal, nous voilà arrivés au but. Que veux-tu?

— Je veux que tu sauves Jehanne.

— Comment! Que je la sauve! Deviens-tu fou?

— Peux-tu ouvrir les murs d'une prison et faire évader un prisonnier?
— Oui.
— Eh bien! il faut que cette nuit même, si je le veux, Jehanne puisse fuir avec moi.
— Qu'est-ce que tout cela veut dire?
— Tu ne comprends pas?
— Non.
— Écoute alors. C'est moi qui suis le gardien de Jehanne.
— Je le sais bien.
— J'ai promis à lord Warwick que demain elle aurait revêtu ses habits d'homme et que, par conséquent, elle pourrait être accusée d'avoir manqué à son serment, et par conséquent condamnée. As-tu deviné le moyen que je comptais employer pour forcer Jehanne à remettre ces habits?
— Certes, je l'ai deviné.
— Et sais-tu pourquoi je me suis offert dans cette circonstance?
— Parce que tu m'as juré d'employer toutes tes ressources pour perdre Jehanne, et que, grâce à toi, nous y sommes arrivés, puisque c'est sur toi qu'elle a brisé son épée de Sainte-Catherine de Fierbois; que c'est toi qui l'as fait tomber de cheval à Compiègne, où elle a été prise, et que c'est ta détermination qui a empêché Xaintrailles de faire une tentative qui eût peut-être réussi.
— Oui, mais tout cela ne perd que le corps de Jehanne, et l'âme reste pure!
— Malheureusement! Que veux-tu? Il faut bien se contenter de ce qu'on a; mais peut-être au milieu des flammes de son bûcher, auquel elle ne peut échapper maintenant, peut-être reniera-t-elle ce Dieu qui la fait si forte.
— Ne compte pas là-dessus, Sarrasin, cette fille est une sainte; et si, comme moi, tu avais entendu sa confession, tu désespérerais de la perdre.
— Voyons! qu'est-ce que tu veux alors? Tu veux la sauver?
— Oui.
— Mais ce n'est pas dans nos conventions.

— Sauvée par moi, elle est perdue.

— C'est juste. Oui, je peux la sauver ; mais quel intérêt as-tu à ce qu'elle échappe à la mort ?

Tristan ne répondit pas. Le Sarrasin s'approcha de lui :

— Dis-moi donc, fit-il d'un ton railleur, est-ce que ?

Il n'y avait pas à se méprendre sur l'intention de cette phrase.

— Eh bien ! oui, répondit Tristan d'une voix rauque ; eh bien ? oui, je l'aime !

— Et Alix ?

— Que m'importe Alix et qu'est Alix à côté de cette fille ? Plus je la persécute, plus je la fais souffrir, plus je l'aime. Cette éternelle résignation, cette douceur, ce pardon sans fin qui tombe de son cœur, seconde incarnation de la mère de Dieu, tout cela a allumé en moi un amour d'autant plus violent, qu'il est plein de remords. Oui, je l'aime, Jehanne, et il faut que je la sauve de la mort, car il faut que j'arrive à me faire aimer d'elle.

— Elle ne te suivra point et elle ne t'aimera jamais !

— Quand elle sera à moi, elle me suivra.

— Ah ! je comprends encore mieux maintenant pourquoi tu t'es offert à lord Warwick pour déshonorer Jehanne ; mais comme, si elle succombe, elle n'aura succombé qu'à la violence, Jehanne, je te le répète, ne te suivra point.

— Alors elle mourra.

— C'est ce qui me paraît encore le plus simple, et le feu du bûcher fera plus pour nous que tout le feu de ton amour. Puis, en admettant qu'elle te suivît, il y aurait du danger.

— Lequel ?

— Ce serait qu'au lieu que tu l'entraînasses au mal, elle te ramenât au bien. On a vu des choses plus extraordinaires que celle-là.

Tristan, pour la seconde fois, ne répondit rien.

— Vois-tu, reprit le Sarrasin, tu ne dis pas non. On ne saura donc jamais à quoi s'en tenir avec la vertu. Que Satan emporte le repentir : c'est le sentiment qui nous fait le plus de tort.

— Enfin, Sarrasin, réponds-moi : Si Jehanne consent à me suivre et que je l'appelle, nous ouvriras-tu toutes les portes?
— Ceci demande réflexion.
— Réponds-moi tout de suite, sinon...
— Sinon?
— Sinon, je ne sais pas ce que je ferai, car depuis un mois je suis comme un fou, car je demande à l'ivresse une force que je n'ai plus en moi, car cet amour serait capable de me rendre bon comme l'autre m'a rendu mauvais, et de me faire tomber aux pieds de Jehanne en implorant mon pardon et en lui révélant toute la vérité. Alors, Sarrasin, ce qu'elle me dirait de faire, je le ferais.
— Diable! des menaces de trahison. C'est bien, il faut passer par où tu veux. Retourne auprès de cette sainte, comme tu l'appelles, auprès de cet ange, comme tu dis, et si tu as besoin de moi, je viendrai et j'ouvrirai les portes.
— Au revoir, alors.
— Au revoir.

Tristan disparut. Le Sarrasin le regarda s'éloigner; et quand il l'eut perdu de vue, il se mit à rire et s'en alla droit et sombre comme un cyprès mouvant.

Tristan, toujours sous le costume et sous le nom de frère Loyseleur, regagna la grosse tour et le cachot de Jehanne, qui revêtue du costume de femme et attachée à un poteau par une ceinture de fer, priait, les mains jointes et dans l'attitude de la résignation. Deux gardiens veillaient dans le cachot, ne la perdant pas de vue. Jamais armée n'avait inspiré une aussi grande terreur que cette fille enchaînée.

Frère Loyseleur s'approcha d'elle, mais le bruit qu'il fit ne la tira pas de sa pieuse méditation. Un lit avait été préparé dans l'ombre comme pour railler la prisonnière, condamnée à dormir sur un lit de paille, si elle pouvait dormir.

— Que faites-vous là, Jehanne, dit alors Loyseleur.

La jeune fille releva la tête.

— Ah! c'est vous, mon frère, vous le voyez, je priais, Dieu a entendu ma prière puisque vous voilà.

Jehanne était bien belle ainsi, à demi éclairée par la lampe de fer suspendue à la voûte, et dont la lueur rougeâtre flottait sur son front.

— Et que demandiez-vous à Dieu ? fit Loyseleur.

— Je le remerciais de m'avoir donné la force aujourd'hui, et je lui demandais de me la conserver dans l'avenir.

— Vous avez dû bien souffrir?

— Oui, répondit la jeune fille; et il y avait tout un monde de douleurs dans ce seul mot. Puis elle continua :

— Ils appellent cela faire grâce; et en même temps elle indiquait le cercle de fer qui étreignait sa taille et les anneaux qui serraient ses pieds et ses mains.

— Sortez! fit Loyseleur aux deux soldats.

— Ordre nous est donné de ne pas quitter la prisonnière, répondirent-ils.

— Et qui vous a donné cet ordre?

— Lord Warwick.

— Eh bien ! lisez ceci.

Loyseleur tendit un parchemin à ces deux hommes qui, après l'avoir lu, s'inclinèrent et sortirent.

— Merci, mon frère, fit Jehanne avec reconnaissance.

— Et maintenant, ma sœur, ce n'est pas tout, ajouta le moine, car ce ne serait pas assez, et je veux faire pour vous ce qu'il sera en mon pouvoir de faire.

Parlant ainsi, Loyseleur détachait du corps, des pieds et des mains de la Pucelle le cercle et les anneaux qui les serraient, et cela aussi facilement que s'ils eussent été faits de soie au lieu d'être de fer.

— Jetez-vous sur ce lit, Jehanne, et dormez.

— Ces gardiens rentreront-ils?

— Pourquoi cette question, Jehanne?

— C'est que dans le costume où je suis, j'ai tout à craindre, répliqua la jeune fille avec une céleste pudeur.

— Ne craignez rien, Jehanne, moi seul resterai dans votre cachot à la place où vous étiez tout à l'heure.

Jehanne tendit la main au moine, et après avoir remercié Dieu comme cela lui arrivait chaque fois que sa clémence se manifestait à elle, elle se jeta sur le lit préparé.

Le moine était devenu silencieux.

Pendant quelques minutes il se promena à grands pas dans le cachot, puis il s'approcha de nouveau de la prisonnière.

— Jehanne, lui demanda-t-il d'une voix émue, voudriez-vous être libre ?

— Libre ! s'écria Jehanne, si je voudrais être libre ! mon frère, vous me le demandez ! Oui, je le voudrais ; mais, hélas ! c'est impossible.

— Non.

— Non ?

— Non, vous dis-je.

— Quelqu'un peut me faire sortir de cette prison ?

— Oui.

— Me ramener à ma mère, me rendre l'air de la campagne, la liberté de tous ?

— Oui.

— Et ce quelqu'un, c'est ?...

— C'est moi.

— Vous, mon frère ! comment ferez-vous ?

— Que vous importe, Jehanne, pourvu que je vous sauve ?

— Mais quand cela arrivera-t-il ? demanda-t-elle à voix basse.

— Tout de suite si vous le voulez.

— Ah ! partons, alors ! s'écria la jeune fille à qui la promesse que ses saintes lui avaient faite qu'elle serait délivrée un jour, donnait une rapide confiance.

— Écoutez, Jehanne, reprit le moine en saisissant les mains de la jeune fille et en la retenant sur le bord de son lit ; vous me croyez votre ami, n'est-ce pas ?

— Certes.

— Quand je m'approche de vous, rien ne vous dit que vous ayez quelque chose à redouter de moi ?

— Rien ; au contraire.

— Et vous êtes convaincue que c'est Dieu qui m'a envoyé à vous et que je suis un de ses plus fidèles serviteurs ?

— Oui, mon frère; je crois tout cela; mais pourquoi ces étranges questions?

— Pour vous prouver, Jehanne, que l'esprit de Dieu vous a abandonnée, sans quoi vous m'auriez reconnu depuis longtemps.

— Que dites-vous?

— La vérité. Regardez-moi.

En même temps, le moine abaissait son capuchon, et fixait ses yeux sur la Pucelle.

A mesure qu'elle reconnaissait les traits du moine, Jehanne pâlissante reculait.

— Tristan! s'écria-t-elle tout à coup avec effroi.

— Oui, Tristan, fit le moine en se rapprochant encore d'elle.

— Tristan qui veut me perdre.

— Tristan qui veut te sauver, Jehanne.

— Arrière, malheureux, tu mens.

— Écoute, Jehanne, fit Tristan en tombant à genoux devant la jeune fille, qui avait reculé jusque contre le mur auquel était adossé son lit, comme un enfant recule devant une vipère; écoute, Jehanne, ce que j'ai à te dire, et tu me maudiras après si tu le veux. Oui, j'ai été ton ennemi; oui, j'ai tout fait pour te perdre. C'est moi qui ai dénoncé à l'évêque les projets de Xaintrailles, car j'avais reconnu Olivier de Karnac dans cet homme qui t'insultait l'autre jour. Oui, tout cela est vrai, Jehanne; mais ce qu'il y a de plus vrai que tout cela, c'est que maintenant je veux et peux te sauver.

— Vous, Tristan, vous vendu au démon? Laissez-moi, je ne veux plus vous voir, je ne veux plus vous entendre.

— Jehanne, au nom du ciel!

— Ne blasphémez pas, malheureux.

— Jehanne, continua Tristan en se roulant comme un fou aux pieds de celle qu'il avait amenée là; Jehanne, Dieu te venge cruellement, car je souffre plus que toi.

— Oh! mon Dieu! murmura Jehanne, pardonnez-moi d'avoir espéré.

— Je le répète, Dieu t'abandonne, Jehanne, Dieu t'a retiré

la lumière d'abord, la force et la liberté ensuite. A ton tour, Jehanne, abandonne Dieu et suis-moi.

La jeune fille cacha sa tête dans ses mains.

— Comprends-tu, continua Tristan qui s'était relevé et qui s'était à moitié jeté sur le lit de la Pucelle, comprends-tu le bonheur d'avoir encore de longs jours à vivre! Tu as dix-neuf ans à peine; mourir à ton âge, livrer ton beau corps aux flammes d'un bûcher, ce serait une douleur effroyable, et peut-être cette hideuse torture te fera-t-elle renier le Dieu que tu implores à cette heure; tandis que si tu veux, sans que nul le sache, sans que nul le soupçonne, j'ouvrirai les murs de ce cachot comme j'ai brisé tes fers tout à l'heure, et nous fuirons ensemble.

— Quelle est cette nouvelle trahison? Et dans le cas où j'accepterais cette liberté que vous m'offrez, que feriez-vous de moi une fois que je serais libre?

— Cette fois, Jehanne, je ne te trahirai pas, je le jure.

— Et sur quoi pouvez-vous jurer?

— Je le jure, Jehanne, fit Tristan d'une voix brûlante, je le jure sur l'amour que j'ai pour toi.

Jehanne poussa un cri dans lequel éclatait toute la virginité de son âme.

— Comprends-tu maintenant pourquoi je veux te sauver? Je t'aime, Jehanne, je t'aime à renier pour toi le Dieu que je sers, comme un autre renierait le véritable Dieu; je t'aime à me rouler comme un insensé la nuit entre les murs de ma cellule. Je te le disais bien que tu étais vengée; mais je ne suis pas un homme ordinaire, moi; quand un amour comme celui-là entre dans un cœur comme le mien, il faut qu'il s'assouvisse, et tu seras à moi, Jehanne, prisonnière ou libre, morte ou vive.

Et Tristan enlaçait ses bras autour du corps de la jeune fille et l'amenait violemment à lui.

— Mon Dieu! mon Dieu! s'écria Jehanne, sauvez-moi.

— Ton Dieu ne peut plus rien sur toi, tu m'appartiendras.

— Au secours! cria la Pucelle.

— Crois-tu donc que les gardiens viendront à ton aide. Ils

m'aideront à m'emparer de toi si mes forces ne me suffisent pas. Jehanne, je t'aime, entends-tu?

Et le farouche renégat, prenant la jeune fille dans ses bras, comme il eût fait d'un enfant, colla sa lèvre maudite sur ce front qu'aucune lèvre humaine n'avait touché.

La pureté qui se défendait en Jehanne était si grande et si forte qu'elle parvint à s'échapper des bras de Tristan et à se réfugier dans un des angles de son cachot, où elle s'accroupit en pleurant comme une faute ce baiser impie qui brûlait sur son front.

— Oh! je lutterai jusqu'à la dernière goutte de mon sang, murmura-t-elle, et Dieu ne permettra pas que je sois vaincue par ce démon; mais si mes forces sont insuffisantes, si je succombe, je prierai le Seigneur de me tenir compte au paradis de ce martyre, plus terrible que la mort, plus infamant que le bûcher.

Et la jeune fille leva saintement les yeux vers le ciel, avec ce regard de résignation pure qui a fait les saintes et les élues.

Tristan tenait sa tête dans ses deux mains, comme s'il eût craint qu'elle n'éclatât. La passion faisait bouillir le sang de ses veines, et ses yeux ardents brillaient d'un désir infernal et d'une effroyable volonté. Il s'approcha de nouveau de Jehanne. Elle comprit que physiquement elle allait être vaincue. Alors elle se leva, l'œil rayonnant, comme si elle venait de prendre une résolution sublime.

— Ce n'est pas de l'amour que vous avez pour moi, Tristan, c'est de la haine, dit-elle.

— Que dites-vous?

— Vous voulez me déshonorer, voilà tout. Vous savez que les murs de ce cachot sont percés en mille endroits, et qu'à cette heure, comme toujours, mes ennemis regardent ce qui se passe ici. Vous voulez être mon amant, dit Jehanne en faisant un effort visible pour prononcer ce mot, pour que demain on connaisse ma honte et qu'on me la jette à la face.

— Non, Jehanne, je veux vous sauver, je vous le jure.

— Eh bien! prouvez-le moi.

— Ordonnez.

— Assurez-vous que nul ne peut venir dans ce cachot et revenez.

— Et vous serez à moi, Jehanne?

— Oui.

Tristan ouvrit la porte de la prison et alla s'assurer que personne ne pouvait être témoin de la scène qui allait s'y passer.

A peine fut-il sorti, que Jehanne tombant à genoux s'écria :

— Merci, mon Dieu! de l'inspiration que vous m'avez envoyée! Et courant à ses habits d'hommes, que, comme nous l'avons dit, on avait laissés sur son lit, elle les revêtit à la hâte et se couvrit de son armure, rempart impénétrable. Puis elle s'adossa au mur et elle attendit les bras croisés.

Tristan reparut.

— Personne! fit-il, personne ne peut nous voir.

— Insensé! lui répondit la jeune fille en riant et avec une véritable joie d'enfant; insensé! qui as pu croire une minute que je ferais si facilement marché de mon corps et de mon âme. Je n'ai encore dû que la vie à cette armure; je l'aime doublement maintenant que je lui dois l'honneur.

Tristan poussa un cri semblable au cri du tigre blessé.

— Tu es perdue, Jehanne! s'écria-t-il d'une voix terrible

— Je suis sauvée, répliqua la jeune fille.

— A mon tour! Tu mourras!

— Qu'importe!

Tristan appela les gardiens.

— Qu'on fasse venir lord Warwick qui doit être dans la tour, qu'on fasse entrer tout le monde! cria-t-il avec rage.

Jehanne, calme et fière, s'appuya au poteau auquel elle était enchaînée quelques instants auparavant, et elle attendit. Lord Warwick, les soldats et les greffiers entrèrent.

— Malgré votre promesse, dit le lord, vous avez repris vos habits d'homme, Jehanne; vous saviez à quoi vous vous exposiez.

— Oui, monseigneur, répondit la Pucelle d'une voix douce

— Pourquoi les avez-vous repris?

— Parce que, fit Jehanne, qui était si pure qu'elle ne voudrait même pas avouer ce qu'elle avait eu à craindre, parce que j'aime mieux mourir que de vivre comme j'aurais vécu.

— Votre volonté sera faite, Jehanne, vous mourrez.

Et Warwick se tournant vers un des geôliers, lui dit :

— Courez annoncer cette bonne nouvelle à monseigneur l'évêque de Beauvais.

— Ah! nous n'avons pas fini ensemble, hurla Tristan en montrant le poing à Jehanne et en reprenant son véritable costume, et si grand que soit ton bûcher, fille maudite, je jure que j'y apporterai un fagot moi-même pour que jusque dans ta mort il y ait encore quelque chose de moi.

N'ayant plus rien à craindre que la mort, Jehanne redevenait plus que tranquille, elle redevenait joyeuse et elle souriait comme un enfant qui voit réussir une espièglerie longtemps méditée. Sublime espièglerie, qui avait la sainte pudeur pour cause et le martyre pour résultat.

Jehanne resta seule dans son cachot, où l'on ne prit même plus la peine de l'attacher. Elle allait mourir, elle le savait; on se contentait de lui laisser les souffrances morales, on lui faisait grâce des tortures physiques. Elle avait demandé un prêtre et on lui avait fait la concession de lui promettre celui qu'elle avait demandé, un saint homme, un moine augustin, frère Isambart de La Pierre, qui pendant le procès avait toujours été juste pour elle, et qui était incapable de la trahir, lui.

En l'attendant, elle s'agenouilla et remercia Dieu de nouveau de lui avoir épargné le martyre qu'un instant elle avait eu à craindre pendant la nuit fatale qui venait de s'écouler. Elle demandait en même temps au Seigneur, la sainte fille, de permettre que celui qui la faisait mourir se repentît, car en se penchant sur sa vie, à cette heure suprême, elle n'y trouvait rien qui eût besoin de pardon, quelque soin qu'elle mît à se souvenir, et c'était pour ses ennemis seulement qu'elle trouvait quelque chose à demander à Dieu.

Frère Isambart parut. Jehanne, saintement et naïvement,

se jeta à son cou quand elle le vit paraître, et l'embrassa comme elle eût embrassé son père en lui disant :

— Soyez le bienvenu, mon frère, vous qui allez m'aider à ouvrir les portes du ciel.

Le frère avait des larmes dans les yeux.

— Qui vous fait pleurer ainsi? lui demanda Jehanne.

— Votre céleste résignation, répondit le moine.

— Je vais beaucoup souffrir, n'est-ce pas?

— Oui, fit Lambart avec émotion.

— Soyez tranquille, mon frère, mon âme sera plus forte que mon corps; Dieu ne m'aurait pas soutenue si longtemps pour m'abandonner à l'heure de la mort. Ce bûcher qui m'attend, je le comprends maintenant, c'est la divine délivrance que m'ont promise mes saintes. Voyons, mon frère, finissons-en tout de suite avec les choses de la terre, pour n'avoir plus qu'à nous occuper du ciel. Dans combien de temps mourrai-je?

— Dans deux heures.

— Ainsi, le bûcher est prêt?

— On l'a élevé dans la nuit.

— On était donc bien sûr que je tomberais dans le piége qu'on me tendait?

— On en était sûr, ma fille. Votre pudeur servait de gage à leur haine.

— Et la foule, sans doute, encombre déjà les rues?

— Oui; toute la ville est sur le chemin que vous devez suivre.

— Cette ville est-elle gaie ou triste?

— Elle est silencieuse et morne.

— Pauvres gens! fit Jehanne avec un noble sentiment de reconnaissance. Vous m'accompagnerez jusqu'au bûcher, n'est-ce pas, mon frère?

— Je ne vous quitterai qu'au dernier moment.

— Merci, mon frère, car vous serez le seul à me soutenir. Ma mère et mon père ignorent mon sort, et mon frère, qui est allé les rejoindre pour leur apprendre leur fortune, n'est pas encore de retour; et d'ailleurs, on ne l'eût pas sans doute laissé pénétrer jusqu'à moi.

— Non, car une jeune fille a voulu vous voir ce matin, et on l'a repoussée.

— Cette jeune fille, quelle est-elle? mon frère.

— Elle a dit se nommer Haumette.

— Haumette! chère enfant! s'écria Jehanne à qui ce nom rappelait le temps le plus triomphant de sa vie.

— Vous connaissez cette jeune fille?

— Oh! oui, je la connais! Elle était triste, sans doute?

— Oui, mais d'une tristesse qui ressemble plutôt à l'égarement de la raison qu'à la douleur, car elle souriait.

— Et savez-vous ce qu'elle est devenue?

— Elle a quitté la prison et s'est lentement acheminée vers la place du Vieux-Marché. C'est là, continua le moine à voix basse, qu'on dresse le bûcher, c'est là que vous la verrez sans doute tout à l'heure.

— Oh! béni soit Dieu qui me donne encore cette consolation; mais Haumette sera perdue au milieu de la foule, mon frère, et si elle me voit, elle, je ne la verrai point, moi.

— Vous la verrez, Jehanne, car la douce enfant est parvenue à s'échapper de la foule, ou plutôt la foule, la voyant si belle et si triste, lui a fait passage, et Haumette est parvenue ainsi jusqu'au bûcher, tenant dans ses bras une corbeille pleine de fleurs. Les bourreaux ont voulu la repousser d'abord, mais elle leur a souri de telle façon que, comme la foule, ils l'ont laissé aller où elle voulait. Alors elle s'est assise au pied du bûcher, elle a fait des bouquets et des couronnes avec ses fleurs, et les a jetés les uns après les autres sur le bûcher; si bien, Jehanne, qu'à l'heure qu'il est, le bûcher est couvert de roses, de primevères et de marguerites.

Jehanne pleurait d'attendrissement au récit du moine.

— Alors, mon frère, dit-elle, hâtons-nous; car plutôt je serai prête à mourir, plutôt je verrai cette jeune fille, et ce me sera, je vous le jure, une grande joie de la voir.

Une heure après, Jehanne, confessée, pure comme il faut l'être quand on va approcher de Dieu, disait résolument au moine :

— Mon frère, partons!

Elle quitta donc la tour où elle était renfermée et monta dans une charrette, après qu'on lui eut fait revêtir des habits de femme et mis à chaque pied un anneau de fer, réunis par une chaîne.

Ceci se passait le 31 mai 1431.

C'était donc par une belle journée que Jehanne allait mourir. Le soleil, qu'elle ne voyait plus depuis longtemps, l'accueillit comme un ami, quand elle mit le pied hors de sa prison. Le printemps resplendissait dans tout l'éclat de sa nouveauté, et juin, prêt à descendre dans la plaine, sa robe chargée de fleurs et le front ceint de rayons, se penchait déjà sur le mois qui s'éloignait en colorant ses derniers jours des premières teintes de l'autre. Ainsi, les hommes faisaient tout pour que la mort de Jehanne fût plus douloureuse, et Dieu ne lui refusait rien de ce qui pouvait faire son martyre plus consolant. Ceux-là croyaient la faire plus souffrante en la livrant à la mort au milieu des vitales émanations de l'année qui se renouvelle, quand tout se colore, quand tout redevient joyeux, quand la force de toute la nature surabonde à ce point que le ciel et la terre semblent s'unir dans une promesse de jeunesse éternelle ; et Dieu entourait la mort de sa chaste envoyée de tout son soleil et de tous ces parfums, afin que l'âme de la vierge, pure comme eux, se mêlât à eux sans effort quand le corps l'aurait exhalée, et arrivât à lui par le chemin rayonnant et parfumé qui lui convenait; afin qu'autour d'elle tout fût si beau, si gai, qu'elle comprît bien que sa mort n'était point une punition, mais une délivrance, et que ce jour éclatant qui y présidait était le prélude de l'éternelle aurore qui allait être sa vie.

Cependant la réalité du moment était terrible. C'étaient huit cents Anglais d'abord, tout bardés de fer, et qui attendaient la condamnée à la porte de la tour pour lui faire escorte jusqu'au lieu du supplice; c'était une populace ignoble, insultant la pauvre enfant résignée dans sa douleur, courbée sur le crucifix, et soutenue par le frère Isambart, qui l'exhortait incessamment ; c'était enfin un immense bûcher sur lequel il fallait monter, sur lequel il fallait mourir.

Deux hommes se joignirent encore au moine qui avait assisté Jehanne jusque-là. Ces deux hommes étaient, l'un l'appariteur Massieu, l'autre le frère Martin Ladvenu. Ce dernier, le visage presque entièrement caché par le capuchon de sa robe, se pencha vers Jehanne au moment où elle allait monter sur la fatale charrette en lui disant :

— Courage ! Jehanne.

A cette voix amie dont il lui semblait reconnaître le son, Jehanne tressaillit et releva la tête. Elle reconnut Olivier, et lui serra la main.

— Merci, mon frère, murmura-t-elle ; mais comment avez-vous pu venir jusqu'à moi sous ce costume ?

— On fait beaucoup de choses avec de l'or, Jehanne, répondit Olivier, et je voulais vous voir une dernière fois, car j'ai un dernier service à vous rendre.

— Lequel ?

— Parlons bas, on pourrait nous entendre.

Un regard que le frère Isambart et Olivier échangèrent ensemble prouva à Jehanne que le moine était dans la confidence, et qu'il savait que celui qui parlait à la jeune fille, sous le nom et sous le costume de Martin Ladvenu, n'était pas le frère de ce nom.

— Dites ce que vous avez à dire, mon frère, fit Isambart, moi je vais prier pendant ce temps.

Et il se mit à prier, en effet.

— Jehanne, dit alors Olivier, il a été impossible de vous sauver ; votre délivrance ne dépendait plus du roi Charles VII, mais de Dieu seul.

— Aussi, Olivier, pas un reproche ne s'élève-t-il dans mon cœur contre le roi ; je sais que s'il eût pu donner sa vie en échange de la mienne, il l'eût fait. Mais puisque le Seigneur permet qu'avant de mourir je puisse encore parler de toutes les choses auxquelles je dois la mort, dites-moi, Olivier, où en sont les affaires de cette chère France?

— Tout va mal, Jehanne, et voilà bien pourquoi le roi Charles VII ne peut rien pour vous. Vous êtes le bon génie de la France, et Dieu vous rappelle.

— Dites au roi qu'il espère, Olivier : Dieu m'envoie au moment où je vais mourir cette dernière conviction que le roi chassera jusqu'au dernier Anglais du territoire de France. Quand il en aura fini avec Henri IV, avec cet enfant qu'on lui oppose, ce qui ne sera pas long, qu'il se souvienne de moi alors, et qu'il fasse pour ma mémoire ce qu'il ne peut faire pour moi-même, qu'il la sauve de l'accusation de sorcellerie et de sacrilège dont mes ennemis la couvrent; c'est tout ce que je demande au roi qui m'a refusé de me laisser retourner auprès de ma mère, auprès de laquelle je serais à cette heure, au lieu de mourir ici, si monseigneur le roi avait voulu me croire en cette occasion comme dans les autres. Dites-lui, et c'est la prière d'une mourante, qu'il ait confiance en Richemont, le plus dévoué et le plus utile de ses serviteurs.

— C'est déjà fait, Jehanne, et le connétable a remplacé auprès du roi le sire de La Trémouille.

— Béni soit Dieu alors, car tout ira bien.

Et Jehanne, levant les yeux au ciel, le remercia d'avoir éclairé son roi.

N'était-ce pas une chose touchante que cette jeune fille, que cette fille des champs, qui avait donné sa vie pour la France, s'occupant encore, à ses derniers moments, du pays bien-aimé pour lequel elle allait mourir!

— Maintenant, Jehanne, reprit Olivier plus bas encore, nous approchons du Vieux-Marché.

— Je le sais, répondit la Pucelle d'une voix légèrement émue.

— C'est une hideuse mort que celle qui vous attend.

— Je le sais encore.

— Jehanne, voulez-vous ne pas mourir brûlée?

— Que dites-vous?

— Il y a un moyen que votre âme retourne à Dieu en épargnant à votre corps les tortures qu'on lui prépare, et Dieu vous pardonnera de vous être ravie à vos bourreaux.

— Quel est ce moyen?

Olivier montra un flacon à Jehanne.

— Du poison! fit celle-ci.

Et son œil rayonna de joie.

— Oui, Jehanne, c'est tout ce que peut faire pour vous à cette heure celui auquel vous avez rendu le trône de France.

— C'est le roi Charles qui m'envoie ce flacon?

— Oui. Parce qu'il ne peut vous sauver la vie, il vous envoie la mort, libre, sans douleurs et sans affront.

Jehanne prit le flacon et jeta ce qu'il contenait; puis, le rendant à Olivier après l'avoir pressé sur ses lèvres :

— Mon frère, lui dit-elle, vous remercierez le roi Charles de ce qu'il fait pour moi, et Dieu sait si je lui en suis reconnaissante, puisqu'il a fait la seule chose qu'il pût faire; mais qu'elle qu'en soit la cause, Dieu ne pardonne jamais le suicide, seul crime dont on n'ait pas le temps de se repentir. Mon courage sera ma seule arme contre mes ennemis, ma résignation ma seule force auprès du Seigneur. Reprenez ce flacon vide, Olivier, et si vous voulez me rendre un service dont je vous sache gré jusqu'à mon dernier soupir, portez ce flacon à ma mère, et dites-lui qu'elle le garde précieusement comme on doit garder un présent du roi de France, et comme une mère doit garder un objet qu'à l'heure de la mort son enfant a tenu dans sa main et pressé sur ses lèvres.

Olivier pleurait d'admiration pour cette fille plus courageuse que les plus courageux, et qui voulait conserver toute la poésie et toute la pureté de son martyre. Tout ceci se passait au milieu des insultes et des vociférations des Anglais, et la charrette avançait toujours.

Enfin on arriva à la place du Vieux-Marché. C'était le terme du douloureux voyage, c'était le calvaire de ce nouveau Christ. La charrette avança au milieu de cette foule, qu'elle creusait comme une barque creuse une mer tourmentée.

— O Rouen ! murmura Jehanne, j'ai bien peur que tu ne souffres de ma mort !

Jehanne jeta les yeux autour d'elle sur cette foule hurlante et tumultueuse qui encombrait la place, les fenêtres et les toits. Trois échafauds avaient été dressés, sur l'un était la chaire épiscopale et royale, le trône du cardinal d'Angleterre, parmi les sièges de ses prélats; sur l'autre devaient figurer les personnages du lugubre drame, le prédicateur, les juges et le bailli; enfin, un troisième échafaud, de plâtre : c'était le bûcher, effrayant par sa hauteur. On l'avait fait ainsi pour trois raisons, toutes trois bien infâmes comme vous allez voir : la première, parce qu'étant élevée sur son bûcher, personne ne perdrait le spectacle de l'agonie de Jehanne; la seconde, parce que le bûcher étant si haut échafaudé le bourreau ne pouvait l'atteindre que par en bas, pour l'allumer seulement, et ne pourrait abréger le supplice en étranglant la condamnée et en lui faisant ainsi grâce de la flamme, comme il avait coutume de le faire pour les autres patients, ce dont le pauvre bourreau était tout triste, car il avait pitié d'elle ; enfin, la troisième raison de cette élévation du bûcher était l'espérance que le feu ne montant que lentement, la condamnée souffrirait plus longtemps, que ses vêtements brûleraient avant elle, et que l'on aurait ainsi le plaisir de la voir toute nue, elle qui avait fait de la pudeur et de la virginité les deux sentinelles de sa vie.

Jehanne comprit tout cela et baissa la tête. La résignation remplaçait la pudeur vaincue. Alors elle chercha auprès du bûcher celle qui devait y être, et elle y vit deux personnes : l'une qui était Tristan, ivre, les cheveux en désordre, assis à côté du fagot qu'il avait juré de jeter sur le bûcher de Jehanne; l'autre, Haumette, toute vêtue de blanc comme la Pucelle, les cheveux dénoués, et couronnée de pâquerettes et de bluets. Le bûcher était disposé en escalier, et c'était sur la marche la plus haute que la jeune fille était assise.

N'allez pas croire que ce fût par pitié qu'on eût laissé Haumette attendre là Jehanne, c'était avec l'espérance que devant cette figure amie, la condamnée perdrait sa force, comme devant le souvenir vivant de ses heureuses années, et qu'ainsi l'on surprendrait en elle quelque acte de faiblesse, quelques plaintes humiliantes, quelque chose enfin que l'on pût donner comme un désaveu.

Quand Haumette aperçut la charrette, elle se leva, agitant en l'air son écharpe blanche et appelant d'une voix douce celle qui venait mourir. On eût dit un ange attendant la martyre et chargée par Dieu de lui montrer en souriant la route du ciel.

Jehanne avait aperçu du même coup Haumette et Tristan, placés aux deux côtés de son bûcher, c'est-à-dire de sa mort, comme les vivantes incarnations des deux sentiments qui avaient accueilli sa mission et accompagné sa vie, l'enthousiasme et le doute, sentiments jumeaux et contraires, nés du même principe comme Abel et Caïn du même père. Jehanne sourit intérieurement à Haumette et plaignit Tristan, l'aveugle volontaire, le malheureux qui était forcé de demander à l'ivresse une force de persécution qu'il n'avait plus en lui.

Dès que la charrette parut, toutes les voix crièrent, les unes avec l'accent de la curiosité, les autres, la plupart, avec l'accent de la haine : La voilà! Et la première voix qui proféra ce cri fut celle de Tristan. On la tenait donc enfin, on allait donc la voir mourir, cette fille merveilleuse qui avait dit à Talbot : Si vous me prenez, brûlez-moi ; mais, en attendant, je vous chasse. On l'avait prise, on la brûlait.

Du moment que Jehanne eut aperçu Haumette, son regard ne quitta plus celui de la fille du trésorier, et leurs sourires les rapprochèrent l'une de l'autre. Quelques-uns des assistants commençaient déjà à être émus par ce spectacle, car ils ne comprenaient pas bien que celle qu'on leur avait représentée comme une sorcière et comme une apostate, pût avoir, au moment de mourir, un si angélique sourire sur les lèvres et une si grande résignation dans l'âme.

Mais avant d'aller au bûcher, il fallait que Jehanne montât sur l'échafaud où se trouvaient le prédicateur, les juges et le bailli, et qu'elle y entendît d'abord le discours du prêtre Misi, puis une lecture du jugement qui la condamnait.

Arrivée au pied de cet échafaud, elle descendit par le derrière de la charrette, dont on ôta les planches, et monta les degrés, soutenue par Martin Ladvenu ou plutôt par Olivier de Karnac, qui lui dit tout bas à l'oreille :

— Tristan est là.

— Je l'ai bien vu, répondit Jehanne.

— Soyez tranquille, Jehanne, vous serez vengée de cet homme.

— Au contraire, Olivier, je vous demande comme une grâce, répliqua la pauvre enfant de ne rien lui faire. Ses remords me vengeront bien assez. Laissez au Seigneur son droit de justice et de punition. Il connaît mieux que nous l'heure où il doit punir.

Jehanne s'agenouilla pour écouter sa sentence, mais elle se tint debout, calme et ferme, pour entendre le discours du prêtre, diatribe pleine de grossières injures, et qui se terminait par ces mots :

— Allez en paix ! l'Église ne peut plus vous défendre et vous remet entre les mains séculières.

L'évêque prit alors la parole et lit à Jehanne une seconde lecture du jugement.

Tout le temps Haumette avait prié. Quant à la Pucelle, elle se jeta de nouveau à genoux, adressant à Dieu les plus dévotes prières et demandant à tous les assistants, de quelque religion qu'ils fussent, de joindre leurs prières aux siennes. Pendant ce temps, le bailli ordonnait au bourreau de s'emparer d'elle. Ces braves gens avaient peur d'un nouveau miracle.

— Allons, mon ami, fit Jehanne en se tournant vers le bourreau qui pleurait, ainsi qu'un grand nombre d'assistants et quelques juges.

Malheureusement, ces larmes-là venaient trop tard.

Haumette voyant Jehanne s'approcher du bûcher, en descendit et vint au devant d'elle. Quand elles furent l'une auprès de l'autre, les deux jeunes filles s'embrassèrent, et le bourreau attendit.

— Qui m'eût dit, gentille Haumette, fit Jehanne, que ce

serait ici que je te reverrais! Ah! nos douces et tranquilles soirées d'Orléans! Ah! nos chastes causeries, où êtes-vous?

— Quand j'ai appris qu'on t'avait prise, Jehanne, j'ai bien pensé qu'on te ferait mourir; car moi qui ai douté un instant de la bonté de Dieu, je n'en suis plus à croire à la justice et à la clémence des hommes. Alors j'ai tendrement embrassé mon père, j'ai fait une dernière prière à la tombe d'Étienne, mon pèlerinage quotidien, et je suis partie, demandant mon chemin et cueillant des fleurs pour toi tout le long de la route; car j'ai pensé qu'au moment de mourir tu serais bien aise de voir quelqu'un que tu eusses aimé.

— Bonne Haumette!

— D'ailleurs, pour consoler ceux qui vont mourir, je n'ai point tout à fait abandonné ceux qui sont morts.

— Comment cela?

— Asseyons-nous, fit Haumette, nous serons mieux pour causer.

Et en effet, les deux naïves enfants s'assirent sur la première marche du bûcher, comme s'il n'y avait pas eu là dix mille individus réunis pour voir mourir l'une d'elles, et un bourreau tenant en main le brandon qui devait allumer le bûcher. Le charme des souvenirs était si puissant sur ces jeunes âmes, que, se trouvant réunies, elles s'entretenaient du passé auprès d'un échafaud, comme si elles eussent encore été sur une des collines fleuries d'Orléans.

La foule commença à murmurer.

— Figure-toi, reprit Haumette, sans s'inquiéter de ces murmures, que le jour où je suis partie, je suis allée, comme de coutume, à la tombe d'Étienne, et là j'ai trouvé une femme qui pleurait, mais si belle, qu'avec ses larmes elle semblait une image de la douloureuse mère de Dieu, la Vierge éternellement jeune et éternellement belle. Je me suis approchée de cette femme et lui ai demandé ce qu'elle faisait là. Alors elle m'a embrassée sur le front en pleurant toujours, et elle m'a dit :

— J'étais une amie d'Étienne, et je viens prier sur sa tombe.

— Béni soit Dieu qui vous envoie, madame, lui ai-je répondu, car moi je vais quitter cette tombe pendant quelque temps pour un pieux devoir que j'ai à remplir, et je me désolais à l'idée de laisser sans prière le doux ami qui repose dessous ; mais puisque vous voilà, madame, mais puisque vous aimiez mon Étienne, vous resterez bien quelques jours à Orléans, n'est-ce pas? et vous lui direz au milieu de votre prière que je ne l'ai point oublié, et que je vais aider à mourir celle pour laquelle il est mort.

— Où allez-vous donc, enfant? m'a demandé alors cette belle dame.

— Je vais à Rouen, retrouver Jehanne d'Arc.

— La sainte martyre! s'est-elle écriée; eh bien! dites à Jehanne que je prie pour elle de loin, comme de loin vous priez pour Étienne.

— Et quel est le nom de cette femme? demanda Jehanne.

— Je lui ai demandé, fit Haumette, elle se nomme Agnès Sorel. La connais-tu, Jehanne? Moi, je ne la connais pas, mais je l'aime, puisqu'elle prie sur la tombe de mon Étienne.

— Au bûcher! au bûcher! hurla Tristan, et deux mille voix répétèrent le même cri.

— Bourreau, fais ton œuvre, dit le bailli.

— Assez de larmes et de grimaces! crièrent les soldats.

— Avez-vous donc envie de nous faire dîner ici? dit l'évêque.

— C'est juste! fit Jehanne en se levant, j'avais oublié.

— C'est donc bien intéressant de voir mourir une femme? fit Haumette. Ces gens croient sans doute que nous avons peur de la mort parce que nous sommes jeunes et belles. Les insensés, qui ce soir n'auront plus que leurs remords, quand toi tu auras la béatitude éternelle! Ils appellent cela mourir!

Jehanne commença à gravir le bûcher, les cris cessèrent.

— Adieu, Haumette, fit-elle, et elle embrassa une dernière fois la jeune fille, en ajoutant :

— Tu diras à ton père qu'au moment de mourir j'ai pensé à lui.

— Je suis prête, mon ami, continua-t-elle en se tournant

vers le bourreau et en continuant à gravir le bûcher, ce qu'elle ne pouvait pas faire toute seule, attendu que les marches étaient hautes et que ses pieds étaient retenus, comme on se le rappelle, l'un auprès de l'autre par une chaîne de fer. Il fallut donc qu'un des aides du bourreau montât sur le bûcher, et la prenant par-dessous les bras l'attirât à lui pour lui faire atteindre le sommet de l'échafaud.

— Merci, lui dit Jehanne pour la peine qu'il avait prise et pour l'aide qu'il lui avait prêtée.

Ce mot, en un pareil moment, était un mot sublime et bien digne de celle qui le disait.

Pendant ce temps, Haumette avait quitté le bûcher et, passant à côté de Tristan, elle lui avait dit :

— C'est vous qui avez tué Étienne ; je vous pardonne.

Tristan avait pâli à cette voix et avait regardé s'éloigner cette blanche apparition à laquelle la foule livrait passage, et qui s'acheminait vers le haut de la ville, en se retournant de temps en temps pour sourire à Jehanne que l'on attachait au poteau, en jetant des fleurs sur son passage et en disant à ceux qui l'entouraient :

— Priez pour elle, elle prie pour vous !

Olivier, après avoir accompagné Jehanne jusque sur le bûcher, redescendit, et, passant à côté de Tristan, il lui dit en se faisant reconnaître :

— Tu as voulu me tuer, mauvais frère : ma mère, Alix et moi, nous te pardonnons, repens-toi.

Et Olivier alla s'agenouiller devant le bûcher, tandis que Tristan pâlissait devant ce nouveau pardon comme un autre eût pâli devant une insulte. On eût dit qu'un combat se livrait en lui, et il cria à Jehanne, pour répondre en même temps aux paroles d'Olivier :

— Je t'ai tenu parole, Jehanne, et il lui montrait le fagot qu'il avait apporté.

Jehanne, qui ne pouvait plus remuer que la tête, enchaînée qu'elle était au poteau par le milieu du corps, tourna son regard vers Tristan, et d'une voix calme, lui dit :

— Je te pardonne.

— Allons, dépêchons, cria l'évêque.

Tristan fut forcé de porter la main à son front. Il lui semblait que quelque chose se brisait dans son cerveau. C'était l'ivresse qui s'en allait, c'était la vérité qui se faisait jour peut-être dans cet esprit du mal.

Frère Isambart était toujours à côté de Jehanne dont les yeux suivaient de loin Haumette qui s'éloignait, et qui, avec sa robe blanche au milieu de cette foule tumultueuse, avait l'air d'une fleur tombée au milieu d'un océan. Un instant après, Haumette avait disparu, et, redescendant l'autre côté de la hauteur, elle s'acheminait par un chemin désert vers la rivière, au bord de laquelle elle s'assit quand elle y fut arrivée, continuant à jeter des fleurs dans l'eau et à les regarder suivre le courant qui les emportait.

Pendant ce temps le spectacle de la place du Vieux-Marché devenait terrible.

— Vous tous qui êtes ici et qui croyez en Dieu, priez pour moi, disait Jehanne voyant s'avancer les préparatifs de mort.

— Bon courage, Jehanne, bon courage! lui criait Olivier.

— Merci, bonnes gens, merci, répondait la Pucelle, et se retournant vers le frère Isambart, elle ajoutait :

— Ne m'abandonnez pas, mon frère, ne m'abandonnez pas, je vous en supplie !

Tristan ne quittait pas le bûcher des yeux, essayant de surprendre un cri ou tout au moins un regard de faiblesse dans Jehanne; mais pour lui comme pour tous, la condamnée rayonnait, et, les yeux levés vers le ciel, semblait ne plus tenir à la terre que par le pardon qu'elle laissait tomber sur ses bourreaux.

Deux ou trois fois Tristan avait voulu l'insulter, mais toujours, malgré lui, les paroles avaient expiré sur ses lèvres. Elle était trop haut maintenant pour que les injures des hommes l'atteignissent.

En ce moment le bourreau s'approcha du bûcher avec une torche, et comme aux quatre coins on avait amassé de la résine et autres matières combustibles, le feu y prit rapide-

—ment. Deux cris immenses retentirent d'un bout à l'autre de la place : l'un de joie, l'autre de miséricorde.

Olivier avait remplacé frère Isambart auprès de la patiente, et il y était encore, lui montrant le crucifix, quand le bourreau mit le feu. Ce feu gagna avec une telle promptitude, que le jeune homme, tout occupé de ses pieuses fonctions, ne s'aperçut pas que le feu s'approchait de lui. Ce fut Jehanne qui le remarqua et qui lui dit :

— Au nom de Dieu, mon frère, prenez garde ! le feu va prendre à votre robe. Descendez vite, et montrez-moi toujours le crucifix jusqu'à ce que je meure.

Olivier n'eut que le temps de descendre et encore fût-ce pour sa mère qu'il le fit, car en ce moment il eût voulu mourir comme Jehanne et avec elle.

Fût-ce par émotion, fût-ce pour l'insulter une dernière fois, l'évêque descendit de son siége et eut le courage de s'avancer vers le bûcher.

— Évêque ! évêque ! cria Jehanne, c'est par vous que je meurs, vous le savez bien.

Puis elle répéta une seconde fois :

— O Rouen ! Rouen ! j'ai bien peur que tu ne souffres de ma mort.

La flamme gagnait toujours, et par moments la fumée cachait entièrement la patiente. Alors Tristan prit le fagot qu'il avait apporté, et s'écriant :

— Je ne serai point parjure ! Il le jeta aux pieds de Jehanne, au milieu des fleurs d'Haumette.

Jehanne tourna la tête vers son ennemi et lui dit de nouveau :

— Je te pardonne.

Le feu gagna les pieds de la jeune fille et commença à la lécher de ses langues ardentes.

Jehanne, les mains croisées sur sa poitrine, murmurait le nom de Jésus, et du regard cherchait le crucifix que d'en bas lui montraient Olivier et Isambart, pleurant tous deux. Alors plusieurs des assesseurs se levèrent de leurs siéges, ne pouvant supporter un pareil spectacle. Manchou, le notaire apostolique, se mit à pleurer, et le bourreau se cacha le visage en criant : Mon Dieu ! mon Dieu ! ne pardonnerez-vous jamais !

Un chanoine, Jean de la Pie, se mit à dire tout haut :

— Hélas ! hélas ! mon Dieu, faites-moi la grâce, quand je mourrai, de mettre mon âme là où vous allez mettre celle de Jehanne.

Le secrétaire du roi d'Angleterre, Jean Frappart, s'écria :

— Malheur à nous ! nous sommes perdus, nous faisons mourir une sainte.

Les cris de haine avaient cessé, les larmes tombaient. Tristan seul était debout. Autour de lui, tous les témoins de ce supplice infâme s'étaient agenouillés, demandant à Dieu de ne pas les regarder comme les complices de cette iniquité. Tristan chancelait, car le remords est pesant au cœur de pareils coupables.

— Jehanne ! Jehanne ! cria-t-il, mais non plus d'une voix menaçante.

La jeune fille tourna les yeux vers lui en souriant. Tristan sentit ses genoux faiblir et s'agenouilla d'un genou.

La fumée devenait si épaisse, qu'on ne distinguait plus que la tête de la patiente, que Tristan ne quittait pas des yeux. Tout à coup il s'écria, en prenant sa tête dans ses deux mains, comme s'il eût craint de devenir fou :

— Avez-vous vu une colombe qui vient de s'envoler du bûcher ? et du doigt il montrait un point blanc qui allait s'effaçant dans l'azur du ciel.

— Une colombe ! une colombe ! répétèrent les assistants avec admiration ; elle va annoncer à Dieu l'âme de la martyre.

Jehanne ne pouvait plus voir personne, et Olivier et Isambart avaient beau lui tendre leurs crucifix, elle ne les distinguait plus. Alors, sentant qu'elle allait mourir, elle cria :

— Au nom de Dieu ! un crucifix ! que je meure en le tenant !

— Que demande-t-elle ? dit Tristan.

— Un crucifix, lui répondit-on.

Sans ajouter une syllabe, le jeune homme, qui semblait un

plus être maître de lui, se mit à escalader le bûcher au milieu des flammes dans lesquelles il disparut comme un démon de l'enfer, et arriva jusqu'auprès de Jehanne.

Tous les assistants se levèrent, se demandant ce que cet homme faisait ainsi au milieu du feu.

Tristan se baissa alors, et prenant deux des branches du fagot qu'il avait jeté aux pieds de Jehanne, il en fendit une avec son poignard, passa l'autre dedans et en fit une humble croix de bois qu'il tendit à la mourante, puis les cheveux, la barbe et les vêtements à moitié brûlés, il redescendit.

Jehanne baisa cette croix qu'elle devait à celui à qui elle devait la mort, répéta huit fois *Jésus Maria*, poussa un grand cri et mourut.

— Et maintenant, Sarrasin, à nous deux! hurla Tristan en fendant la foule comme un furieux.

L'épouvante régna tout le jour dans la ville, chacun ferma sa porte et refusa de voir le soleil qui avait éclairé un pareil malheur. Ceux qui avaient insulté Jehanne furent ceux qui prièrent le plus pour elle.

Le soir, le bourreau, sur l'ordre du cardinal d'Angleterre, qui craignait que s'il restait quelques reliques de Jehanne, ces reliques ne fissent quelque miracle, vint ramasser les cendres de la martyre mêlées à celle du bûcher, et les jeta au vent du haut du pont de Rouen, pour que la Seine les emportât vers l'Océan, c'est à dire vers l'infini.

Au moment où il les jetait et où, au lieu de tomber à l'eau, elles voguaient dans l'éther, lumineuses comme une nouvelle voie lactée, une ombre blanche se détacha de la rive et entrant dans le fleuve comme Ophélie dans celui où elle devait mourir, elle suivit le chemin que suivait ce nuage qui avait été le corps d'une sainte. Quelque temps le bourreau vit nager au-dessus de l'eau une chose vague et blanche, qu'on eût pu prendre pour un signe, et le lendemain les pêcheurs en se rendant à la rivière trouvèrent sur le bord, au milieu des roseaux, le corps d'une jeune fille si calme et si souriante qu'on eût dit qu'elle dormait. Elle était bien morte cependant. Cette jeune fille, c'était Haumette.

Quand tout fut fini, quand de l'élue de Dieu, de la libératrice de la France il ne resta plus qu'un peu de cendre; quand la foule, terrifiée par l'étrange spectacle auquel elle venait d'assister, se fut écoulée dans le silence; quand les rues furent désertes, un homme enveloppé d'un manteau, sortit d'une église où il priait depuis une heure, traversa la place du Vieux-Marché, se signa devant le bûcher qui fumait encore, et vint heurter à la porte d'une maison isolée. Un moine vint ouvrir.

— Le frère Isambart ? demanda celui qui avait frappé.

— Entrez, mon frère, répondit le moine; et, refermant la porte, il passa devant le visiteur, lui fit traverser une cour et l'introduisit dans une immense salle où il le pria d'attendre. Quelques minutes après Isambart parut.

— Que désirez-vous, mon frère ? demanda-t-il à celui qui l'attendait.

Celui-ci tomba à genoux.

— Je viens me confesser et demander l'absolution, dit-il.

L'homme ôta son capuchon et se fit reconnaître.

— Tristan ! s'écria le moine en reculant, l'éternel persécuteur de Jehanne, son meurtrier, son confesseur sacrilége !

— Oui, fit Tristan d'une voix faible.

— C'est encore quelque nouvelle trahison que tu prépares en venant ici. Il n'y a pas d'absolution pour toi, fit le moine d'une voix ferme, tu as fait mourir une sainte. Dieu seul, qui est éternel, peut pardonner. Sors d'ici et souffre dans la vie toutes les tortures de l'enfer !

Tristan courba la tête devant cette malédiction.

— Vous avez raison, mon frère, dit-il, et je mérite toutes les tortures de ce monde; mais je veux autant que possible réparer le mal que j'ai fait, et il faut pour cela que je sois en état de grâce.

— Dieu ne t'y mettra qu'après un long repentir.

— Mais si vous devez refuser l'absolution, vous ne pouvez refuser la prière au coupable qui veut se repentir. Eh bien ! frère, priez pour moi, c'est tout ce que je vous demande, au nom de la fille sublime qui vient de mourir, au nom de ce Christ rédempteur qui est mort pour pardonner.

— C'est bien, allez, mon frère, nous prierons pour vous, répondit le moine, ému par le ton suppliant de Tristan et par l'humilité de cette nature jusque-là farouche et indomptable.

Tristan baisa la robe d'Isambart, quitta le couvent et s'achemina lentement vers une autre maison de la ville, à la porte de laquelle il heurta.

Un page vint ouvrir cette porte.

— Le comte Olivier de Karnac? demanda Tristan.

— Suivez-moi, messire, répondit le page en faisant entrer notre héros dans une grande salle d'hôtellerie; il le pria d'attendre quelques instants, et revint bientôt le prévenir que son maître l'attendait.

Tristan fut alors introduit dans la chambre d'Olivier, et vit sur un des sièges de cette chambre la robe que le jeune homme avait revêtue pour assister Jehanne, et qu'il venait de quitter.

Olivier était pâle, et il était facile de voir qu'il avait pleuré. Il était tout vêtu de noir comme un homme qui porte le deuil, et prêt à se remettre en route, car il ne voulait pas rester plus longtemps dans la ville maudite qui avait permis et vu le martyre de Jehanne.

Tristan s'agenouilla devant lui comme il s'était agenouillé devant le moine Isambart, en disant :

— C'est moi, mon frère, me reconnaissez-vous?

A cette voix, Olivier tressaillit, et découvrant le visage de Tristan :

— C'est toi ! s'écria-t-il. A nous deux alors !

Et dans un premier moment de rage il sauta sur son épée.

Tristan se souleva, ouvrit tranquillement son pourpoint, et tendit la poitrine à son frère en lui disant d'une voix calme et résolue :

— Frappez, c'est justice.

— Qu'est-ce que cela veut dire? s'écria Olivier étonné.

— Cela veut dire, mon frère, que je suis un misérable, que j'ai renié Dieu, que je me suis vendu à Satan, que j'ai fait mourir Jehanne ; mais qu'il faut maintenant que je me réconcilie avec le ciel, que je tue celui à qui j'ai vendu mon âme, et que je venge celle que j'ai tuée.

— Tu mens ; va-t-en ! J'ai juré à Jehanne de ne te rien faire ; mais, par le ciel, va-t-en !

— Mon frère, donnez-moi votre épée, j'ai besoin d'une épée sainte et bénie.

— Va-t-en, te dis-je !

— Mon frère, ne me fermez pas les portes du repentir.

— Va-t-en, ou, sur mon âme, Abel va tuer Caïn !

Et Olivier regarda Tristan de façon à lui faire comprendre qu'il savait enfin le mystère de sa naissance, et que depuis longtemps il avait pardonné à sa mère.

— C'est bien, mon frère, murmura Tristan, que votre volonté soit faite.

Et baisant humblement la main d'Olivier, comme s'il eût été heureux de s'humilier devant ceux qu'il avait le plus offensés, Tristan se retira, et, traversant la ville, il alla frapper à une troisième porte.

Un homme tout vêtu de rouge vint ouvrir. C'était le bourreau.

— Mon ami, lui dit Tristan, voulez-vous me rendre un service ?

— Lequel ?

— Voulez-vous me vendre votre épée ?

— Qui êtes-vous ?

— Je suis Tristan-le-Roux.

— Celui qui a pris le nom du frère Loyseleur.

— Oui.

— Celui qui a trahi Jehanne ?

— Oui.

— Celui qui a jeté un fagot sur son bûcher ?

— Oui.

— Sors, misérable ! tu souilles même la maison du bourreau !

Et cet homme qui depuis le matin pleurait son crime invoontaire, saisit une hache d'armes et s'avança sur Tristan qui lui dit :

— Vous avez raison, mon frère, priez pour moi !

Et il se retira en murmurant :

— A moi tout seul alors !

Et Tristan entra dans une église où il pria jusqu'au soir. A minuit il revint sur la place du Vieux-Marché, et voyant la place déserte et silencieuse, il sonna trois fois dans son cor. Le Sarrasin parut.

— J'ai tenu ma promesse, lui dit Tristan d'une voix si étrange qu'elle fit tressaillir le colosse d'airain.

— C'est vrai.

— Jehanne est morte.

— Voilà ses cendres qui suivent là-bas le courant du fleuve.

— Tu te rappelles nos conventions ?

— Parfaitement.

— Tu m'as promis Alix.

— C'est vrai.

— A ton tour donc de tenir ta parole.

— Malheureusement, fit le Sarrasin d'un ton railleur, je ne le puis pas.

— Pourquoi ?

— Parce que si je pouvais faire ce que je t'ai promis, j'aurais pu faire ce que tu as fait.

— Ainsi tu m'as trompé ?

— Oui.

— Pour obtenir de moi l'infamie que j'ai faite, tu m'as promis une chose que tu savais ne pouvoir me donner.

— Tu parles comme un livre.

— Ainsi, tu ne m'as pas acheté, tu m'as volé mon âme ?

— Justement. Mais avoue que c'est un pauvre vol que j'ai fait là.

— Alors, à mon tour.

— Que signifie cette menace ?

— Elle signifie que je vais te tuer.

— C'est impossible, répliqua tranquillement le Sarrasin, et pour deux raisons : la première, c'est que voilà sept cents ans que j'ai été tué, et que si j'avais dû mourir de cela, il y a longtemps que je serais mort ; la seconde, c'est que ton bras, si fort qu'il soit, est trop faible, tu le sais bien, pour me combattre, et qu'épée et bras se briseront au premier choc.

— C'est ce que nous allons voir.

— Tu te repens donc ? continua le Sarrasin en raillant.

— Oui, fit Tristan d'une voix grave.

— Et tu as promis à Dieu de me vaincre ?

— Et de te recoucher dans la tombe, d'où je n'aurais jamais dû te tirer, maudit !

— C'est là une belle conversion, en vérité. Mais tu as pensé sans doute que cela ne se passerait pas tout de suite selon ta fantaisie, et que je me défendrais longtemps, bien longtemps peut-être. J'ai lutté sept cents ans.

— Je lutterai tout le temps que Dieu me laissera à vivre. Oh ! tu m'as vu à l'œuvre pour le mal, tu vas me voir à l'œuvre pour le bien ; seulement cette fois j'aurai Dieu de mon côté. En garde, Sarrasin !

— Tu es bien décidé ?

— En garde !

— De Rouen à Poitiers, il y a loin, et si je suis vainqueur, je ne te ferai pas de grâce.

— En garde donc !

Le Sarrasin ne bougeait pas.

— Tu ne veux pas te défendre ! hurla Tristan.

Le Sarrasin se mit à rire si fort, que les collines voisines en tremblèrent.

— Alors, meurs donc comme un chien !

Et en disant cela, Tristan passait son épée dans sa main gauche, et faisant le signe de la croix de la main droite, il dit tout haut :

— Au nom du père, du fils et du saint-esprit !

Et, reprenant son épée de la main droite, il bondit sur le géant.

— Diable ! fit celui-ci, que le signe de la croix avait fait pâlir, cela devient sérieux.

Et, tirant à son tour sa large épée, il tomba en garde, ferme et impassible comme un rocher. La lune, à demi voilée, éclairait ce duel étrange, et teintait d'un rayon d'argent les lames des épées et l'armure verdâtre de Maugrabin.

Tristan était devenu silencieux comme son adversaire, autour duquel il tournait, l'attaquant de tous côtés, frappant de toutes parts, et trouvant entre lui et son épée la formidable épée du Maure, qui semblait s'amuser de cette lutte, et prendre plaisir à voir s'épuiser en efforts inutiles celui qui l'attaquait.

Il y avait deux heures que le combat avait commencé, et le Sarrasin n'avait pas reculé d'une semelle.

— Veux-tu te reposer? dit-il en riant de son rire infernal.

Tristan, couvert de sueur, ne répondit rien et continua de le charger.

Deux hommes qui passaient se sauvèrent épouvantés en entendant le cliquetis des fers, et en voyant ces deux lutteurs dont la lune dessinait sur toute la longueur de la place les ombres gigantesques.

Trois heures sonnèrent, et l'aube entr'ouvrit les ombres de la nuit de son sourire pâle, et se montra comme une coquette qui s'éveille et qui passe son visage entre les rideaux épais de son lit. Le Sarrasin n'avait pas bougé. Tristan avait l'écume à la bouche et le sang dans les yeux.

— Ah! lui dit l'ombre, tu crois qu'il n'y a qu'à dire : Je me repens, et que Dieu va tout de suite te donner la force et le triomphe. Des années se passeront avant que tu m'aies vaincu, et tu es déjà épuisé pour trois heures de combat. Dieu n'est pas comme moi, il ne croit pas les hommes sur parole, et il ne commencera à croire à ton repentir que dans deux ou trois mois. Ainsi, nous avons du temps devant nous, et tu te décourageras avant de le convaincre.

— Jehanne, protégez-moi, murmura Tristan; et il fondit plus violemment que jamais sur son adversaire.

Celui-ci recula d'un pas.

— Enfin! s'écria Tristan avec joie. Tu es à moi maintenant.

Cette évidente protection du ciel venait de donner au bâtard une force dont il se serait cru incapable; et il vit le Sarrasin reculer peu à peu devant lui, comme s'il eût porté l'épée de l'archange Michel. Le Maure ne raillait plus, et à son tour il chargeait Tristan, si bien que celui-ci reçut un coup sur l'épaule, et que le sang jaillit.

— Reçois ce sang, ma mère, fit Tristan, en échange des larmes que je t'ai fait verser.

En ce moment les deux passants qui s'étaient d'abord sauvés, et qui avaient réveillé leurs voisins pour leur faire part de ce qu'ils avaient vu sur la place où Jehanne avait été brûlée, revenaient avec une douzaine de compagnons, curieux d'assister à ce duel et de voir par leurs propres yeux.

— Il n'y a personne, dit l'un d'eux, tu nous as trompés.
— Tu as eu une vision, dit un autre.
— Tu as eu peur, voilà tout, fit un troisième.
— Écoutez, répondit à voix basse celui qui avait été les chercher.

Et en même temps il se baissait pour mieux entendre, et il étendait la main vers une des rues obscures qui aboutissaient à la place. En effet, au milieu du silence, on distinguait un cliquetis d'armes et un bruit de pas.

— Venez, reprit cet homme, et il entraîna ses amis dans la rue d'où ce bruit venait.

Le bruit allait toujours s'éloignant. En le suivant toujours, comme des chasseurs suivent une piste, les compagnons n'arrivèrent qu'aux premières lueurs du matin au sommet de la ville qu'ils virent se dérouler à leurs pieds. Mais de combattants, point. Seulement, un bruit vague, ressemblant à celui qu'ils avaient entendu, et qui cette fois, au lieu de descendre des hauteurs, semblait monter à eux des profondeurs de la ville. L'un d'eux étendit la main vers le fleuve.

— Regardez! dit-il.

Et l'on vit deux ombres, dont l'une plus grande que l'autre, qui marchaient, l'une chargeant, l'autre rompant, dans la direction de la Seine. C'était la plus grande qui rompait.

— C'est étrange, n'est-ce pas? fit celui qui venait de parler.

— En effet, c'est étrange, reprirent les autres en se regardant avec une sorte d'effroi.

Et ils appelèrent ceux qui passaient, et ils réveillèrent ceux qui dormaient encore, et une heure après tous les gens de la ville étaient autour d'eux, et regardaient ces deux ombres qui diminuaient peu à peu et qui se confondirent bientôt dans le paysage qui s'étendait à perte de vue. Cependant le Sarrasin ne rompait que pied à pied, et des heures, des journées entières se passaient sans que Tristan pût le faire rompre d'un pouce. C'était la vivante parabole des luttes auxquelles Dieu soumet le pécheur qui se repent pour l'éprouver et voir si son repentir est sincère.

De temps en temps, Tristan appelait à son aide, ou le nom de sa mère, ou le nom de Jehanne, ou le nom de la Vierge, et chaque fois que cela lui arrivait, il sentait ses forces doubler et celles de son ennemi s'affaiblir. Une voix intérieure lui criait : Courage ! C'était un combat merveilleux, et les combattants laissaient derrière eux les collines, les vallées, les rivières, les jours, les mois, les saisons. C'était comme le commencement d'une lutte éternelle.

Tantôt le soleil brûlait leurs visages, tantôt la neige glaçait leurs mains. Puis le paysage changeait d'aspect. Tristan traversait des contrées qu'il n'avait jamais vues, et dépassait des horizons auxquels il n'eût jamais cru pouvoir arriver. Le Maure rompait toujours, espérant le fatiguer ; mais on eût dit que Tristan était une âme et non un corps, et qu'il était maintenant au-dessus des conditions humaines. Cependant ses cheveux et sa barbe croissaient, et ses yeux se creusaient à force d'insomnie.

Ils traversaient ainsi des forêts immenses, des plaines interminables, des souterrains sans fin, équivalant les villes auprès desquelles ils passaient, et mêlant aux vents des rumeurs inconnues jusqu'alors.

Un jour, le soleil était ardent et l'atmosphère lourde comme du plomb. Le combat avait lieu près d'un torrent qui couvrait le bruit de la lutte du bruit de ses cascades.

— Laisse-moi me désaltérer à l'eau de ce torrent, dit le Sarrasin.

— Non, répondit Tristan.

— Et le duel continua.

Deux mois après, le ciel était noir et la neige tombait à flots. Des pâtres avaient mis le feu à un bois de sapins, et les rouges reflets de l'incendie couraient comme des démons entre la terre toute blanche et le ciel tout noir.

— Laisse-moi me réchauffer à cette flamme, dit l'ombre, qu'outre le froid de la nature glaçait déjà le froid de la mort.

— Non, répondit Tristan.

Et il chargea le colosse d'airain qui allait s'affaiblissant de plus en plus.

Trois mois plus tard, c'était le matin, avril riait dans les arbres et se mirait au cristal des fontaines. Les deux combattants entrèrent sous une forêt de hêtres et de chênes aux larges ramures.

— Laisse-moi me reposer une minute, dit le Maure.

— Non, répondit Tristan.

Et il devint plus terrible que jamais.

Bientôt le mauvais génie cessa de vouloir égarer son adversaire, et un matin, Tristan reconnut la plaine de Poitiers, et aperçut de loin la pierre qui recouvrait le tombeau de Karnac.

— Enfin! s'écria-t-il avec un accent de joie terrible, et il poussa vigoureusement le Maugrabin dans la direction du tombeau.

Le lendemain ils se battaient là où Olivier avait jadis dressé ses tentes.

— Te reconnais-tu? fit Tristan.

Celui à qui il parlait n'avait pas la force de répondre.

— Dans une heure tu ne tromperas plus personne. Dieu soit loué!

Le Sarrasin fit un dernier effort et lutta jusqu'au soir Comme minuit sonnait, son talon, car il rompait toujours, heurtait la pierre du tombeau, et cette pierre se soulevait, semblable à la lèvre béante d'une bouche immense de l'enfer.

— Merci ! murmura une voix au fond du gouffre.

Cette voix était celle du Lion de Karnac.

— Je suis vaincu, hurla l'infidèle ; et il disparut sous la voûte de la tombe, toujours poursuivi par l'épée de Tristan.

Il y avait deux ans, jour pour jour, heure pour heure, que le combat avait commencé.

Quand les deux ennemis furent dans l'ombre, au fond du sépulcre, entre la tombe où dormait l'aïeul d'Olivier et la tombe laissée vide par le Sarrasin, ils jetèrent leurs épées et se saisirent corps à corps. Cette dernière étreinte dura jusqu'au matin. Mais quand le premier rayon du jour parut, le Maugrabin était de nouveau couché sur son tombeau, dont cette fois il ne devait plus sortir, car il y était cloué par l'épée de Tristan qui lui traversait la poitrine et que sanctifiai un repentir de deux ans.

Son œuvre accomplie et se sentant épuisé, le jeune homme voulut revoir une dernière fois le soleil avant de s'endormir dans la nuit éternelle. Il remonta à la surface du tombeau et aspira une large bouffée d'air pur en s'asseyant à l'ombre de la pierre gigantesque ; puis il regarda avec attendrissement et comme il ne l'avait pas encore vue, la nature qui s'éveillait. Un cavalier parut à l'horizon.

Tristan se leva et marcha vers ce cavalier qui traversait la plaine en chantant une ballade sur la cadence du trot de son cheval. A mesure qu'il approchait, Tristan reconnaissait les traits du cavalier. Enfin il se présenta à lui en disant :

— Messire Bretagne, où allez-vous donc ainsi ?

Bretagne, car c'était en effet le héraut du connétable de Richemont, regarda celui qui lui adressait la parole et chercha en vain à se rappeler son nom.

C'est que Tristan était méconnaissable. Pendant les deux années qu'avait duré son duel, sa barbe et ses cheveux avaient crû, non plus roux comme autrefois, mais gris ; ses joues s'étaient creusées, ses membres avaient maigri et son dos s'était courbé sous la lutte, comme celui de Sisyphe sous le poids de son rocher éternel.

Ce n'était plus chez notre héros le corps qui triomphait de

l'âme, mais l'âme qui triomphait du corps; la force physique lui devenait donc inutile, à lui qui n'avait plus d'autre ambition que de veiller pendant l'éternité et comme une sentinelle attentive sur le mauvais génie qu'il venait de vaincre.

— Vous me connaissez, vous, messire? demanda Bretagne.
— Oui, répondit Tristan.
— Dites-moi votre nom, alors.
— C'est inutile; seulement faites-moi la grâce de me donner votre main, que je la serre dans la mienne, et de répondre aux questions que je vais vous faire.

Bretagne tendit la main à Tristan, qui la serra avec joie.
— Maintenant, ajouta-t-il, donnez-moi des nouvelles du monde.
— En avez-vous donc vécu éloigné?
— Depuis deux ans je n'ai pas vu un visage humain, répondit Tristan; et, sans se nommer, il raconta au héraut son duel avec le Sarrasin et l'issue qu'il venait d'avoir.
— Pauvre homme! murmura Bretagne, il est fou.
— Vous appartenez toujours au duc de Richemont?
— Toujours.
— C'était un brave soldat!
— Et c'est maintenant un grand ministre.
— Il est donc en faveur?
— Le roi ne pense que par lui.
— Tant mieux. Alors La Trémouille?
— Est en prison.
— Le roi Henri IV?
— S'est sauvé à Rouen.
— Le duc de Bourgogne?
— A fait alliance avec nous.
— Et Bedfort?
— Satan l'a rappelé. Il est mort il y a six mois.
— De sorte que l'Anglais?
— Dans un an il n'y en aura plus un en France. Nos bandes d'écorcheurs achèvent le reste.
— Jehanne avait raison, murmura Tristan. La cause de Dieu et du droit triomphe. Et d'où venez-vous ainsi, messire?

— Je viens de Karnac.

Tristan tressaillit.

— Qu'alliez-vous faire là?

— J'y allais pour deux raisons.

— Dites-les moi, messire, je vous en prie.

— Eh bien! j'allais là pour voir brûler un misérable.

— Qui donc?

— Gilles de Retz.

— Il a été brûlé?

— Parfaitement brûlé.

— On a donc découvert ses crimes?

— On a trouvé dans les caves de ses châteaux cent cinquante squelettes d'enfants qu'il avait sacrifiés au diable pour ses infernales messes. Et savez-vous comment il est mort?

— Non.

— Il est mort en souriant et en disant qu'il était sûr d'aller en paradis, parce que Jehanne lui avait pardonné.

— N'avait-il pas des complices?

— Il en avait une : une vieille femme, une vieille sorcière, nommée La Méfraye.

— Qu'a-t-on fait d'elle?

— On l'a tout bonnement pendue à un arbre de la route. C'est mon maître, le connétable, qui a découvert tous ses crimes et qui l'a fait punir.

— Et la seconde raison? demanda Tristan avec émotion.

— Monseigneur le duc de Richemont m'envoyait à Karnac chercher le comte Olivier, qu'il veut avoir auprès de lui, et que le roi veut charger de réhabiliter la mémoire de Jehanne; car, comme vous le pensez bien, le roi, qui n'a pu la sauver vivante, ne veut pas que la mémoire de cette sainte fille soit chargée des accusations d'apostasie et d'hérésie que les Anglais font peser sur elle.

— Et que faisait Olivier?

— Il était heureux entre sa mère et sa femme.

— Ainsi il a épousé Alix?

— Oui; et la jeune comtesse a la double beauté des épouses chastes et des mères heureuses.

— N'y avait-il pas jadis auprès d'eux un jeune homme, une espèce d'écuyer, que l'on nommait Tristan le Roux?

— Oui, un rude garçon qui m'a sauvé la vie, à moi qui vous parle, et qui étranglait les loups comme j'étranglerais un chien.

— Qu'est-il devenu?

— Il a passé aux Anglais, et c'est lui qui a fait brûler Jehanne; aussi son nom est-il exécré au château de Karnac où l'on a brûlé tout ce qui venait de lui, jusqu'au siège où il s'asseyait; et comme pour effacer entièrement son souvenir, la comtesse a défendu qu'on parlât jamais de cet homme devant elle.

— Elle a bien fait.

— Vous avez connu ce Tristan?

— Oui, mais je ne le connais plus. Et maintenant où allez-vous, messire?

— Je vais à Orléans rejoindre mon maître et lui annoncer l'arrivée du comte de Karnac qui me suit en grand équipage avec sa mère et sa femme.

— Ainsi, ils passeront par ce chemin?

— Oui.

— Merci, messire.

— Vous ne désirez plus rien apprendre?

— Non.

— Adieu, alors.

— Bon voyage.

Bretagne reprit sa chanson, et, remettant son cheval au trot, il s'éloigna.

Tristan revint s'asseoir à l'ombre du tombeau. Le soir, une troupe d'hommes, de litières et de chevaux parut à l'endroit où Bretagne avait passé le matin, magnifiquement éclairée par des torches que portaient des pages et des valets à cheval. Cette troupe fit une halte, et deux personnages s'en détachant, s'avancèrent vers le tombeau auprès duquel Tristan était assis.

Ces deux personnages étaient Olivier et Alix. Tous deux

s'agenouillèrent en se tenant la main devant le sépulcre de leur aïeul et prièrent longuement. Tristan, perdu dans l'ombre, pouvait les voir sans être vu.

Quand ils eurent fini de prier, ils se relevèrent.

— Que cette nuit est belle! fit Olivier en regardant le ciel chargé d'étoiles.

— Que je t'aime, monseigneur! murmura Alix en posant sa tête sur le sein de son époux; car la nuit était si pure qu'après la prière l'amour s'éveillait dans l'âme de tout être jeune, innocent et beau.

Appuyés l'un sur l'autre, les deux jeunes gens allèrent rejoindre leur escorte, suivis du regard de Tristan. La troupe se remit en route. Pendant quelque temps encore, Tristan vit la lueur des torches: puis, bruit et lumière, tout s'effaça.

— Et maintenant, allons prier pour eux! fit-il.

Et descendant dans le sépulcre dont la pierre retomba sur lui, il s'agenouilla au chevet de la tombe où reposait le vieux comte de Karnac, qui pendant sept cents ans avait empêché le Sarrasin de revoir le jour.

Si vous allez jamais à Poitiers, demandez au premier paysan de la plaine de vous raconter la légende du tombeau de Karnac, et vous entendrez à peu près ce que je viens de vous conter. Puis, si vous allez visiter le tombeau, vous verrez trois pierres colossales ressemblant assez à un cheval couché entre deux chiens.

Si vous demandez le nom de ces pierres, on vous répondra qu'on les nomme Baal, Thor et Brinda; car on prétend qu'après la disparition de Tristan, ces trois animaux sont venus rôder sur la tombe du Sarrasin, et que, pendant une nuit d'orage, ils ont été changés en rochers.

Maintenant, si on nous demande pourquoi nous avons fait de l'histoire fantastique de Tristan le Roux le cadre des événements réels que nous avions à mettre sous les yeux du lecteur, nous répondrons que cela nous a paru le seul moyen de montrer du même coup les deux faces bien distinctes et bien certaines de ce quinzième siècle qui, d'un côté, s'éclaire chrétiennement au feu du bûcher de Jehanne d'Arc, l'incarnation de la foi, l'envoyée de Dieu; et de l'autre, aux lueurs du bûcher de Gilles de Retz, la personnification de la magie et de l'esprit d'athéisme de cette époque, où le peuple, ruiné par l'invasion étrangère, ignorant et se croyant abandonné de Dieu, était tout près de se donner au diable et demandait à l'enfer le secours que lui refusait le ciel.

TABLE

I. — Le Cri du comte Arthus.	1
II. — La Plaine.	11
III. — Le Château de Karnac.	23
IV. — Les Tapisseries de Karnac	30
V. — Les Habitants du château de Karnac.	38
VI. — Le Fils et la mère	45
VII. — Alix.	52
VIII. — La Méfraie.	61
IX. — Gilles de Retz.	72
X. — Le Départ.	81
XI. — Le Tombeau du Sarrasin.	90
XII. — Le Pacte.	99
XIII. — La Rencontre.	106
XIV. — Jehanne la Pucelle.	114
XV. — Le Château de Chinon.	124
XVI. — Les Amours.	135
XVII. — Agnès et Marie.	142
XVIII. — Un Miracle.	149
XIX. — Tristan chez sa mère.	158
XX. — Tristan réduit à lui-même.	167
XXI. — Sainte-Catherine de Fierbois.	176
XXII. — Orléans.	184
XXIII. — Tristan se met à l'œuvre.	191
XXIV. — Haumette.	201
XXV. — La Bastille de Saint-Loup.	208
XXVI. — La Première vengeance de Tristan.	226
XXVII. — Jargeau et Patay.	235
XXVIII. — Dieu le veut.	242
XXIX. — Le sacre.	246
Épilogue.	255

FIN DE LA TABLE

Imprimerie D. Bardin et Cie, à Saint-Germain.

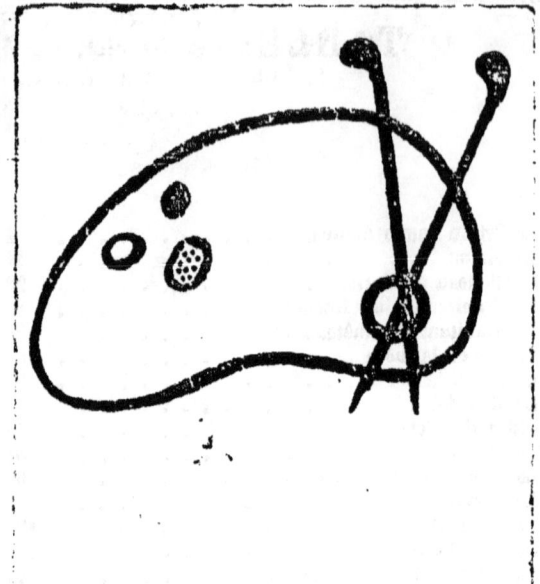

Original en couleur
NF Z 43-120-8

VICTORIEN SARDOU

DE L'ACADÉMIE FRANÇAISE

MES PLAGIATS !

RÉPLIQUE A MARIO UCHARD

PARIS
IMPRIMERIE ET LIBRAIRIE UNIVERSELLE
16, RUE D'ARGENTEUIL, 16

1882

www.ingramcontent.com/pod-product-compliance
Lightning Source LLC
Chambersburg PA
CBHW060641170426
43199CB00012B/1624